流动的传统

一个西南乡村集市的转型
与民俗生活变迁

谭萌　著

中国社会科学出版社

图书在版编目（CIP）数据

流动的传统：一个西南乡村集市的转型与民俗生活
变迁 / 谭萌著. -- 北京：中国社会科学出版社，2025.
4. -- ISBN 978-7-5227-5014-9

Ⅰ. F723.82

中国国家版本馆 CIP 数据核字第 2025RL9685 号

出 版 人	赵剑英	
责任编辑	田 耘	
责任校对	杨 林	
责任印制	李寡寡	

出 版	中国社会科学出版社	
社 址	北京鼓楼西大街甲 158 号	
邮 编	100720	
网 址	http://www.csspw.cn	
发 行 部	010 - 84083685	
门 市 部	010 - 84029450	
经 销	新华书店及其他书店	

印 刷	北京君升印刷有限公司	
装 订	廊坊市广阳区广增装订厂	
版 次	2025 年 4 月第 1 版	
印 次	2025 年 4 月第 1 次印刷	

开 本	710×1000 1/16	
印 张	15.75	
插 页	8	
字 数	260 千字	
定 价	89.00 元	

凡购买中国社会科学出版社图书，如有质量问题请与本社营销中心联系调换
电话：010 - 84083683

图1　庆阳坝集市俯瞰图

图2　庆阳观集市侧影

图 3 "逢场天"的凉亭古街

图 4 "逢场天"的风雨桥

图 5 "冷场天"的凉亭古街

图6　凉亭古街的傍晚侧影

图 7　集市内外之卖竹编

图 8　集市内外之做竹编

图 9 "露烛节"的台前之点路烛

图10 "路蚀节"的幕后之送凭

图 11　流动的传统之修葺房屋

图 12　流动的传统之文化传承人

图 13　流动的传统之戏曲传承团队

图 14　生活的韧性之庆阳坝的休闲生活

图 15　流动的传统之古街长桌宴

图 16　生活的韧性之庆阳坝的茶叶生产

前　言

作为人类社会在一定历史阶段出现的商品交易活动形式，集市不仅是为人们提供物资交换和关系互动的场所，也是地方社会多种流动元素的集合体。中国乡村集市历史悠久、内涵丰富，因其与政治经济和社会文化等多种因素的互嵌，形成了独特的民俗互动关系，已然成为观察"乡土中国"民俗生活的重要视角；而近年来乡村集市在现代化和城镇化背景下的变迁，则使其成为映射"转型中国"的一面镜子。本书以位于武陵民族走廊上的庆阳坝集市为中心，探讨乡村集市与民众日常生活型构、民俗知识生成及民俗生活变迁之间的关系，展现现代化和城镇化背景下，集市转型及其民俗生活演变的时空逻辑与内在机理，从而阐释文化延承与变迁的机制。

庆阳坝地处湖北省恩施土家族苗族自治州宣恩县的西北部，是中国西南多民族聚居地之一。历史上，庆阳坝凭借位于川湘鄂古道交通线上的区位优势以及山水相间的地貌特征，成为武陵民族走廊上物资流通及人群往来的驿站，并逐渐发展起乡村集市。这一乡村集市不仅塑造了当地民众的生计传统、生活节奏和风俗习惯，也搭建了以庆阳坝为中心的商品交易圈、民众生活圈和文化流动圈。20世纪90年代以来，随着中国经济转型和社会生活的变迁，庆阳坝集市的经济枢纽功能下降，其所承载的传统文化渐趋消失；但是，在以人为中心的生活驱动下，庆阳坝民俗生活在延续传统的基础上不断创新，集市的文化象征意义逐渐凸显，乡村集市在民俗谱系生成、集体记忆构建和社区整合中的作用得以维系。

全书共七章。引论部分主要介绍研究缘起和方法，为各章节的论述奠定理论基础，包括研究溯源及研究意义、国内外研究述评、理论框架及研究方法和本书核心概念的辨析。

第二章将庆阳坝集市置于点（庆阳坝村）、线（民族走廊）、面（武陵山区）中，介绍庆阳坝的自然生态、人文生境及历史沿革对集市形成的作用，凸显庆阳坝集市在道路交通和民族交流中的特殊位置，呈现庆阳坝人的生活环境及民俗传承语境。

第三章通过对集市结构的分析，勾勒民众日常生活的框架，奠定民俗生活实践研究的基础。首先，阐释作为经济体系的集市对当地生计传统和民众心理的影响；其次，解释作为空间体系的集市所具有的协调性、适应性和稳定性等特征以及对民众日常生活节奏的影响；最后，通过论述集市的功能、经贸制度和"熟人社会"中的交易规则，揭示作为社会体系的集市在维护社区有序运行和促进地方与国家"礼俗互动"中的作用。

第四章聚焦因集市交往而产生的文化事象、民俗情感和社会结构，既讨论流动中地方知识的生成机制，以及文化圈与情感交流圈"中心"和"边缘"的关系；也分析集市在当地民俗文化中的"标志性统领"地位，为后文讨论集市转型中的民俗生活变迁和构建奠定基础。

第五章阐释现代化背景下集市的转型，以及这种转型与民俗生活变迁之间的共生关系。随着川盐古道的式微、现代交通的发展和城镇化进程的加快，集市中人们的生活发生了巨大的变化，处于新旧传统并存的混沌期；集市的传统经济功能渐趋减弱，集市结构悄然改变，集市逐渐从经济枢纽转化为文化展演空间，"集市中的民俗"成为"民俗中的集市"。

第六章以近年来庆阳坝正在发生的典型性事件为例，分析集市转型过程中民俗生活构建逻辑。集市转型中的民俗生活重构受到多元主体及城镇化、"寻找乡愁"和乡村振兴等多重话语的影响，传统与现代、生活性与展演性相互交织，共同作用于民众生活。

结语部分是对本书主要观点的总结，主要包括四个方面：第一，就民众日常生活的行为逻辑而言，作为经济范畴的乡村集市和作为文化范畴的民俗生活相互嵌入；第二，就区域民俗的生成逻辑而言，因集市流动形成的商品交易圈、人际交往圈和文化传播圈共生互动，形塑了民众日常生活秩序和民俗生活关系，是地方感、认同感和家园感得以确立的前提；第三，就乡村集市转型和民俗生活变迁的内在逻辑而言，以人为中心的生活驱动既是民众实践的原因，也是实践过程中矛盾的调和剂；第四，就当代民俗生活构建的实践逻辑而言，传统延续和现代转型是当代民俗知识生产的机制。

目　录

第一章　引论 ……………………………………………………………（1）

　第一节　初入集市：研究缘起及问题意识 …………………………（1）

　第二节　了解集市：民俗学理解日常生活的新视野 ………………（4）

　　一　集市：日常生活的实践框架 ………………………………（5）

　　二　集市流动：超越二元对立的日常生活研究视野 …………（9）

　　三　集市转型：日常生活变迁研究的路径创新 ………………（16）

　第三节　走进集市：在庆阳坝集市的"赶场"之行 ………………（20）

　　一　深度访谈法 …………………………………………………（20）

　　二　参与观察法 …………………………………………………（22）

　　三　文献分析法 …………………………………………………（24）

　第四节　再现集市：核心概念辨析 ………………………………（25）

　　一　日常生活与民俗生活 ………………………………………（25）

　　二　庆阳坝、庆阳坝村与庆阳坝集市 …………………………（28）

　　三　集市与"赶场" ……………………………………………（29）

第二章　庆阳坝：廊道上的乡村集市 ……………………………（31）

　第一节　庆阳坝的地理位置 ………………………………………（31）

　　一　鄂西南：连接中原与西南的纽带 …………………………（31）

　　二　武陵民族走廊：沟壑中的文化沉积带 ……………………（34）

　　三　川盐古道：中国腹地的生命线 ……………………………（35）

　第二节　庆阳坝的自然生态 ………………………………………（38）

　　　一　山间平坝：庆阳坝的地貌特征 ……………………（38）

　　　二　"土多田少"：庆阳坝的生态情况 ………………（40）

　　第三节　庆阳坝的历史文化语境 ………………………（41）

　　　一　土家村落：施南土司与庆阳坝 …………………（42）

　　　二　从驿站到集市：庆阳坝集市的历史沿革 ………（47）

　　小　结 ……………………………………………………（49）

第三章　集市与日常生活型构 ……………………………（50）

　第一节　集市经济模式与生活方式 ……………………（50）

　　　一　经济体系与交换内容 ……………………………（51）

　　　二　生计传统与民众心理 ……………………………（55）

　第二节　集市空间布置与生活场域 ……………………（58）

　　　一　凉亭古街：集市的交易场所 ……………………（58）

　　　二　开放的边界：集市的市场区域 …………………（62）

　　　三　沿古街而居：庆阳坝的聚落形态 ………………（64）

　第三节　集市时间安排与生活节奏 ……………………（66）

　　　一　协调性：集市周期的形成 ………………………（66）

　　　二　稳定性：集市周期的变迁 ………………………（71）

　　　三　节奏感：集期安排与日常生活 …………………（74）

　第四节　集市功能与公共秩序建构 ……………………（78）

　　　一　各司其职：以公共空间为基础的集市功能 ……（79）

　　　二　"有形的手"："国家在场"视域下的贸易规则 …（82）

　　　三　约定俗成："熟人社会"里的交易诗学 …………（84）

　　小　结 ……………………………………………………（89）

第四章　集市贸易与地方民俗生成 ………………………（90）

　第一节　物的交换：集市商品流通中民俗的稳定 ……（90）

　　　一　以"盐"为基础的饮食民俗 ……………………（91）

　　　二　以"棉"为原料的服饰民俗 ……………………（95）

　　　三　以"竹"为核心的民具系统 ……………………（97）

　　四　以"茶"为载体的礼仪体系 ……………………………（101）

　第二节　文化的交流：集市中民俗的互动与涵化 ……………（108）

　　一　杂糅的建筑风格 …………………………………………（108）

　　二　"大小传统"中的岁时节庆 ……………………………（114）

　　三　采借的地方戏剧 …………………………………………（123）

　　四　混融的民间信仰 …………………………………………（126）

　第三节　人群的交往：集市中的人际关系与情感网络 ………（134）

　　一　从移民到"本地人"的身份认同 ………………………（134）

　　二　"我们"与"乡下人"的社会结构 ……………………（139）

　　三　婚嫁观念影响下的集市婚姻圈 …………………………（141）

　小　结 …………………………………………………………（144）

第五章　集市转型与民俗生活变迁 ……………………………（145）

　第一节　生活方式当代变迁的背景及表现 ……………………（145）

　　一　盐棉贸易与古道式微 ……………………………………（146）

　　二　基础设施与流通之变 ……………………………………（149）

　　三　城镇化与生活变革 ………………………………………（156）

　第二节　生活方式当代变迁对集市时空的影响 ………………（159）

　　一　集市时间的延续与缩减 …………………………………（159）

　　二　集市空间的腾挪与置换 …………………………………（162）

　第三节　集市功能的当代转型 …………………………………（165）

　　一　从茶叶到"茶业"：集市经济模式的嬗变 ………………（165）

　　二　从经济枢纽到文化符号：集市文化功能的异化 ………（168）

　　三　从"赶场"到"聚会"：集市实践意义的变迁 …………（170）

　小　结 …………………………………………………………（173）

第六章　集市转型中的民俗生活重构逻辑 ……………………（174）

　第一节　集市转型中民俗生活重构的实践者 …………………（174）

　　一　正式的政治权力代表 ……………………………………（175）

　　二　非正式的民间生活代表 …………………………………（176）

　　　三　交流互融中的"凝视者" ………………………………（179）
　　第二节　集市转型中民俗生活重构的实践过程 …………（183）
　　　一　延续乡愁：古街建筑群的修复 …………………（184）
　　　二　找寻"乡根"：灵关庙的重建 …………………（186）
　　　三　展演民俗：地方戏曲的复兴 …………………（190）
　　　四　发明传统："路烛节"的创造 …………………（196）
　　第三节　集市转型中民俗生活重构的冲突与调适 ………（202）
　　　一　冲突：在"现代性想象"与"留住乡愁"之间 ……（202）
　　　二　博弈："多面人"的纷争与联合 …………………（205）
　　　三　调适：连接过去与未来的"民俗旅游" …………（207）
　　小　结 ……………………………………………………（210）

第七章　结语 …………………………………………………（211）
　　第一节　流动的结构：在集市与民俗之间 ………………（212）
　　　一　乡村集市与民俗生活的互嵌 …………………（212）
　　　二　廊道上集市民俗谱系的特征 …………………（214）
　　第二节　流动的动力：在传承与焕新之间 ………………（219）
　　　一　集市民俗谱系的历史生成逻辑 …………………（219）
　　　二　集市民俗谱系的当代变迁机制 …………………（224）

参考文献 ………………………………………………………（228）

后　记 …………………………………………………………（239）

图 目 录

图 2 – 1 从福寿山山顶俯瞰庆阳坝………………………………（39）

图 3 – 1 开市日的凉亭古街…………………………………………（61）

图 3 – 2 庆阳坝聚落形态示意图……………………………………（65）

图 4 – 1 庆阳坝集市上贩卖的竹制品………………………………（99）

图 4 – 2 在火塘间削竹筷的老伯 …………………………………（101）

图 4 – 3 正月十五一位老人去给祖先"送亮" …………………（118）

图 6 – 1 重新修建的灵关庙 ………………………………………（188）

图 6 – 2 庆阳坝南剧团在"古街民族大戏台"上演出 …………（194）

图 6 – 3 2018 年庆阳坝"路烛节"之点路烛……………………（197）

表目录

表 1 - 1　施坚雅对中国市场类型及等级的划分 ……………………（6）

表 3 - 1　庆阳坝集市 20 世纪 50 年代前的坐商信息 …………………（52）

表 3 - 2　庆阳坝周边的集市周期及其距离（2019 年）…………（69）

表 3 - 3　以庆阳坝集市周期为单位的活动时间安排………………（76）

表 3 - 4　庆阳坝开市日的活动时间安排（夏季）……………（77）

表 5 - 1　晚清时期宣恩县主要大道分布情况 ………………（150）

表 5 - 2　1985 年宣恩县客运线路及班次……………………（154）

第 一 章

引　论

"赶集"，这一听似遥远的活动，正在重新成为生活潮流，吸引着生活在都市里的人们热情参与。有机农夫集市、非遗市集、二手集市，各种类型、主题的集市层出不穷，"赶大集"被列入很多人的旅行打卡清单。这些新兴集市与传统意义上的集市有何关系？人们乐此不疲地"赶集"是为了什么？对于这些问题的回答，不仅有助于我们理解集市的魅力，也成为了解人类基本经济、社会和文化生活的一种方式，而那些散布于乡村且延续至今的集市便是我们打开"集市"这个百宝箱的钥匙之一。

第一节　初入集市：研究缘起及问题意识

有关文化形成及变迁的问题一直是从事文化研究的学者关注的话题，文化人类学和民俗学对此问题的研究呈现出从本质主义向建构主义转变的倾向。20世纪50年代之后，科学技术的飞速发展、社会经济形态的快速转变和通信方式的急速升级，推动都市化和全球化的触角延伸至中国乡村社会，人们的日常生活发生了翻天覆地的变化，植根于农耕社会的传统文化随之变迁或瓦解。近年来，乡村振兴、民俗旅游和非物质文化遗产保护等话语的兴起及其实践则为乡土复兴奠定了基础，也致使当代民俗文化的传承、传播和变迁更为复杂。因此，科学合理地认识当代文化变迁的机制和规律成为相关学术研究的重要目标之一，也是促进文化发展和社会建设的必要途径。

市场为理解民俗生活的生成和变迁提供了一个有效的视角。定期市场是一种广泛存在于世界各地区各民族的经济模式,人们在此交换多余的家庭产品和各类商品,以满足生产生活的需求。本书所讨论的乡村集市是农村基层市场的形式之一,是农耕社会的伴生物。从经济学的角度来看,乡村集市通常被认为是"落后"的,其商品交易模式较为简单,很多集市受到现代技术、交通和市场体系变革的冲击,逐渐淡出人们的生活。然而,集市与文化、社会的密切联系扩展了其功能和意义,使一部分集市留存至今。在位于湘鄂黔交界处的武陵山区,遍布着众多规模大小不一的乡村集市,"赶场"是武陵山区各民族成员前往集市进行物资交换和人际交往的实践活动。面对现代化带来的生活变革,武陵山区的集市并未出现如施坚雅(William Skinner)所断言的完全"消失"现象,而是在民众的生活实践中呈现出兴衰并存的状况。这一状况具有超越"结构—功能"置换的复杂性,很难用"文化惯性"理论进行有效阐释。如何理解民族地区乡村集市与民俗生活的关系,理解其当代存续的方式、原因和动力?对于这些问题的解答具有理论必要性和现实紧迫性,既为理解处于转型期的乡土社会和民俗生活变迁提供了可能,也可促进不同研究范式间的对话,拓宽相关学科的研究视野,为推动文化建设和民族地区高质量发展提供区域样本和学理支撑。

庆阳坝是中国西南地区众多乡村定期集市之一,既具有独特性,也具备普遍意义。农历戊戌年(2018年)正月十五,笔者在淅淅沥沥的小雨中第一次进入庆阳坝。当我有些狼狈地踏入凉亭古街后,顿时被这条不宽的街道所吸引。与外面阴雨又冷清的气氛全然不同,凉亭古街不仅因其特别的建筑设计免遭风吹雨淋,还因摩肩接踵的人群、熙熙攘攘的背篓、摇着尾巴的小狗、各色各样的蔬菜瓜果、冒着香气的"油嚓儿"、此起彼伏的吆喝与讨价还价的声音显得格外热闹,烟火气十足,令人误以为闯入了另一个世界。后来我才反应过来,当天不仅是赶集的日子,还是庆阳坝的"路烛节",人们在街道上舞龙灯、玩采莲船、吃百家宴、摆路烛、走旗袍秀,直到晚上十点多钟人群才逐渐散去。对乡村集市和民俗生活的关注使我在第一次进入庆阳坝时便对它产生了浓厚的兴趣。

于是，2018年4月，笔者再次来到庆阳坝。然而，凉亭古街这次却不如第一次我来时那般热闹，街上只能见到几户开着门的杂货铺和一两只躺在地上休息的小狗；与之相对的，在山间地头总能见到三三两两的采茶人。集市空间内部的热闹和外部的冷清、开市日的人头攒动和闭市日的关门闭户，不禁让我思考集市与当地人日常生活之间的调适；而当地人反复讲述的庆阳坝过去在经济和文化方面的繁荣景象和对如今村落保护与发展之困难的叹息，又促使我更加深入地思考集市兴衰与庆阳坝人民俗生活变迁之间的关系。

作为武陵民族走廊及川湘鄂联通的重要物资中转站，庆阳坝凭借独特的地理位置发展起乡村集市，成为物资和人员的集散点，并因此汇聚和吸纳了周边地区的文化，形成了以庆阳坝为中心的商品交易圈、民众生活圈和文化流动圈。随着现代技术的发展、道路交通的变迁和经济模式的转型，庆阳坝集市时空秩序被重构，经济、政治、社会和文化功能逐渐改变，民众生活及其民俗文化也在此过程中发生变化。但是，庆阳坝集市并没有如施坚雅所预言的那样逐渐消失，而是不断转换形式，持续在民众生活中发挥作用。对于庆阳坝的民众来说，庆阳坝集市不仅是交易场所和居住空间，更是社会关系建立和情感交流的场域，承载着庆阳坝人的集体记忆。庆阳坝人的民俗生活与集市兴衰相互作用，并在当前社会转型过程中不断调整适应，以与时代同步的方式展开重构实践。

庆阳坝民众是集市交流与兴衰的见证者、参与者和实践者。一方面，民众的生计传统、生活节奏、人际关系和民俗知识等建立在以集市为中心的关系网络之上；另一方面，民众的日常生活实践也促成了集市内多样态文化的流动，并以不同的形式建构了集市空间的物理边界、文化边界和情感边界，是当代集市转型和民俗生活构建的重要依托。基于此，本书以庆阳坝为田野点，从民俗生活实践的角度切入，考察集市交流与民俗生活之间的互嵌关系，探讨现代化和城镇化进程加速背景下，集市的转型以及民俗生活的变迁与调适，以此理解区域民俗的生成机制、民众日常生活行为逻辑以及传统延续和现代转型的规律。

第二节　了解集市：民俗学理解日常生活的新视野

20 世纪 90 年代以来，"日常生活"① 在中国人文社科学术语库中的地位不断提升。学界以马克思主义哲学对日常生活的反思和批判为基础，结合现实语境和学科框架，不断丰富"日常生活"的理论内涵与社会意义，并在民俗学领域促成了关注民俗语境、主体行动和实践理性的研究范式转型。然而，"日常生活"的概念之宏大、内容之丰富又常常使得相关研究缺乏抓手，限制了其阐释力的进一步提升。

集市作为一种定期进行的商品交易形式，是人们生产生活的重要内容，既具有乡村与城镇结合的空间特征，又具有小农耕作与商品贸易互嵌的功能特色。在现代化进程中，集市的呈现方式和功能意义不断变迁，吸引多学科研究的交错与融合，形成了理论性与应用性并重的局面。不同学科沿着各自的研究进路，从集市的形成、历史、功能、结构和空间等方面进行探索，推动了相关学科研究视野和理论方法的创新。

关于集市具有经济交易、文化互动和人际交往等多重功能的观点，学界已基本达成共识。然而，学者们对集市中日常生活、民俗文化和社会结构之间动态关系的研究尚待深入，民俗学在集市研究中相对缺位。虽有个别学者关注到了集市中的民俗及其文化空间性②，但有关集市的阐释大多作为民俗学研究的注脚出现。集市作为一种研究视野，在推动民俗学理解并阐释日常生活中的作用未能得到充分彰显。

因此，本书在跨学科的集市研究回溯中，讨论将集市作为民俗学理解日常生活新视野的可行性、适用性和重要性，阐释民俗学的问题意识和学术关怀在研究当代集市转型中的意义，并探索民俗学与相邻学科对

---

① 本书在进行一般性论述时直接使用日常生活，在进行概念术语的阐释时使用"日常生活"。

② 参见张春《基于"地方空间理论"的集市空间建构研究——以鲁中地区周村大集为例》，《民俗研究》2021 年第 2 期；董丽娟《乡村集市的"民俗文化空间性"》，《文化学刊》2014 年第 6 期。

话的路径，从而提升民俗学知识生产和成果转化的能力，回应"以人民为中心"的学科宗旨与时代使命。

一　集市：日常生活的实践框架

（一）作为社会存在的集市：概念、类型与兴起

集市的释义是阐释其类型、结构和特征的基础。所谓"集"，又作"雧"，原指数鸟聚集在树上，后衍生出聚合、停留和栖身等含义；"市"的本义为交易场所，后引申为管理市场的官吏和城镇，或表示交易这一行为。现在，集市已成为一个约定俗成的名词，既可指代聚集交易的方式，也被用来概括交易的场所，并在中国不同地区形成了多样称呼，如"集""墟""市""场""街"和"巴扎"等。

以集市为中心，衍生出一系列与之相关的民间语汇。"赶集""赶场""趁墟""赶街""赶山"和"赶闹子"等是人们对参与集市活动的主要表述方式。其中，"赶"和"趁"字将这一活动区别于以休闲为主要特征的"逛街"，彰显了集市在时间安排上的紧凑性和周期性特征。人们将集市的开放周期称为"场期"或"集期"，将集市开放的日子称为"开市日"或"逢场天"，不开放的日子称为"闭市日"或"冷场天"。集市上的商贩有"坐商"和"行商"之分，前者一般指在集市上有固定摊位，且持续参与集市活动的商贩；后者则是在不同集市上流动的商贩，他们走州行县，在中国西南的一些民族地区又被称为"燕儿客"。

学者们根据集市的时空或功能特征将其分为不同类型。中国学者一般将集市分为不定期集市（集会集市）、定期集市、常日集市和特殊集市（国际集市）等类型。以时间标准为主导的分类方式虽然能够较为笼统地涵盖中国大多数集市，呈现民众因集市而聚集的频率，但难以说明不同集市在空间、功能和结构上的关联。对此，施坚雅根据德国人文地理学者克里斯塔勒（Walter Christaller）的"中心地理论"（central‐place theory），按照中心地的经济职能划分了基层集镇、中间集镇、中心集镇、地方城市、地区城市五种主要的中心地类型，并根据其与行政地位的关联，明确了不同市场的属地大小和层级体系（见表1‐1）。

表 1-1　　　　　　　　　　施坚雅对中国市场类型及等级的划分

中心地类型	市场类型	最大属地
（小市）	（小市）	（小市场区域）
基层集镇	基层市场	基层市场区域
中间集镇	中间市场	中间市场区域
中心集镇	中心市场	中心市场区域
地方城市	—	城市贸易区域
地区城市	—	地区贸易区域

　　资料来源：［美］施坚雅：《中国农村的市场和社会结构》，史建云、徐秀丽译，中国社会科学出版社 1998 年版，第 10 页。

　　有关集市形成原因的问题在"中心地理论"的框架中被转化为"人们为何要在特定时间聚集于特定空间"，并延伸出两种阐释路径。一些学者将其归因于交易者对经济利益最大化的追求，另一些学者则认为其受到了宗教信仰和思想观念等社会文化因素的影响。就中国的集市而言，学者们普遍认为其历史悠久，作为农村劳动分工的结果和调剂余缺的手段①，经历了"日中而市"、坊市、草市和镇市等发展阶段②，在明清时期得到大规模发展，形成了较为完善的体系③。

　　集市的分布之广、类型之多和历史之久导致我们不能将其概而述之。因此，为方便讨论，本书所谈及的集市主要指乡村集市，即施坚雅市场体系中的基层市场。这种集市"满足了农民家庭所有正常的贸易需求……是农产品和手工业品向上流动进入市场体系中较高范围的起点，也是供农民消费的输入品向下流动的终点"④。乡村集市作为基础市场单位，其对经济交易功能的强调使之区别于庙会，但又具有大多数其他类型集市的特征，在集市系统中具有代表性，因而围绕乡村集市的讨论可

———————

　　① 钟兴永：《中国古代市场资源配置发展的两个阶段》，《云梦学刊》2000 年第 3 期。
　　② 石忆邵：《中国集贸市场的历史发展与地理分布》，《地理研究》1999 年第 3 期。
　　③ 许檀：《明清时期华北的商业城镇与市场层级》，《中国社会科学》2016 年第 11 期。
　　④ ［美］施坚雅：《中国农村的市场和社会结构》，史建云、徐秀丽译，中国社会科学出版社 1998 年版，第 6 页。

产生较为普遍的借鉴意义。

（二）作为民俗学研究范畴的集市：事象、时空与秩序

以货物交换为基本目的的集市之所以成为民俗学研究的范畴，与集市结构功能的多元性和复合性相关。集市作为区域内民众生活的内容和形式之一，塑造着人们的生产生活方式，其所包含的民俗事象、时空结构和社会秩序既属于民俗学研究的对象，也是民俗学观察日常生活的立足点。

首先，集市交易活动产生了一系列与之相关的民俗事象和民俗主体，是民俗学研究不可忽视的对象。钟敬文把商贸民俗列为物质民俗的子项目①，乌丙安则区分了"市的民俗"和"商的民俗"②。其中，无言交易、按需进行的自然交易、按量进行的等价交易和以货币为媒介的交易代表了集市中主要的民俗活动样态，行商、坐商和"居间客"等是集市交易过程中产生的民俗主体，而商贩为吸引顾客所创造的吆喝、代声和招幌等则是集市中显著的民俗事象。另外，集市交易中的隐语、行话和讨价还价的方式也属于民俗研究的应有范畴。

其次，集市时空不仅作用于物资流通，还搭建起民众日常生活的时间框架和空间范围，为民俗的生成和发展提供了特有的语境。一方面，集市周期塑造了民众日常生活的节奏，成为人们标记时间和安排活动的参照尺度；另一方面，集市周期又受到文化传统的影响，且开市时长由人们在集市上停留的时间决定。中国集市的集期通常以农历一旬为单位，多为一旬两集、一旬三集或隔日集。③农忙时，集市的开市时长相对较短；岁时节庆时，赶集的人数变多，商品的种类增加，开市时长也随之延长。集市时空与民俗生成的关系在地方节俗中体现得较为明显。流传于湖北恩施土家族聚居区的"女儿会"、云南玉溪花腰傣和文山壮族聚居区的"赶花街"、广东南海的"狗仔墟"等节庆大多以赶集为契机，兼备会友、庆祝和祭拜等活动。而且，这些节庆通常还包含了大量其他的民

---

① 钟敬文主编：《民俗学概论》，上海文艺出版社1998年版，第63—68页。
② 乌丙安：《乌丙安民俗研究文集：中国民俗学》，长春出版社2014年版，第64—73页。
③ 在一些少数民族地区，人们确定集期的方式更加多样。例如，中国清水江流域部分苗族聚居区的集市以干支纪年法为测算集期的标准，并将不同的集市用生肖名称予以命名。

俗事象，如"女儿会"中演唱的民歌、"赶花街"中交换的银饰和秧箩饭以及"狗仔墟"中表演的高桩醒狮等。

　　再次，集市的物理空间因民众实践被赋予政治、经济、文化和社会功能，集居住空间、工作或生产空间和社交空间于一体，成为民俗学观察日常生活可以依托的田野点。王笛在研究中强调了集市空间对民众信息交流和愉悦身心的价值①，宋靖野和曹海林则专门论述了集市作为乡村公共空间的社会诗学及其在构建社区秩序中的作用。② 集市空间的多元功能使集市在民众生活中的意义从时空框架渗透到精神和情感诉求中，赶集实践成为人们日常生活的重要组成部分。明恩溥认为，正是因为乡村集市不仅是市场，还是一种交流手段，所以"中国人徒步走上三里或八里甚至十来里去一个市场，是很不在乎的事情"③。这种观念并非学者一厢情愿的解读，大量的民间表述也显示出这层含义，如冀东民歌："从春忙到大秋里呀，腌上了咸菜忙棉衣呀，杂花子粮食收拾二斗，一心要赶乐亭集呀。乐亭南关把粮食卖呀，卖了粮食置买东西呀，买了江南的一把雨伞，又买了圆正正一把笊篱呀。槐木扁担买了一条呀，担粪的荆筐买了两只呀，零碎东西买完毕呀，饸饹铺里拉驴转回家里呀。"④

　　最后，集市内交易双方的选择常常受到社会关系的影响，对集市的研究可以洞察社区内的人际关系和社会结构，折射出地方知识的层次。费孝通指出"熟人社会"中的亲属关系和社会结构影响着集市中买卖双方的选择⑤，陈文超在此基础上认为实践亲属关系不仅是经济交换关系的主导，更是对乡村社会关系的有效表达。⑥ 由于集市与乡土社会的其他民

---

① 王笛：《跨出封闭的世界——长江上游区域社会研究（1644—1911）》，中华书局 2001年版。

② 参见宋靖野《"公共空间"的社会诗学——茶馆与川南的乡村生活》，《社会学研究》2019年第 3 期；曹海林《乡村社会变迁中的村落公共空间——以苏北窑村为例考察村庄秩序重构的一项经验研究》，《中国农村观察》2005年第 6 期。

③ ［美］明恩溥：《中国乡村生活》，陈午晴、唐军译，中华书局 2006年版，第 113 页。

④ 郭文德、王艳霞主编：《冀东民歌》，苏州大学出版社 2019年版，第 102 页。

⑤ 费孝通：《乡土中国 生育制度》，北京大学出版社 1998年版，第 69—74 页。

⑥ 陈文超：《实践亲属：乡村集市场域中的交换关系》，《中共福建省委党校学报》2010年第 4 期。

俗事象处于同一关系网络中，且彼此关联，所以透过集市对日常生活的观察具有较强的效度。

因此，集市作为一种经济形式，从出现的那一刻起便改变着与之相关的地方性生产生活方式。集市不仅包含着丰富的商贸民俗，还是一个特有的文化空间和生活空间，建构并反映民俗关系，在为民俗学理解日常生活形式和内容提供具体对象的同时，也为民俗学观察乡村社会关系提供了独特的场域。

二　集市流动：超越二元对立的日常生活研究视野

格尔茨（Clifford Geertz）曾表示，对集市中信息和物资交换的研究是消除形式主义与实体主义、现代经济学与文化人类学对立的有效途径。[①] 流动性作为集市的本质特征，是集市得以形成和发展的关键，并引申出流动与稳定、中心与边缘、地方与国家三组关系。这三组关系交互作用，为拓展民俗学的研究框架、丰富有关民俗学研究对象认识论的讨论和深化民俗学对日常生活的理解提供了有益的视角。

（一）超越村落的关系网络

集市的流动性以人群流动为根本，以物资流通为主要呈现方式。历史上，商贩、顾客和车马队等群体的往来停留为集市繁荣兴盛并发挥商贸功能提供了条件，且促进了多元文化因子和生活习惯的接触、涵化与共生共融，日常生活的变迁成为这一流动过程的伴生物。与民俗学过去把研究对象界定为静态的文化既定事象不同，集市所蕴含的流动性既表明民俗谱系具有多元建构性，也彰显出地方知识内在的变迁性和日常生活的未完成性。这种流动性在一定程度上消解了"本土"和"外来"的界限，要求研究者从动态且开放的视角去理解地方、阐释传统和观察正在进行的日常生活。

然而，因集市而产生的流动并非处于无边界的状态，民众对生产生活效益的追求决定了集市是流动性与稳定性共同作用的产物。施坚雅根

---

① Clifford Geertz, "The Bazaar Economy: Information and Search in Peasant Marketing", *American Economic Review*, Vol. 68, No. 2, 1978, pp. 28–32.

据对成都平原乡村集市的调研，划定了基层市场的六边形服务区域，并认为该地理模型是区域内物资交换圈和社会交往圈的基本形态，指出中国小农自给自足的空间范畴由基层市场决定，而非村庄。① 费正清承接施坚雅的观念，在《美国与中国》中专门设置"集市社会"一节以阐明中国社会的本质，认为过去中国的乡村呈现出以市镇为中心、由道路连接的蜂窝状结构。②

"集市社会"代表了一些西方学者在研究中国问题时的形式主义取向，与中国和日本学者倡导"村落共同体"的实体主义研究取向形成对话，拓展了区域社会研究的理论框架和方法论。在中国民俗学界，随着语境理论的引入以及人类学社区研究的发展，很多学者将研究落实到一个个具体的时空范畴内，以村落为空间单位，寻求个案的丰富和理论方法的创新。刘铁梁认为村落是民俗传承的生活空间，具有实体性和自我意义，而村落调查是中国民俗学研究的基础性工作。③ 这一论述为之后学者开展具体的个案研究奠定了方法论基础。相关研究一方面把具体的民俗事象置于村落语境中予以阐释，另一方面透过民俗事象窥探村落内部的社会结构和人际网络，对理解中国乡村社会和民间文化产生了重要意义。

但是，正如人类学的社区研究范式受到是否具有代表性和普遍性的质疑一样，民俗学的村落个案调查引发了有关比较视野缺失的思考。对此，一些学者致力于拓展研究区域，以运河、流域或廊道等线性空间为范畴展开田野调查，在探索民俗传播与变迁机制的同时，回应中华民族多元一体格局等宏观议题。相关研究促使超越村落的线性交流逐渐进入民俗学研究的领域中，且产生了一批基于村落调查范式的多点民俗志文本及比较研究成果。

实际上，村落调查范式之所以难以充分解释日常生活的复杂性，并

---

① ［美］施坚雅：《中国农村的市场和社会结构》，史建云、徐秀丽译，中国社会科学出版社 1998 年版。

② ［美］费正清：《美国与中国》，张理京译，世界知识出版社 1999 年版，第 26—28 页。

③ 刘铁梁：《村落——民俗传承的生活空间》，《北京师范大学学报（社会科学版）》1996 年第 6 期。

非由于村落地理空间的边界感，而是因为该范式内隐的封闭性与村落生活的流动性和多变性之间存在诸多矛盾。近年来，"礼俗互动"研究的兴起与学者们对村落调查范式的反思不无相关。诚如张士闪所言，"乡村生活不仅是由一村之民在村落内部生活中磨合而成，同时还是参照周边社会而形塑，相邻村落之间往往存在着相互交织的多重关系，很难一言论定"①。施爱东进一步强调"民俗学就是关系学"②，并认为如何界定和认识这一关系是学者们在具体研究中应当回答的问题。

超越村落由此成为民俗学深化对乡村社会及日常生活理解的必要尝试。刘铁梁在对村落调查范式的讨论中已经注意到了集市与村落作为自足生活空间之间的矛盾，指出"村落经济'自给自足'的极端形式，也许是不与外界发生商品交换关系的封闭性的生产与消费格局，但分散在各地的集市却表明这种封闭的村落大约是不多的"③。而民俗学研究焦点从村落空间中具体事物或事件向关系网络的转变，具有从实体主义向形式主义转变的倾向。在这一过程中，尽管施坚雅运用理想数学模型对中国社会区位的划分遭到了很多学者的批评④，但他有关市场层级体系的划

① 张士闪：《礼与俗：在田野中理解中国》，齐鲁书社 2019 年版，第 103 页。
② 刘铁梁、黄永林、徐新建等：《"礼俗传统与中国社会建构"笔谈》，《民俗研究》2020年第 6 期。
③ 刘铁梁：《村落——民俗传承的生活空间》，《北京师范大学学报（社会科学版）》1996年第 6 期。
④ 例如，史建云指出施坚雅所构建的空间结构体系和社会体系相互矛盾，并认为出现这种情况的原因在于施坚雅未能对基层市场之外的社会区域进行研究。王铭铭、梁永佳、那仲良（Ronald G. Knapp）和克里斯曼（Lawrence W. Crissman）等人则通过在福建泉州、云南大理喜洲和台湾地区的实证研究，证明一个地方的市场与其行政、宗族、仪式空间并不一定重合；张青仁认为施坚雅观点的偏颇缘于他忽略了中国语境中的国家中心论。参见王铭铭《社会人类学与中国研究》，广西师范大学出版社 2005 年版；梁永佳《大理喜洲的地方与超地方仪式》，潘乃谷、王铭铭编《重归"魁阁"》，社会科学文献出版社 2005 年版，第 259—276 页；庄英章《人类学与台湾区域发展史研究》，《广西民族学院学报（哲学社会科学版）》1998 年第 2 期；Ronald G. Knapp, "Marketing and Social Patterns in Rural Taiwan", *Annals of the Association of American Geographers*, Vol. 61, No. 1, 1971, pp. 131 - 155; Lawrence W. Crissman, *Town and Country: Central - place Theory and Chinese Marketing System, with Particular Reference to Southwestern Changhua Hsien, Taiwan*, PhD Thesis, Cornell University, 1973; 张青仁《如何理解中国社会：从模式争论到立场反思——对杨庆堃和施坚雅集市研究的比较分析》，《云南民族大学学报（哲学社会科学版）》2015年第 5 期。

定表明特定区域及其人群处于和其他区域及人群相互影响和上下关联的
体系中，揭示了流动的结构性与关系的稳定性，为观察乡土社会和民众
生活提供了一种超越综合性的整体性视野。

　　同时，以集市流动为视角的日常生活观察并不排斥村落本身，两者
是相辅相成的。正如费孝通在其后期的研究中逐渐关注小城镇和区域商
品集散中心，施坚雅也日渐意识到村落在中国乡村中发挥的重要作用，
并提出了一个会经历周期性"开"与"闭"的村庄模式。[①] 而且，在其
他三种超越村落的经典研究范式中[②]，村落本身也不能完全失语，只是从
全职性主角转变为幕后影响因素。

　　因此，超越村落并非一味追求物理空间的增量，也不是执着于单个
事象的无限流动，而是在流动中认识不同主体间的关系，从而发现日常
生活生成、维系与联结的纽带及规律。以人群的流动为根本，集市的物
品交换和文化互动相伴而生，而基于流动形成的稳定时空结构和社会网
络则为民俗学研究地方社会和日常生活的关系提供了新的可能。

　　（二）基于实践的关系构建

　　在建立超越村落边界的日常生活关系的基础上，集市流动对拓展民
俗学研究视野的意义还在于对"共同体"的理解。有学者认为民俗学解
决的就是有关共同体的问题[③]，且对共同体构建机制的探索触及对民俗学
研究对象认识论的思考。

　　施坚雅的"基层市场共同体"是对集市流动性与稳定性特征的进一
步深化，指在物品交换基础上形成的集经济、政治、文化和情感于一体
的关系网络。因集市而形成的共同体强调了实践在关系构建中的重要性，
而共同体之间及其内部成员在地位上的悬殊则表明关系具有层次感和可变

---

　　① ［美］黄宗智：《华北的小农经济与社会变迁》，中华书局 2000 年版，第 28 页。
　　② 邓大才把超越村落的研究范式总结为：施坚雅、弗里德曼（Edward Friedman）、黄宗智
和杜赞奇（Prasenjit Duara）等学者所代表的市场、宗族、经济和文化与权力四种经典研究范式。
参见邓大才《超越村庄的四种范式：方法论视角——以施坚雅、弗里德曼、黄宗智、杜赞奇为
例》，《社会科学研究》2010 年第 2 期。
　　③ 刘晓春：《探究日常生活的"民俗性"——后传承时代民俗学"日常生活"转向的一种
路径》，《民俗研究》2019 年第 3 期。

性。从这个维度上来说，集市共同体的构建及运行方式既与学界正在变迁的民俗观相契合，又可推动对民俗学研究立场和视角反思的进一步深化。

首先，基层市场共同体的形成必须依赖人们实实在在的赶集行动，其实践性有助于弥合对"民"与"俗"关系的争论。从 20 世纪下半叶丹·本 – 阿默斯（Dan Ben – Amos）将民俗界定为"真实且富有艺术感的交际过程"[①] 到 20 世纪末高丙中对民俗文化与民俗生活的阐释，"民"与"俗"的分离为民俗学理论及方法的创新奠定了基础。近年来，"生活实践"[②] 和"民俗认同"[③] 等概念的提出则将对民俗学研究对象的界定引向对"以俗定民"和"以民定俗"的讨论中。对两者关系认知的差异影响民俗学者发现问题和研究问题的敏锐度与关注点，甚至可能导致知识生产成果的偏差。在因集市流动而形成的共同体中，个体行动与社会结构的互构关系表明"民"与"俗"在循环迂回中构成了日常生活的整体性。具体来说，集市中的物品交换是地缘、业缘、血缘和趣缘等多重关系交互作用的结果，而人们在物品交换过程中形成的交易关系又能够推动以上关系的再生产，促进物品交易圈、人际交往圈和情感交流圈等社会网络的交错融合。在此，作为"民"的行动者和作为"俗"的社会结构在以物品交换为形式的实践中相互促进，构建并维系市场共同体的时空结构和社会功能。

其次，基层市场共同体中各主体的交流过程具有较强的协商性特征，彰显出"民"与"民"之间个性与共性辩证统一的关系。过去，民俗学者倾向于关心作为集体的"民"，但在非物质文化遗产保护的推动下，学界对民俗实践者的关注逐渐把作为集体的"民"引向作为个体的"民"，关注"民"的差异性和彼此间的协商性。[④] 集市共同体内部关系的建立方

---

① 丹·本 – 阿默斯在多篇文章中阐释了他对 folklore 的理解，相关定义亦被总结为"小群体内的艺术性交际"，本书所参考的原文来自 Dan Ben – Amos, "Toward a Definition of Folklore in Context", *The Journal of American Folklore*, Vol. 84, No. 331, 1971, p. 10。

② 高丙中：《民俗文化与民俗生活》，中国社会科学出版社 1994 年版。

③ ［美］西蒙·布朗纳：《迈向实践的民俗定义》，蔡磊译，《民俗研究》2021 年第 1 期。

④ 参见［比］马克·雅各布《不能孤立存在的社区——作为联合国教科文组织 2003 年〈保护非物质文化遗产公约〉防冻剂的"CGIs"与"遗产社区"》，唐璐璐译，《西北民族研究》2018 年第 2 期；高丙中《世界社会的民俗协商：民俗学理论与方法的新生命》，《民俗研究》2020 年第 3 期。

式使我们意识到，"民"与"民"的关系和"民"与"俗"的关系互相嵌入、不可分割。一方面，不同集市所形成的时空错落秩序是相邻群体间协商的结果；另一方面，集市共同体是处于群体关系中的个体互相协商的结果。讨价还价作为最直白的协商方式反映出主体选择、家庭需求、社区关系和传统观念之间的矛盾与妥协，是交易的诗学，也是日常生活的美学。同时，由于集市流动形成的共同体与其他类型的共同体相互交错，所以集市中个体的身份地位和角色扮演可根据需求而转变。正是在这个层面上，集市流动表明"民俗协商"之于日常生活的重要性，也可为我们在日常生活中发掘个体的自主性和能动性提供参考。

最后，基层市场共同体的流动性和稳定性还伴随着中心与边缘、地方与国家的互动，这为理解民俗学研究对象的话语地位和塑造民俗学的研究立场提供了支撑。曾经一段时间，人们视民俗为"边缘"群体①的文化，进而产生了民俗学的研究对象与作家文学、精英文化的分野，使民俗学成为一门为"边缘"抗争的学科。在"中心"与"边缘"的二元框架中，研究者和被研究者产生了身份上的隔阂，并引发了有关民俗学研究立场和学术伦理的反思。一些学者通过把都市文化纳入研究范畴，将过去"向下看"的研究视角转向"平视"②，对推动民俗学发展产生了积极影响。但是，对研究对象的置换难以完全纾解"中心"与"边缘"的张力。在此背景下，集市中心性与边缘性并存的特征对我们理解民俗学研究所包含的"中心"与"边缘"关系具有启示意义。一方面，资源在空间上的非均衡分配导致市场共同体内部产生了"中心"与"边缘"的差异，但两者是互相联结且可置换的。对于集市所在地来说，它可以同时是大环境里的边缘和小环境里的中心，而集市中的实践主体则时刻处于贸易圈和文化圈中心与边缘的流动中，并通过自身行动实现两者的融合与转换。另一方面，集市的中心性以其边缘性为条件，集市中的民俗文化则是在中心地吸引下多种元素互动的结果。这表明民俗学的研究对

---

① 这些群体可能在地域上处于乡村或边疆，或在公共生活中是不受重视或难以发声的群体。

② 徐赣丽：《从乡村到城市：中国民俗学的研究转向》，《民俗研究》2021年第4期。

象是"边缘"与"中心"依存的产物，民俗学对"边缘"群体及其日常生活的研究是对特定区域内"中心"的探索，并以此为民间文化、基层社区和民众实践赋权。

同时，以中心地为依托的市场体系又将集市中的商业贸易和民俗文化与更加广泛的关系网络相联系，促进地方与国家之间的互动。一般来说，集市内部的交易规则、权威主体和社会结构不仅在维护地方社会的稳定中发挥作用，也因其在生活实践中形成的秩序维护着地方与国家之间的关联。对于当地人来说，他们既受到"大传统"的浸染，又创造并享用"小传统"，其生活便在大小传统的双重变奏中展开。这不仅是礼俗互动的呈现方式，也引导我们探索礼俗互动的过程性和方向性。

总体来说，集市流动提供了一种介于形式主义和实体主义之间的研究视野。与民俗学的村落调查范式相比，集市研究的不同在于，"村落群体是依靠地缘关系而结成的"①，其边界明确，层次嵌套性较弱；但集市共同体是人们为满足生产生活需求而主动构建的实践群体。单个集市的流动虽有边界，但其边界是彼此协商的结果，且在流动与稳定中构建实践主体的多元复合身份，并形成了共同体之间层级相嵌、中心同构的关系。而与以宗族或民间信仰为核心的形式主义研究范式相比，集市研究的不同在于，宗族和信仰活动具有更强的民间性，但集市基于其最基本的功能——经济贸易与国家对重要物资的管控、度量单位的统一和商贸秩序的规定保持密切关系，导致集市中的生活实践具有较强的向心力，中心与边缘、地方与国家的互动更为显著，且呈现出彼此依存的整体形态。因此，集市所包含的多重二元关系使得日常生活的多面镜像得以呈现，而民俗学对集市的研究既是通过关注礼俗互动，揭示基层市场共同体中经济、文化与权力的关系，也是超越既定边界与中心，基于"民""俗"互构和充满自反性的对日常生活的观察、呈现与分析。

---

①　刘铁梁：《村落——民俗传承的生活空间》，《北京师范大学学报（社会科学版）》1996年第6期。

三　集市转型：日常生活变迁研究的路径创新

集市转型作为当前日常生活变迁的重要表现形式，关涉传统与现代、乡村与城市以及经济与文化等多个议题的讨论。民俗学对实践和情感的关怀能够充实当前的集市转型研究，并在与其他学科的对话中揭示民众日常生活变迁的机制，从而进一步充实民俗学的研究方法，提升学术研究服务社会发展的能力。

（一）日常生活关怀：民俗学对集市转型研究的补充

20 世纪 80 年代以来，随着中国市场经济的日益发展和社会结构的快速变化，民俗文化和乡村集市经历了巨大变革，并引出集市研究中的另一个经典命题，即"传统的乡村集市能否在现代社会存续"。

基于个案选择、资料来源和学科范式的差异，学者们在有关集市存续的问题上产生了分歧。部分学者认为生产、交换和劳动力的聚集可能促使更大规模中心地和周边卫星型中心地的形成，而原本的乡村集市则会在经济现代化的浪潮中消失。① 但是，当前中国乡村仍散布着大量集市的现实削弱了这种推断的权威性，并引导学者们重新审视集市的当代命运。侧重于集市经济价值的学者将集市的当代存续解读为受制于经济模式或地理屏障而导致的"迟滞性"②；侧重于集市社会内涵的学者则将这种存续归因于集市功能从经济性向文化性、从生活性向展演性的转型③，并认为人们对可持续发展的诉求可能促使集市的复兴。④

---

① Shepard Forman and Joyce F. Riegelhaupt，"Market Place and Marketing System: Toward a Theory of Peasant Economic Integration"，*Comparative Studies in Society and History*，Vol. 12，No. 2，1970，pp. 188 – 212；［美］施坚雅：《中国农村的市场和社会结构》，史建云、徐秀丽译，中国社会科学出版社 1998 年版。

② 免平清：《中国传统乡村集市转型迟滞的原因分析》，《西北师大学报（社会科学版）》2006 年第 4 期；姚磊：《文化传承视域下大理"三月街"千年发展的实践逻辑》，《广西民族研究》2016 年第 6 期。

③ 尹建东、吕付华：《传统延续与现代转型：当代中国边境集市结构功能变迁研究——以云南为中心的考察》，《云南师范大学学报（哲学社会科学版）》2018 年第 4 期。

④ Peter Jones，Daphne Comfort and David Hiller，"Local Markets and Sustainable Development"，in R. Raj and J. Musgrave，eds.，*Event Management and Sustainabililty*，Cambridge: CAB International，2009，pp. 186 – 194.

　　从目前有关中国集市转型的研究来看，学者们对集市存续与当地社会和民众生活变迁间关系的综合性讨论较少，对集市转型中实践者主体意识的关注不足，致使相关讨论缺乏集市本体研究所具有的整体性。杨懋春曾指出农民消费需求的增长以及传统的惯性促使民众依然去集市交易，因此基层市场不会因民众向上级市场流动而消失。[①] 但是，传统的惯性从何而来？这种惯性又能推动集市在当代社会存续多久？这些问题未能在相关研究中得到充分阐释，却可成为民俗学研究日常生活变迁的应有领域和用武之地。

　　一些学者将近 40 年来中国的变迁称为"生活革命"，并在对日常生活的观照中，以"变迁"为支点撬动民俗学理论与方法的创新。李向振认为实践的日常性、具象性、规定性和确定性为走向日常生活的实践民俗学缓解民俗学危机奠定了基础[②]，吕微和户晓辉则基于哲学立场指出以生活世界为先验基础的日常生活研究是民俗学发掘"完整的人"的前提。[③] 于是，民俗学把执着于追根溯源或未来展望的旨趣转变为对身边事、身边人的考察，通过肯定"当下"的正当性，在细节中追溯生活的深度与广度。

　　从日常生活的角度考察集市的当代转型，不难发现，在现代化和城镇化进程加速的语境中，集市主要有三种存在方式。一是一如既往地扮演着区域内经济、政治、文化和社会关系中心的角色。二是在延续过去时空框架的基础上，虽乡村集市服务村落或社区内物品交换的功能式微，但随着文化遗产保护工作的开展，集市作为文化空间的功能日益突出，在构建集体记忆和传承地方文化中发挥着重要的作用。而且，随着乡村旅游的发展，集市作为一种文化符号和民俗体验场所，吸引更多主体参

---

　　① 杨懋春：《一个中国村庄：山东台头》，张雄、沈炜、秦美珠译，江苏人民出版社2001年版，第237页。
　　② 李向振：《当代民俗学学科危机的本质是什么？——兼谈实践民俗学的知识生产问题》，《民俗研究》2020 年第 6 期。
　　③ 吕微：《两种自由意志的实践民俗学——民俗学的知识谱系与概念间逻辑》，《民俗研究》2018 年第 6 期；户晓辉：《实践民俗学的日常生活研究理念》，《民间文化论坛》2019 年第 6 期。

与到集市活动中，从而提升地方经济收入、改善民众生活水平。三是凭借集市空间的中心性和活动的聚集性特征，新的集市逐渐兴起，成为城镇或都市等生活场所中经济交易、文化展示和人群交流的特殊场域，促进社区发展与秩序和谐。

（二）对话与融合：集市转型研究对民俗学方法论的启示

民俗学对集市转型的研究是在问题意识的导向下，对多元研究方法的应用和融合，该研究过程有助于回应"以日常生活为对象的民俗学与相邻学科有何关联或差异"这一问题。

与经济学、地理学和人类学等学科相比，民俗学把集市作为研究对象有其特殊性。这种特殊性首先表现为一种挑战性，因为集市本身的民俗事象特征不明显，所以研究者较难沿着民俗学研究的一般路径，针对标志性民俗事象提出研究问题。而且，集市的内容之庞杂和节奏之紧张又导致单纯的访谈或短时间的田野调查难以触及其本质。特别是在旅游目的地打造和城镇化建设语境中，集市的"同质化"倾向日渐严重，增加了发现集市的历史性、结构性和生活性的难度。所以，民俗学的集市研究必定是一场研究者的跨学科之旅。研究者既需要了解一定的人文地理学、经济学和历史学知识，还要有在流动性社区中开展田野调查的能力，从而在宏观与微观视角的切换中发现集市所处的大环境与小区域，洞察集市在时代变更中呈现出的连续性和断裂性；并通过比较集市变迁与其他社会现象之间的关联，平衡历史和现实、文献和田野的权重，避免陷入"经验朴素主义"的僵局。

同时，集市的流动性决定了有关集市及其转型研究内含"以人为本"的诉求。研究者既需要跟随集市交易者的脚步初步确定田野调查的范围，还需要通过对个人的深度访谈，梳理集市形成、发展与转型的线索，透过实践主体的视角解读转型中集市的整体性，进而提炼与民俗学相关的研究议题。对集市及其转型的研究与都市民俗学和世界民俗学的倡导在方法上有一定的共通性，可作为民俗学迈向更复杂场域展开研究的一种尝试。集市虽与农耕传统和"熟人社会"相互关联，但其流动性的本质将其区别于静态的"传统"与"乡土"。针对现代社会流动的无序性和多方向性，民俗学在开展集市研究时对"民"与"俗"的关注可为在当前的无序中寻找规律、在多方向中确定秩序提供借鉴。

从这个角度来说，民俗学对日常生活的关注，将原本的集市转型研究从应然性的推测转化为已然性的阐释，在对工具理性的剖析之外增加了人文关怀，进而探索集市当代变迁的逻辑和未来发展的可能。这种研究方式与现实需求和学科诉求相符。现代技术的进步、不同文明的互鉴和社会流动的加速要求民俗学者以适宜的方法记录、调查和分析这一过程，提供整体性的、可被转化的知识。面向日常生活的民俗学对集市的研究一方面在有关集市"大历史"的构建中增加了"小历史"的温度，另一方面体现出民俗学在理解和解决社会转型背景下社会文化发展困境的独特路径，从而使民俗学对日常生活的关怀从理论阐释走进经验世界。

作为一门经世济民的学科①，民俗学从一开始就不局限于对具体对象的阐释，而是期望通过学术研究认识国家和自我②，为一种文化、一个族群或一个国家寻求话语上的正当性，并争取更多权益。对于中国民俗学来说，其自身的学术旨趣和学科发展的现实需求，唤醒了对日常生活的关怀，期望通过民俗研究来理解日常生活的整体面貌、运行机制和民众实践的意义。日常生活是一个多层次的复杂系统，包括物质世界、社会世界和主观世界等多个维度，更可细分为经济、政治、社会、文化和精神等多个分支；对于日常生活的研究不仅需要关注其内容、形成原因和意义内涵，更需要了解其运行机制和变迁方式，进而理解日常生活中的时间、空间和实践者。

集市研究和关怀日常生活的民俗学研究相互耦合、彼此促进，对民俗学理论方法的反思与创新有启示意义。以流动为特征的集市为民俗的生成与展演、民俗关系的搭建与互动提供场域，是民俗学研究的范畴，为观察"乡土中国"提供了生活实践的视角，其近年来的变迁则印刻并反映着"转型中国"的轨迹。有关集市的研究可延展中国民俗学理解日常生活的视野，加强学科的社会参与感；而民俗学的学术传统和研究方

---

① 陈勤建：《面向现实社会 关注经世济民——21 世纪中国民俗学的一个重要选择》，《韶关学院学报（社会科学版）》2006 年第 11 期。

② ［日］柳田国男、关敬吾：《民俗学研究的出发点》，载王汝澜等编译《域外民俗学鉴要》，宁夏人民出版社 2005 年版，第 54 页。

法则能够提升当前集市转型研究的生活感、文化性和整体性，深化对传统与现代、乡村与城市和经济与文化等议题的阐释。

第三节　走进集市：在庆阳坝集市的"赶场"之行

从初入集市时的心潮澎湃，到了解集市后的跃跃欲试，走进集市则是将前人所言落入具体时空的过程，也是再现集市的前提。为此，本书运用深度访谈、参与观察与文献分析相结合的方法。具体而言，在田野调查的基础上，笔者收集国家和地方文献资料，将民俗学、文化人类学、历史学、人文地理学和社会学的相关理论和方法相结合，在问题导向的基础上展开研究。

一　深度访谈法

文本记载的局限性使个人及群体叙事成为补充历史资料的有效方式，而当前人文社科领域对地方性经验和个人能动性的关注，则促使深度访谈法成为了解个人生命史、挖掘集体记忆和理解社群关系的必要方法。本书运用深度访谈的方法，梳理庆阳坝集市的转型和人们民俗生活的内容，理解庆阳坝过去和现在的关系以及不同主体在其民俗生活变迁中的话语表述。正如西佛曼（Marilyn Silverman）和格里福（P. H. Gulliver）在《走进历史田野：历史人类学的爱尔兰史个案研究》中所指出的，历史不仅是记载在竹简、石碑和书本上的静态文字，也是建立在对过去的想象、创造和再造基础上的"历史"，后者成为理解过去与现在关系的维度之一。[①]

深度访谈法包括结构性访谈和非结构性访谈两种方式。结构性访谈，又称问卷访谈，有清晰的问题框架，引导受访者回答必要的问题，从而达到获取相关信息的目的。非结构性访谈，即非问卷式访谈，通过让访

① ［加］西佛曼、［英］格里福编：《走进历史田野：历史人类学的爱尔兰史个案研究》，贾士蘅译，麦田出版股份有限公司1999年版，第30—33页。

谈对象较为自由地讲述而获取资料，达到对事件进行深入调查的目的。结构性访谈和非结构性访谈各有益处，本书以非结构性访谈为主，结构性访谈为辅。

本书进行非结构性访谈的对象包括了不同年龄阶段、不同性别、不同教育水平和居住在不同地域的人们，不同群体的讲述在丰富研究资料的同时，也为理解不同主体间的话语关系提供了参考。例如蔡老、曹老、冉老、邵老、殷老、余老和颜老等年龄在 70 岁以上的老人，他们听闻过 20 世纪前的庆阳坝故事，又经历了近半个世纪以来社会的快速转型，能够较为清楚地讲述庆阳坝的历史沿革和文化变迁，有些人至今仍在当地的社会关系构建和民俗生活实践中发挥核心作用；另一群年龄在 50 岁左右的中年人，他们或有一门特别的手艺，或是集市活动的积极参与者；还有阳某、王某钧和曾某等年龄在 20 岁左右的青年人，他们几乎都生在庆阳坝，成年后外出读书或工作，但仍会在节假日回到庆阳坝。不同年龄阶段的人群对个人生命史的回顾反映了不同年代人们日常生活的境况，他们有关庆阳坝集市的讲述代表了普通百姓对庆阳坝过去和现在的理解。另外，在村落社会治理组织中担任职务的群体为本书提供了官方话语体系，他们的讲述较为清晰地梳理了庆阳坝在行政政策、经济规划和文化建设上的变化，也再现了国家制度与基层实践的互动。同时，本书还对一些在庆阳坝民俗生活重构中发挥了重要作用的"外来者"进行了访谈，以了解他们在此过程中的实践逻辑。虽然部分学者认为非结构性访谈不需要大纲，但是本书认为明确访谈目的和访谈主要内容仍是非结构性访谈取得良好效果的关键。因此，本书的非结构性访谈内容根据被访谈者的个人背景和谈话语境而定，但不偏离集市与民俗关系的主题。其目的在于丰富庆阳坝历史及民俗的资料，了解乡村集市转型过程中不同主体的实践和态度。

本书的结构性访谈对象涉及范围更广，且相遇更具偶然性，多是在路边、老街、田间地头、乡村公交车和农家乐里遇到的来来往往的当地人或游客。其中，庆阳坝集市的参与者，包括买家和卖家是结构性访谈的主要对象。他们在庆阳坝集市上停留的时间短且较为繁忙，采用结构性访谈能够较快获得所需的资料。访谈内容主要包括集市交易参与者的个人信息、人员流动的方向、集市历史变迁和个人与集市的关系等。其目的在于了解庆阳坝集市的人员构成、空间范畴、历史变迁以及民众对庆阳坝集市的认识，从而勾勒庆阳坝集市的时空框架和民众日常生活的画卷。

在对访谈资料的处理上，本书采取了"举一反三"和话语分析的方法，以最大限度地避免访谈材料在立场和观点上的偏见，尽可能提高材料的有效性。一方面，通过对同一对象的多次访谈以及对同一事件的多方求证，减少因访谈对象身份立场、谈话语境和即时选择等因素带来的影响，从而较为全面地呈现事件过程；另一方面，在整理访谈录音的过程中，将交流场景、访谈者语气和姿态等身体语言补充进材料中，对其进行话语分析，从而进一步阐明民众对庆阳坝集市兴衰的情感以及不同主体对庆阳坝集市复兴的态度。

二 参与观察法

民俗学和文化人类学从书斋走向田野，进行科学规范的田野调查是展开研究的重要基础①。自 2018 年春节期间第一次进入田野点之后，笔者先后多次进入庆阳坝及其周边地区进行调研，累计时长约 15 个月，并保持每年回访。

参与式观察法包括"参与"和"观察"两个维度，两者相互联结，并彼此促进。一方面，笔者积极参与到当地人的生产生活中，在开市日的清晨和当地人一起到古街上赶场，在夏日傍晚背着采摘的茶叶到收茶处贩卖，在路烛节的夜晚同当地人一道点蜡烛，在寒冷的冬日围着"地炕洞儿"烤火闲聊；随着广场上的阿姨们"打莲响"，跟着戏楼里的人们学习花锣鼓，和村民一起爬福寿山祈福撞钟；乘着"村村通"经过盘旋的山路和当地人一起进城，坐在三轮车拖斗里到相邻的村子参加葬礼；在当地人的带领下，去水田坝寻找施南府遗址，探寻过去挑夫们走过的盐花古道；去看削竹筷、做蜡烛、打粑粑、烙豆皮……从最初的"你是

---

① [美] C. 恩伯、M. 恩伯：《文化的变异——现代文化人类学通论》，杜杉杉译，辽宁人民出版社 1988 年版，第 98 页。

谁?"到路过街道时当地人说"欸,又来了呀!"再到电视台来采访时疑惑"你不是庆阳坝人?"等,"参与"让我走进了当地民众的生活,密切了与他们的关系,使深度访谈的资料更为丰富,也让我更加理解当地的社会结构和人们的行为逻辑。

另一方面,1899 年爱德文·西德厄·哈特兰德(Edwin Sidney Hartland)所提出的"传统的科学"要求的不是同情式的参与,而是学术观察者与被观察者的客观距离①。笔者在参与中观察人们的日常生活和彼此间的关系,无论是在调研初期,还是再次进入田野点时,观察为我更加顺畅地参与生产生活实践奠定了基础,也不断激发我的写作灵感。最初到田野点的那几天,除了王叔和接纳我寄宿的颜老,我几乎谁也不认识。当时正值夏季,人们都喜欢在凉亭古街上歇凉、打牌和聊天。我便搬个板凳坐在大伙儿一旁,听大家闲聊,了解村子里基本的人际关系和人们关心的事情。后来,当颜家因老人身体原因暂时搬离庆阳坝,我便到村委会旁边的一个农家乐里住下。如果说在颜家的居住将我引入到庆阳坝人的生活中,那么这所农家乐则为我提供了深入观察不同类型庆阳坝人日常生活的平台。来来往往的当地人和外来游客在饭桌上的举止、对话和交际方式都是我观察的对象,极大地拓展和丰盈了原本的调研资料。参与式观察让我更为清晰地记录其日常生活、感受其人际关系并理解其民俗文化,是尽量去除"他者化"的一种尝试。本书中对集市空间、交换内容及重要事件过程等对象的描述均来源于参与式观察。

但是,田野调查者的在场会对人们的实践活动产生影响,调查者的个人身份也决定了当地人与其交流的方式和深度。巴莫曲布嫫根据其史诗田野调查的经验,将民俗学研究者需要关注的五个在场归纳为民俗传统、演述事件、受众、演述人和研究者自身②。笔者以为,研究者自身作

---

① Edwin Sidney Hartland, "Folklore: What is It And What is the Good of It?", in Richard M. Dorson, ed., *Peasant Customs and Savage Myths: Selections from the British Folklorists*, Chicago: University of Chicago Press, 1968, pp. 230 – 251.

② 巴莫曲布嫫:《叙事语境与演述场域——以诺苏彝族的口头论辩和史诗传统为例》,《文学评论》2004 年第 1 期。

为"他者",与"当地人"之间的界限可能会模糊,但不会消失。对于笔者在庆阳坝的研究来说,如何合理地运用自己的身份与当地人建立关系是获取调研资料的关键。首先,在未能正式进入田野之前,笔者曾以游客和摄影爱好者的身份观察到了当地的日常生活,通过对比在不同身份下收集的资料,丰满对当地文化和社会关系的阐释。其次,明确不同身份认同可能带给调研的影响,有助于在此基础上对不同的资料进行话语分析。最后,在文本写作时,笔者征求受访人的同意,采用"姓 + 尊称"或"姓 + 某 + 名"的形式呈现调研中相遇的对象,以便更好地呈现不同姓氏和不同群体在集市中的交往互动。

随着时间的推移和参与式观察田野调查的深入,笔者所要研究的问题及思路逐渐明晰,不仅对当地社会和民俗生活有了更深的理解,也使自己的研究有了更加明确的目标,理论和实践、方法和体验彼此促进,呈现出螺旋式发展的趋势。

三 文献分析法

"当代的田野工作支撑着泰勒对于'过去'的研究取向[1]",这种经验的意义之一就是注重历史文本。本书采用文献分析的方法搜索、整理和分析有关庆阳坝及周边村落的历史、风俗、经济、人口和地理等方面的资料,从整体上了解庆阳坝及其周边集市的基本情况。资料类型包括志书、纸质档案、电子统计、个人传记、墓碑雕刻和影像记录等,资料来源则包括各级政府、档案管理部门、个人和学术机构等。

虽然直接记载庆阳坝历史、政治、经济和文化的史料并不丰富,但从当地尚存的墓碑和石碑上能够大致得知当地的移民状况和主要建筑物的历史。庆阳坝集市的流动性和与外界的联通也可通过有关食盐、棉花和茶叶的记载反映出来,而中央和地方的相关文件也能够一定程度上反映庆阳坝集市的变迁。另外,曾在当地生活过二十年的龚老在退休后写作了六本回忆录,其中一部分内容提到了庆阳坝在 20 世纪中期的历史人

---

[1] [加] 西佛曼、[英] 格里福编:《走进历史田野:历史人类学的爱尔兰史个案研究》,贾士蘅译,麦田出版股份有限公司 1999 年版,第 30—33 页。

文状况，为笔者了解中华人民共和国成立初期庆阳坝集市的基本情况提供了材料。就近些年的文献资料而言，除了政府的年度报告、活动策划和规划之外，也包括宣恩县摄影家协会提供的活动照片，这些照片以影像的方式再现了民俗事件发生的场景。但是，历史文本与创造者、创作背景和创作目的的密切关系也要求笔者在梳理资料和分析资料时注重其产生的语境，从而更为谨慎地使用这些资料。

第四节　再现集市：核心概念辨析

关键概念是联结理念与实践、均衡差异与共识的支点。作为理论表征的权宜之计①，概念反映研究者的兴趣及其经验指称（empirical refer-ents）的类型②。本书在对集市中的民俗生活展开深描时，将理论思考与经验调查相结合，围绕日常生活、民俗生活、庆阳坝、集市等相关概念展开分析。对此，有必要对相关概念的内涵、差别和关系予以说明，以便行文流畅、逻辑清晰。

一　日常生活与民俗生活

"日常生活"（everyday life）和"民俗生活"（folk life）是当前民俗学研究中的两个重要概念，两者相互纠葛又彼此独立，在内容上有所重合。本书既包含对日常生活型构的分析，也包括对民俗生活实践的研究，透过日常生活的视角阐释乡村集市转型中民俗生活变迁的逻辑。

日常生活，按照其字面意思，是指人们每日重复的活动。其在学术界的大量使用与 20 世纪初以来马克思主义学者对日常生活哲学的关注密切相关，卢卡奇（Szegedi Lukács György Bernát）《美学》、阿格妮丝·赫勒（Agnes Heller）《日常生活》和列斐伏尔（Henri Lefebvre）《日常生活

---

① 汪民安主编：《文化研究关键词》，江苏人民出版社 2020 年版，第 4 页。
② Jan A. Fuhse，"How Can Theories Represent Social Phenomena?"，*Sociological Theory*，Vol. 40，No. 2，2022，pp. 99 – 123.

批判》《现代世界的日常生活》等学者及其著作代表了欧洲马克思主义者以日常生活为对象或视角对现代性的反思与批判。在此之前，以胡塞尔（Edmund G. A. Husserl）为代表的现象学哲学家提出了"生活世界"的概念，舒茨（Alfred Schütz）又提出了"日常生活世界""社会世界"① 等替代性概念。但布达佩斯学派的代表人物之一赫勒区分了"生活世界"和"日常生活"："'生活世界'的概念涉及行动和思维中的一种态度（自然态度），它同制度化（合理化）的行为和科学思想形成对照。日常生活则不是一种态度，它包含（或至少可以包含）各种态度，其中包括反思的—理论的态度。它是每一社会行动，制度和人的一般社会生活的客观基础。"② 根据她的定义，日常生活是："那些同时使社会再生产成为可能的个体生产要素的集合……日常生活存在于每一社会之中；的确，每个人无论在社会劳动分工中所占据的地位如何，都有自己的日常生活。"③ 列斐伏尔将日常生活定义为一个"自然的（所有那些取之自然的和部分的完全社会化建构物）与人工的（所谓来自文化，仅就文化是相对于自然而又来自并脱离自然这个意义上的文化而言的）多重的交汇之所在。日常生活也是一个私与公对峙的所在。总之，日常生活是需要/欲望、天然/人工、严肃/轻浮、私/公等一系列矛盾与冲突的交汇处"④。而不论是胡塞尔、舒茨、赫勒还是列斐伏尔的研究，都促使人文社会研究从纯粹的宏观结构研究转向对复杂日常生活的微观和中观研究。

　　中国民俗学者大约在三十年前开始将"日常生活"作为学术术语进行使用，以马克思主义哲学对日常生活的反思和批判为基础，又根据中国语境和民俗学的学科框架，丰富其理论内涵与实践意义。日常生活

---

　　① ［德］舒茨：《社会世界的现象学》，卢岚兰译，久大文化股份有限公司、桂冠图书股份有限公司 1991 年版。

　　② ［匈］阿格妮丝·赫勒：《日常生活》，衣俊卿译，重庆出版社 1990 年版，第 4 页。

　　③ ［匈］阿格妮丝·赫勒：《日常生活》，衣俊卿译，重庆出版社 1990 年版，第 3 页。

　　④ 转引自高丙中《中国民俗概论》，北京大学出版社 2009 年版，第 188 页；Henri Lefebvre，"Myths in Everyday Life"，in *Key Writings*，New York：Contiuum，2003，pp. 100 - 101.

包括衣、食、住、行等各个方面，具有生成性和未完成性①，也具有个体性②、变异性、碎片化等特征，是民俗学的研究视角，也可以是研究内容。

民俗生活则是关于生活的文化，既包括了日常生活中具有群体性和模式化的实践活动，也包括了那些非日常的生活。1982 年，钟敬文提出了以"生活文化"作为民俗学研究对象的倡议③；1994 年，高丙中根据钟敬文先生的倡议，在《民俗文化与民间生活》中强调以生活为中心的民俗学研究取向，将"民俗生活"定义为"民俗主体把自己的生命投入民俗模式而构成的活动过程……是生活文化的基本表现，是社会成员按既定方式对生活文化的参与"④，并认为新时代的中国民俗学应当是一门开创公民日常生活的文化科学⑤。相对于民俗事象或民俗模式等概念，民俗生活强调了民俗生成的过程感，更具有整体性、实践性和现在性的特征，对民俗生活的研究能够反映出本书以人为核心的研究视角。

就日常生活和民俗生活的区别而言，有关日常生活的思考与对现代性的批判紧密相关，注重个体与社会的关系；有关民俗生活的探讨则围绕过去与当下的关系，注重发掘传统在群体中的传承和功能，并发掘传统与现代变迁中稳定的那部分内容。虽然目前较少有学者就两者的区别进行系统论述，但在理论研究和社会实践方面已经展现出了这种差异。以美国民俗生活研究中心为例，他们除了收集反映人们生活的器具、物品，收集生活中的各种声音等具有地域或民族特色的民俗事象，另一个很重要的工作就是每年举行一次社区性节日。而范·热内普（Arnold Van

---

① ［英］本·海默尔：《日常生活与文化理论导论》，王志宏译，商务印书馆 2008 年版。

② 赫勒在其著作中使用的另一个与日常生活相关的概念是"个体的个性"（individual personality）。

③ 钟敬文先生在《民俗学及其作用》中提出民俗学的研究对象"是一个国家或民族中广大人民（主要是劳动人民）所创造、享用和传承的生活文化"。该文被收录于钟敬文《新的驿程》，中国民间文艺出版社 1987 年版，第 399 页。

④ 高丙中：《民俗文化与民俗生活》，中国社会科学出版社 1994 年版，第 145 页。

⑤ 高丙中：《中国民俗学的新时代：开创公民日常生活的文化科学》，《民俗研究》2015 年第 1 期。

Gennep）和特纳（Victor Turner）有关过渡仪式的研究则解释了民俗生活如何成为反结构的日常生活形式。

就日常生活和民俗生活的联系而言，两者在内容上具有重叠性，在理论上可相互影响和转化。具体而言，当个人在日常生活中的行为具有了群体性、模式性和传承性等特征时，便转变成了民俗生活。对于个人来说，生、老、病、死是其生命历程中必然经历的事件，而出生时的"洗三"、去世时的"请先生"和生病时的禳灾仪式则是民俗生活的重要内容。人们日常生活的变化，会导致其民俗生活的变迁。因此，本书在使用"日常生活"时侧重于关联个人与社会的生产生活实践，而使用"民俗生活"时则指日常生活中具有模式性、集体性和传承性的文化实践。

另外，本书在讨论民俗生活的当代变迁时，其内容既包括在新媒体、新技术等基础上新发生的生活现象，即民俗生活的当代生成；也包括在"过去"的民俗基础上复兴、重建和创造的民俗知识，即民俗生活的当代生产。

二　庆阳坝、庆阳坝村与庆阳坝集市

根据讨论重点的不同，本书使用了庆阳坝、庆阳坝村和庆阳坝集市三个概念来指代研究对象。

庆阳坝村侧重于行政区划，其地理范围随着国家和地方政策的变化而改变。在历史的变迁中，庆阳坝村曾被称为庆阳乡或庆阳互助组等多种名称，而在将来的村镇合并过程中，庆阳坝村的管辖范围也有发生变化的可能。作为中国乡土社会的组织结构之一，受到中国小农经济模式的影响，庆阳坝村的封闭性相对较强，强调对内的管理。庆阳坝集市则指位于庆阳坝的农村基层市场，既是一种经济类型，也是以此衍生的交易场所。其交易空间以凉亭古街为中心，延伸至周边的道路和桥梁。

庆阳坝包括地理和文化两个维度。从物理空间的视角来看，庆阳坝指的是 1996 年至今庆阳坝村所涉及的地理范畴，其边界相对稳定，包括平坝及其向周边延伸的四条山谷；从文化空间的视角来看，庆阳坝指的

是古道驿站和庆阳坝集市所在的物资交换、人员聚集和文化互动的场域，具有文化—象征意义。在历史发展进程中，以作为文化空间的庆阳坝为中心的交易圈、文化圈和民众生活圈逐渐形成。当地人在介绍自己的生活地区时，很少使用"庆阳坝村"，而是使用"庆阳坝"；无论是现在生活在这一地理范围里的人，还是老家在这里、现在在外学习工作的人，都会自称为"庆阳坝人"；相反，生活在那些曾经被短暂纳入过庆阳坝村行政管辖的老寨溪村和土皇坪村的人则更愿意以"老寨溪人""土皇坪人"等称呼区分自己和庆阳坝人。由此可见，不加行政单位后缀的"庆阳坝"等名称也具有社区认同和成员凝聚的意义，展现了民众的情感关系。

三　集市与"赶场"

集市是指定期进行的商品交易活动形式，是农耕社会的伴生物，民众以此交换剩余产品，购买生产生活物资，调剂家庭生产余缺。中国各地对集市的称呼各有特色，河北、河南、江苏等地称为"集"，广西、湖南、福建等地称为"墟"；湖南、湖北、江西交界地带称为"市"；四川、重庆等地称为"场"；云南、贵州等地称为"街"。①

包括庆阳坝在内的恩施地区将这种交易形式称为"集市"，将进行交易的场所称为"集场"，将集市开放周期称为"场期"；改革开放之后，人们逐渐把交易形式及交易场所统称为"集市"，并以地名加集市的方式进行命名，如庆阳坝集市、芭蕉集市、椒园集市和沙道沟集市等。集市开放的日子也被称为"开市日"或"逢场天"，不开放的日子被称为"闭市日"或"冷场天"。

"赶场"是庆阳坝人对民众前往集场参与活动的统称，指一种购物方式，也指一种日常生活实践。根据不同地区对集市称呼的差异，这种活动也被称为"赶集""赶墟""赶街""赶山"或"赶闹子"。对于流动商贩来说，他们往来于不同的集场"赶场"，以贩卖商品、获取利润；对于当地人来说，他们"赶场"的原因则较为多元，既是为了在

---

① 李子娟：《国内外集市研究综述》，《科技和产业》2011 年第 12 期。

集市上交易物资、洽谈生意，也可以只是到集市的酒馆、茶馆或棋牌室里休闲娱乐、交换信息，还可以在"逢场天"到集市上闲逛放松、相亲会友。

因此，集市、集场和"赶场"彼此关联，从实践方式、时空和内容上型构了与集市相关的日常生活。

第二章

庆阳坝：廊道上的乡村集市

庆阳坝地处武陵山余脉，连接川湘鄂地区，是崇山峻岭中一片因溪流冲击而成的平坝。历史上，它是施南土司管辖下的一个土家族聚居地、"盐花大道"上进蜀入湘的驿站，还是物资和人群聚散的乡村集市；庆阳坝人凭借该地平坦的地势、独特的自然环境以及较为便利的地理位置将其建设成为自己的家园。将庆阳坝放置在点（庆阳坝村）、线（武陵民族走廊）、面（武陵山区）相结合的空间视野中，有助于理解其封闭性与开放性兼有的地域特征，并探索庆阳坝集市如何在自然、政治、交通、经济和文化的交互作用下形成。

第一节　庆阳坝的地理位置

庆阳坝村位于湖北省的西南部，属恩施土家族苗族自治州宣恩县椒园镇管辖，距宣恩县城约 19 千米，距恩施州州府恩施市约 38 千米，北与恩施市芭蕉侗族乡相接，西邻恩施市盛家坝镇，东与万寨乡相近，既连接咸丰县、来凤县和恩施市城区，也是湖南省与四川省陆路交通的要道。作为鄂西南武陵山区的村落之一，庆阳坝具有封闭性；而作为武陵民族走廊上的节点和川盐古道的驿站之一，庆阳坝又具有开放性。

一　鄂西南：连接中原与西南的纽带

复杂的地形与起伏的地势造就了湖北省境内多样的生态环境、人文生境和民间风俗，也决定了庆阳坝与湖北省其他地区在有相似点的同时，也有一定的差异。庆阳坝所在的鄂西南地区正处于中国第二级阶梯向第三级阶梯过渡的地段，长江自西向东横贯，江汉平原和云贵高原在此相遇，其东、西、北三面高起，被巫山、大巴山、武陵山、武当山、大别山和幕阜山等山地环绕，中间低平，呈现出向东南敞开的马蹄状。

庆阳坝村所隶属的恩施土家族苗族自治州是湖北省最为西南的一个行政区域，南邻湖南省，西接重庆市，东北则与宜昌市接壤。与较为低平的平原地带相比，恩施州是湖北省境内一个特殊的区域，处于云贵高原东部边缘地带，境内崇山峻岭，山峦起伏，巫山、齐岳山脉、武陵山脉和大娄山脉在此会聚。层叠的大山使得在这片土地上发展农业、修建道路显得异常困难，让这里成为历史上的"蛮夷"之地；但大山也形成了天然的屏障，使其成为抗日战争时期湖北省的重要避战区域，造就了其重要的战略位置。长江主干道经过巴东县，其支流清江、酉水、沿渡河、唐崖河和郁江等河流则流淌于恩施、宣恩、建始、巴东、利川、鹤峰等县市，并经重庆酉阳、秀山、彭水等地与乌江相通，经湖南龙山、慈利等地与澧水和鄱阳湖相连。交错的水系在滋养恩施人的同时，也为恩施州打造水运通道提供了可能。

鄂西南最为重要的特征是该区域属于武陵山区。"武陵山区"既是一个物理空间概念，也是一个文化空间概念。作为一个物理空间概念，武陵山区是指武陵山以及以武陵山为核心延伸的余脉，南起苗岭，北止大巴山，东起雪峰山，西止大娄山。该区域位于神秘的北纬30°附近，因地壳运动形成一条东北向延伸的山脉，面积约10万平方千米。学界在讨论此区域时，一般主要讨论长江以南的武陵山区[①]，但是刘自兵和高芳将武陵山区的范围拓展至长江以北的汉中盆地和大巫山山脉。[②] 另外，雪峰山区域虽然在历史上属于武陵郡，但由于雪峰山的相对独立性，该区域通常不被纳入武陵山区的范畴。因此，从今天的行政版图来看，武陵山区

---

① 黄柏权：《武陵民族走廊及其主要通道》，《三峡大学学报（人文社会科学版）》2007 年第 6 期。

② 刘自兵、高芳：《简论古代武陵的地理范围》，《三峡大学学报（人文社会科学版）》2009 年第 1 期。

主要包括湖南省境内的湘西土家族苗族自治州、张家界市，湖北省境内的恩施土家族苗族自治州和宜昌市长阳土家族自治县、五峰土家族自治县，重庆市境内的黔江区、石柱土家族自治县、秀山土家族苗族自治县、酉阳土家族苗族自治县、彭水苗族土家族自治县以及贵州省境内的铜仁市。无论学界对武陵山区的边界有何种争议，本书所讨论的庆阳坝地区，乃至鄂西南地区都属于武陵山区的范围，是武陵山脉的北支。

作为一个文化概念，武陵山区通常与"贫困地区""革命老区"和"民族地区"等标签联系在一起，这始于其自然环境，更是历史在武陵山区留下的印记。"武陵"，即"止戈为武，高平为陵"，这一命名既概括了其境内的地理状况，也彰显了时代政治意义。据史料记载，该区域在秦昭王时期因沅水流域黔山之名而被划定为黔中郡，后于西汉高帝五年改名为武陵郡，即《后汉书》所载："武陵郡，秦昭王置，名黔中郡，高帝五年更名。"① 《读史方舆纪要》记述了汉代至唐代该区域的行政区划："武陵城，县西五十里。汉县，属汉中郡，后汉废。三国魏时复置武陵县，展上庸郡，晋、宋、齐、梁因之。后周废。唐初复置，属房州，贞观十年废入竹山县。"②武陵山区内有土家族、苗族、侗族、瑶族和白族等世居民族，"武陵"包含了当时统治者希望此地民众平息战争、和谐共处的愿望。

与此同时，武陵山区与中原地区在地理上的跨度和环境上的差异，也给"武陵"蒙上了神秘的面纱，在文人的想象中散发着迷人的色彩，成为文人学子笔下的"世外桃源"。无论是李白的"功成拂衣去，归入武陵源"，还是王维的"居人共住武陵源，还从物外起田园"，抑或王安石的"归来向人说，疑是武陵源"，都彰显出武陵地区的与众不同。因此，武陵山区被认为是一个与世隔绝、独立的世界，对武陵的这种想象一直延续至今，使其成为游客的观赏地和众多学者的田野工作基地。

---

① 《后汉书》卷112《志二十二·郡国四》，中华书局2000年版，第3484页。
② （清）顾祖禹：《读史方舆纪要》卷79，中华书局2005年版，第3736页。

二　武陵民族走廊：沟壑中的文化沉积带

随着历史的发展，文人墨客笔下的"世外桃源"不再是一个封闭的区域，聚居于武陵山区的各民族交流互动，其文化既保持着自身的韧性，也在与他者的交流中更新换代，古老文化在武陵山脉的沟壑中沉淀下来。武陵山区民族的多元化和文化的多样性，沿着武陵山脉延伸开来。对于如何认识并研究这一区域，学界产生了"武陵民族区"和"武陵民族走廊"的争论。

关于"武陵民族走廊"的讨论缘起于费孝通先生的"板块与走廊"学说。根据费孝通先生20世纪80年代初的分析，中国有三条民族走廊，分别为"西北走廊""藏彝走廊"和"南岭走廊"。随后，李绍明先生明确了民族走廊的概念，即"一定的民族或族群长期沿着一定的自然环境，如河流或山脉，向外迁徙或流动的路线，在这条走廊中必然保留着该民族或族群众多的历史与文化的沉淀"①。但关于武陵山区所处的区域能否被称为民族走廊的争论则在学界经历了相当长时间的论证。

20世纪90年代初，费孝通先生考察四川凉山和武陵山区等西南地区后，认为武陵山是云贵高原向江汉平原开放的通道，是多民族交流的走廊②。1999年，张正明先生根据其对楚文化多年的研究，指出"北起大巴山，中经巫山，南过武陵山，止于南岭，这是一条文化沉积带"③。2005年，李星星在费孝通、李绍明和张正明等人研究的基础上，将中国民族走廊的走向概括为"二纵一横"，肯定了武陵民族走廊的存在。黄柏权借助考古发现和河流流向，界定武陵民族走廊的范围是"沿武陵山脉和沅水等五条水系由西南向东北延伸的一条民族迁徙流动的地理通道和文化通道，其范围大致相当于历史上的武陵郡和今天的武陵地区"，④ 并

---

① 李绍明：《西南丝绸之路与民族走廊》，载四川大学历史系编《中国西南的古代交通与文化》，四川大学出版社1994年版。

② 费孝通：《武陵行（上）》，《瞭望》1992年第3期；费孝通：《武陵行（中）》，《瞭望》1992年第4期；费孝通：《武陵行（下）》，《瞭望》1992年第5期。

③ 张正明：《土家族研究丛书序》，载《土家族研究丛书》，中央民族大学出版社1999年版，第4页。

④ 黄柏权：《武陵民族走廊及其主要通道》，《三峡大学学报（人文社会科学版）》2007年第6期。

划分了武陵民族走廊的五大通道：沅水、酉水、澧水、清江和乌江。根据黄柏权的区分，本书所研究的庆阳坝既在酉水流域范围内，也与沅水这一通道相邻，是武陵民族走廊的组成部分。

无论是"板块说"或"走廊说"，还是"武陵民族区"或"武陵民族走廊"，都源于学界对这一区域研究视角侧重点的不同，其最终目的是帮助我们更好地理解中华民族多元一体的格局。于本书而言，这两者都肯定了这一区域内民族多元和文化多样的事实；"民族区"和"民族走廊"均强调了文化的交流与融合，强调开放性与连续性，而非封闭性与断裂性。这也使我们认识到"中国是一个在不同时期用不同的方式整合各个地区的结果"①。因此，本书在对庆阳坝的地理位置进行探讨时，使用"板块与走廊"学说，以期在整体性的视野中去讨论这个面积有限的地区，在地域的联通和民族的流动中理解其文化的古老性、多样性和复杂性。

三　川盐古道：中国腹地的生命线

川盐古道是指自清朝以来贯穿四川、湖北、湖南和贵州等地区运输食盐的道路。若用"板块—走廊"的视角考察武陵山区，那么在以片为单位的武陵民族区中确实存在带状"走廊"连接着被大山隔绝的相对独立的村落，而这条走廊的重要纽带因素之一就是川盐。

盐，自古以来就具有重要作用。一方面，盐作为人类生存必需摄入的化学物质，在人的日常生活中扮演着重要的角色；另一方面，盐也是朝廷税收、管理的重要用品，故而庆阳坝等地因盐的运输而被纳入地域流动和国家管理的更大范畴中。中国自西汉起开始执行完善的国家食盐专卖制度，清朝全国食盐生产区域已基本稳定。清政府沿袭自宋以来的盐引制度，将盐业管理的重点放在流动和销售环节，采取专商引岸的方式，这种管理方式将盐商与不同销岸进行匹配，通过掌握盐引控制盐的产量及销量，并以此征收税款。根据《清史稿》，清朝划定了十一大盐

---

① 赵心宪：《李绍明"武陵民族区"概念内涵与"黔中文化研究"基础理论》，《民族学刊》2014 年第 6 期，第 70 页。

区："清之盐法，大率因明制而损益之……十一区者：曰长芦，曰奉天，曰山东，曰两淮，曰浙江，曰福建，曰广东，曰四川，曰云南，曰河东，曰陕甘。"① 其中，对中国经济影响较大的主要是淮盐和川盐。淮南地区仰仗其优越的地理位置，将海水转化为盐，其制作方法主要有煎盐和煮盐两种；淮北地区实行晒盐。四川地区则主要是池盐、井盐和岩盐，较为著名的盐业生产基地包括自贡井盐和万县井盐等，产量较大，正所谓"四川盐井产旺者，凡州县二十四，行销西藏及四川、湖南、湖北、贵州、云南、甘肃六省"。②

　　清咸丰及之前，两湖地区的食盐供应主要依赖淮盐，川盐仅占很小一部分；但清咸丰之后的两次"川盐济楚"，使川盐逐渐在两湖地区占据优势地位，推动了四川盐业的发展。第一次"川盐济楚"因太平天国运动而起。清咸丰三年（1853），太平军在现南京建都，控制淮盐进出，阻断了淮盐向两湖地区的运输和销售。为解决用盐紧张并缓解地方局势，清政府下令用川盐救济楚地，允许川盐暂时取代原淮盐供应的销岸。第二次"川盐济楚"则发生在1937年抗日战争时期。由于这一时期沿海地带沦陷，以海盐为主的淮盐生产受限，盐业运输也因此中断，湖南和湖北等地区无法依赖江淮地区获取食盐。因此，四川再一次成为两湖地区盐业供应的主产地，国民政府专门下令增产川盐。这两次"川盐济楚"在拓展川盐生产规模和销售范围的同时，也促进了川盐生产技术的革新和发展，为其在之后较长时间内成为中国盐业的主产区奠定了坚实的基础。更为重要的是，"川盐济楚"稳固了川盐在湘鄂地区的重要地位，并在此过程中形成和拓展了独特的"川盐古道"。

　　就川盐的运输方向而言，主要有向东和向西南两个方向。向东的盐道主要辐射古巴国领地，即四川、湖北、湖南和贵州的交会地区；向西南的盐道则经过云南，一直延伸到阿富汗和印度等地区，被称为"蜀身毒道"。③ 就川盐的运输方式而言，主要有河运和陆运两种方式。四川、

---

① 赵尔巽等：《清史稿》卷123，中华书局1977年版，第3603页。
② 赵尔巽等：《清史稿》卷123，中华书局1977年版，第3604页。
③ 赵逵：《川盐古道上的传统聚落与建筑研究》，博士学位论文，华中科技大学，2007年，第24—26页。

湖北、湖南和贵州河流众多、水上交通方便,很多四川炼盐场沿河而建以便水运,因此沿途形成了很多盐运码头。而武陵山区绝大部分地区以山林为主,水运无法满足这一区域的需求,形成了与河流流向相垂直的一条条陆路通道,依靠人力运输。这些陆路通道多选择地势相对较为平缓的区域,如遇陡坡则以石块铺就。这些运输通道连接了沿线的长乐(现五峰县)、宣恩、恩施、鹤峰、长阳、秭归、巴东和巫山等引岸。

根据赵逵对川盐古道的研究,武陵地区的盐业运输道路形成了"三横一纵"的网络。其中,"三横"主要通过长江、清江和酉水与鄂西南东西走向的山脉相对应。第一条道路由长江将云安和大宁盐场的盐运出,与湖北新滩、巴东和宜昌等盐运码头相连;第二条道路通过长江水运汇集自贡盐场和涂井盐场的盐,经陆路运至恩施境内后,由清江水运与宜昌、长阳等地相连;第三条道路则运输郁山及酉水、秀水、黔江和彭水等地区的盐经利川、咸丰和来凤后由酉水连接湖南洞庭湖流域的盐运码头,或经宣恩、鹤峰进入湖北平原或湖南地区。"一纵"连接万县、云阳、奉节、巫山等盐运码头和湖北利川、恩施、宣恩、来凤以及湖南龙山、桑植、张家界和凤凰等地,在川、渝、鄂、湘、黔地区形成了较为完整的盐运网络。① 除此之外,该网络还有很多小的道路连接彼此,如毛细血管一样联动着整个武陵山区的盐业动脉。

以盐运为主,经过庆阳坝的川盐运输道路逐渐拓展其功能和辐射范围,湖南桑植、湖北襄阳等地的棉花、布匹可以由此运入宣恩县境内,庆阳坝的茶叶、桐漆、竹编和草药等土特产品也可随之运往其他地区,从而发展成了集盐、棉和茶叶运输为一体的盐花大道。具体而言,一条连接万县(今重庆万州)、云阳等地,从恩施芭蕉小垭口进入宣恩境内,经庆阳坝、李家河进入龙山县境,宣恩境内全程95千米;另一条则从湖南省龙山县石牌洞进入宣恩境内,经两河口、庆阳坝进入恩施境内,宣恩境内全程105千米,是宣恩县重要的出入境路线。② 因此,以川盐古道

---

① 赵逵:《川盐古道上的传统聚落与建筑研究》,博士学位论文,华中科技大学,2007年,第27—29页。

② 湖北省宣恩县地方史志编纂委员会编:《宣恩县志》,武汉工业大学出版社1995年版,第149页。

为基础的盐花大道成为在广阔武陵腹地里物资流通和人员流动的重要通道，也连接了庆阳坝与其他地区。

第二节　庆阳坝的自然生态

人类的生产生活方式与自然环境密切相关，而聚落的形成则是适应自然、利用自然的结果。庆阳坝是武陵山区的众多平坝之一，其相对平坦的地势和较为丰富的水资源吸引着民众来此居住，但其四面环山的地形特征和生态状况又激发了有限的可耕种土地面积和递增的人口数量之间的矛盾，促使民众寻求"刀耕火种"之外的生产生活方式。

一　山间平坝：庆阳坝的地貌特征

庆阳坝成为稳定聚居地是人类选择的结果，因其较周边地区的优势而吸引族群的往来与定居。与很多武陵山区内的地区一样，庆阳坝是典型的喀斯特地貌，古人时常将其描述为："外蔽夔峡，内绕溪山，道至险阻，蛮獠错杂，自巴蜀而瞰荆楚者，恒以此为出奇之道。"① 庆阳坝隶属的宣恩县地处武陵山和齐岳山的交界处，境内以山地地形为主，平均海拔 1000 米以上，最低点在贡水和清江的汇合处，海拔约 356 米，最高点火烧堡海拔 2014 米。宣恩县境内河流纵横，除了 36 条已有明确名称的河流外，还有网如蛛丝的溪、沟、谷。河流冲击和地壳板块运动形成了宣恩境内山谷、台地、岗地、盆地和平坝交错分布的格局。沿山间小道一路前行，时常能在转过一道道弯后看见被群山包围着的一块平地。人类的生存需求驱使当地居民选择在生态环境上较有优势的区域生活，以保证有充足的水源和丰富的粮食。因此，宣恩县境内的多数人类聚居地要么分布在谷口或山隘，如梭布垭、狮子关等；要么逐水而居，如沙道沟、李家河、两河口等；要么在低平的高坝处，如水田坝、庆阳坝等。

庆阳坝是武陵山中一块因河流冲击而成的地势较低且地形较为平坦

_____

① （清）顾祖禹：《读史方舆纪要》卷82，中华书局 2005 年版，第 3856 页。

的区域,总面积2.5平方千米,平地面积约1平方千米,约占其总面积的40%。庆阳坝有两条溪流,一条发源于土皇坪,自北向南流入庆阳坝,另一条发源于路放坡,从西向南进入庆阳坝。这两条溪流在庆阳坝风雨桥处汇合,向水田坝流去,并进入落水洞,成为地下河,最后在恩施重新回升到地面,注入清江。

图2-1 从福寿山山顶俯瞰庆阳坝

资料来源:作者拍摄。

地名往往是一个地区地理条件、生态环境或历史文化的再现,庆阳坝这一地名就源于其地形地貌特征。"庆阳"二字实为"磬阳"的谐音字,所谓"坝",即平坦的地方。其中,"磬"乃中国古代的一种打击乐器,一般由石或玉制成,形似曲尺,表面较平整,后有象征吉祥和谐之意。关于庆阳坝的地貌,民间流传着"五凤朝阳"的传说。庆阳坝坝面形状为扁平状,其山形犹如一只巨大的磬,磬口朝向东方。丝栗堡峻峰的五条山脊围绕着坝,脉势面朝磬口,宛如五只凤凰正向坝飞来。东方的李家山、南面的福寿山、西边的花椒山、北边的桐子坳和东北面的山水塘(也有人认为是"山水溏"或"三水塘")因其奇特的走向,将从东方升起的彩霞经福寿山折射入坝的中心位置,犹如太阳光洒在磬上,使得庆阳坝彩阳闪辉。当地人偏向于用"凤"比喻五条山脉，一方面因为"凤"在中国传统文化中隐喻着"吉祥""幸福""平安"等具有积极意义的内涵，"五凤"朝着庆阳坝飞来，预示着庆阳坝是祥和之地，适合人类居住；另一方面，当地人解释道，由于庆阳坝面积小，不足以容纳五条龙，因此是"五凤朝阳"，而非"五龙朝阳"。

由此可以看出，庆阳坝不仅因其平坦的地形吸引人类聚居于此，而且有关其名称的传说也反映出当地人对他们赖以生存的地方的美好期盼。

二　"土多田少"：庆阳坝的生态情况

生态人类学者关注人与自然的关系，认为文化是在与自然环境的互动中形成的，这一点在庆阳坝民俗生活的发生和发展中得以体现。庆阳坝的地形虽然为人们提供了适宜的居住场所，但有限的平坝面积却限制了农业生产规模的扩大。人们依赖于这方土地，试图在利用其优势的基础上，尽量避免并转化其不利于人类发展的部分。如何与自然相处这个问题，是世世代代庆阳坝人在日常生活中探讨的内容。

就气候而言，庆阳坝为亚热带季风气候，年平均气温 16 摄氏度，1月最冷，7月最热。受地形影响，庆阳坝较高山区冬季更加暖和，几乎无冰雪日；夏季更加炎热，促使人们寻找消暑解热的方法。雨水主要集中于每年的 6 月到 7 月，有些年份，雨水过多，境内的两条河流无法承受，引起洪涝灾害，对庄稼、住所和桥梁产生损害；而有些年份，长达几个月不下雨，土地干涸，人畜饮水都较为困难。因此，人们一方面通过修缮河道和在山上修建蓄水池的方法预防天灾，另一方面借助仪式等祈求风调雨顺。

就农作土地状况而言，宣恩县境内林地众多，庆阳坝也不例外。"千树峥嵘含野翠，万峰环抱蔚新颜""林壑无边绿，春流到处生"① ……从清乾隆年间宣恩知县贾思谟等人的诗中，可以想象当年宣恩境内的植被状况。庆阳坝人把能种植庄稼的平地称为"田"，把山坡称为"土"，并

---

① 同治《宣恩县志》卷 19，湖北人民出版社 2021 年影印本，第 443、451 页。

将庆阳坝的生态情况总结为"土多田少"，再加上庆阳坝的土壤偏酸性，不适宜大面积种植粮食作物。但是，庆阳坝的生态状况适宜茶树、五倍子树、漆树和松树等植被的生长，其中茶叶和五倍子是庆阳坝重要的经济作物，也是当地贸易出口的重要组成部分。大山还孕育了众多的野生动物，如野猪和黄鼠狼等。虽然庆阳坝境内生产的产品种类和数量有限，但其周围村落迥异的地形、地貌和土壤条件，形成了多样的种植习惯，促成了多种农业产品生产，如水田坝的水稻种植、黄坪的黄金梨和李家河的贡水柚等。彼此互补的农作物品种为当地民众与周边地区进行物资交换奠定了物质基础。

受地形和土壤条件的限制，早期庆阳坝人以"刀耕火种"为主要的生计方式，即通过砍伐树木获取耕地、以草木灰作为肥料的种植方式。但通常人们焚烧森林的面积大于种植面积，既造成土地利用率不高的问题，也阻碍了土地肥力的可持续供给。更重要的是，作为一种基本的生计方式，"刀耕火种"生产的粮食数量有限，仅能满足人们最低的生活标准，抵御灾害的能力欠佳。因此，随着庆阳坝境内的居民逐渐增多，可供耕种土地不足所造成的生计问题越发明显，人们开始寻求其他方式以获取足够的生产生活物资。所以，庆阳坝"土多田少"的生态状况为其发展成为古道驿站上的集市提供了内生动力。

第三节　庆阳坝的历史文化语境

庆阳坝在地理位置上的多重特征导致其具有多种身份。作为施南土司管辖范围内的村落之一，庆阳坝的历史沿革受到中央朝廷和施南府交互关系的影响；作为盐花大道上的驿站之一，庆阳坝集市于明清时期逐渐兴盛。不同的语境相互作用，成为庆阳坝历史文化语境的组成部分。一方面，"改土归流"政策带来的族群流动及施南土司在此过程中较为平稳的过渡推动了集市的延续；另一方面，国家对庆阳坝村行政区划和管理制度的改变也较大程度上促进了庆阳坝集市的发展。

一　土家村落：施南土司与庆阳坝

庆阳坝所在的区域长期属于现宣恩县的管辖区域，宣恩历史上行政制度、人口结构和民族构成的变化是庆阳坝历史沿革和区域文化变迁的背景；而施南土司在历史上的地位及其改革则在庆阳坝集市的延续、发展和地方知识生成中发挥了举足轻重的作用。

（一）宣恩的历史沿革

宣恩在古代是巴人的聚居地，在历史发展的过程中，因军事、政治和商贸而产生的人群迁移改变着当地的人口结构，境内民族日臻多元，人口结构不断变化，但土家族在数量上始终占据主要位置。截至2024年，全县土家族人口约占41%，汉族人口约占34%，侗族人口约占13%，苗族人口约占12%，另外还有满族、壮族、蒙古族、彝族、回族、白族、畲族、傣族、维吾尔族和朝鲜族等少数民族。

宣恩所处的区域在历史上曾被认为是"处于中心的边缘"。在宋、元、明、清的奏折中，每当提到这片区域时，几乎都离不开"蛮夷"等词汇。宣恩的行政建制在历史进程中变动频繁，其地名也反映出统治者对该地的期盼。周朝之前，该地属廪君部落地域，西周属夔子国，春秋为巴子国地，后秦攻楚、改为黔中郡，汉分属荆州南郡和武陵郡。三国和晋朝时期，分属荆州建平郡和武陵郡。隋朝，此地属清江郡管辖；义宁二年（618年），施州复置[1]。唐朝，施州废置不一，但大体被纳入黔中道管理[2]。元代，统治者为更好地管理距朝廷较远的地区，完善在西北和西南少数民族地区的土司制度，并在该区域置"沿边溪洞招讨司""木册安抚司""石溪峒司""忠建都元帅府"等。明承元制，实行土司制度，于明洪武四年（1371年）和明洪武十六年（1383年）两次设置施南宣慰司。永乐四年（1406年），升为施南宣抚司。清雍正十三年（1735年），中央朝廷为加强中央集权，对少数民族地区施行"改土归流"制度，即收回原来散布于民间的权力；随后，乾隆元年（1736年）并此地

---

① （唐）魏徵：《隋书》卷31，南京国子监万历二十二年至二十三年，明清递修。
② 《旧唐书》卷18，浙江书局同治十一年。

忠峒、木册等诸土司之地设立宣恩县,希望此地能够"传布恩德"。这一名称延续至今。

进入民国之后,"宣恩"这一名称虽已确定下来,但其行政归属仍在不断调整。民国二年(1913年),国家确立省、道、县三级行政区制度,并将清代原有的行政区划,如直隶州和直隶厅全部改为县;民国三年(1914年),全国共设置了93个道,宣恩县于民国十四年(1925年)被纳入施鹤道;民国二十一年(1932年),被划入湖北省第十行政督察区,四年后,改属第七督察区,辖十三乡。

1949年后,宣恩县与恩施县、建始县、巴东县、利川县、咸丰县、来凤县和鹤峰县等8个县共同归恩施专区管理。由于恩施地区土家族和苗族人口超过人口总数的50%,历史悠久、文化丰富,鄂西土家族苗族自治州于1983年设立(1993年经国务院批准,更名为恩施土家族苗族自治州)。这进一步肯定了该地区民族的多样性。

截至2024年,宣恩县辖9个乡镇,其中5个镇(珠山、沙道沟、椒园、李家河、高罗)、4个乡(晓关侗族乡、万寨乡、长潭河侗族乡、椿木营乡)。

(二)施南土司与庆阳坝的关系

虽然没有史料专门叙述庆阳坝所在区域的民族构成或行政制度的沿革,但我们可以从其他历史文献、民众口头叙事和村落建筑中窥见庆阳坝作为一个土家村落的事实。庆阳坝与宣恩县县城所在的珠山镇距离较近,宣恩县行政制度的变化是理解庆阳坝民族构成和历史沿革的背景。更为重要的是,庆阳坝距施南府治所水田坝仅4千米,庆阳坝村的历史沿革与施南府的历史变迁密切相关。

施南土司由覃氏家族在元代初年建立并迅速崛起是鄂西地区设立最早、势力最强的土司之一。施南土司势力可达宣恩东部,西至今咸丰75千米,南至今高罗54千米,北至今恩施45千米。其行政地位时升时降:元至正二年(1342年),施南道宣慰司建立;至正十七年(1357年),明玉珍将此地改称为施南宣抚司;明洪武四年(1371年)复为施南宣慰司;明永乐三年(1405年)降为施南长官司;永乐四年(1406年)再次被升为施南宣抚司;清雍正十三年(1735年)在"改土归流"中置施南府。在较长时间内,施南宣抚司与东乡五路安抚司、忠路安抚司、忠孝安抚司、金峒安抚司和忠峒安抚司同属施州卫管理。其治所也不断变化，最初位于现宣恩县县城，元至正三年（1343年）迁至青岩，明洪武二十三年（1390年）迁至夹壁，这两个地方都位于今利川毛坝镇。永乐二年（1404年）迁至现宣恩县椒园镇水田坝村，明末再次迁入宣恩县县城。

水田坝下坝东部的一个小山丘是当时土司司署（皇城）的遗址所在地。根据考古学家和历史学家的推测，该皇城始建于明永乐年间，而如今遗存的部分是清乾隆年间所建。虽然现在走进水田坝已不能看到这片完整的遗址，只能在一户门锁紧闭的家户后院依稀见到散落的石块，但水田坝作为施南土司治所的这段历史在庆阳坝的历史沿革中留下了浓墨重彩的一笔，对庆阳坝的经济发展、政治建设和文化形成产生了较大影响。

作为元明清时期湖北西南地区实力雄厚的土司之一，施南土司在地方与国家的互动中发挥了重要作用。一方面，覃氏家族为巩固自己的统治，开疆拓土，早期在发展地区经济和维护社会稳定等方面起到了积极作用；另一方面，随着时间的推移，土司制度的弊端逐渐暴露，土民在土司的压迫和剥削下生活日益艰难，而不同土司之间的争斗时有发生，地方的不稳定成为人们安居乐业的阻碍，也是中央朝廷维护长治久安与和谐统一的羁绊。因此，随着中央朝廷统治能力的不断增强和对土司制度弊端认识的不断加深，转变"分而治之"和"以夷治夷"的治理方式成为统治阶级维护自身统治的方法之一。对于鄂西南这片区域，清政府采取了"改土归流"的方式。

（三）"改土归流"对庆阳坝的影响

"改土归流"是中央朝廷对地方行政管理政策的变革，引发了人们日常交往、生活方式和文化交流等方面的整体变化，在庆阳坝集市发展的过程中发挥了至关重要的作用。

第一，施南土司"改土归流"较为平和的过程为庆阳坝地区和谐与集市稳定奠定了基础。清雍正年间清政府对贵州花苗苗族地区和湖南桑植、保靖地区的土司进行武力围剿，进行"改流"，并于雍正七年（1729年）设立永顺府。此时，距施南土司较近的容美土司田旻如见状，虽向朝廷表示愿弃恶从善，但仍抱有侥幸心理，在当地肆意妄为。于是，朝廷以武力相威胁，当地土民也在地方长官的率领下投交印信令箭，田旻如最终投缳自尽。与此同时，由于施南土司覃禹鼎和容美土司田旻如是翁婿关系，容美土民也将覃禹鼎交给官府。随后，施南土司周边的忠路、忠峒、金洞等土司也恳请"改土归流"。于是，清政府在当地设立宣恩县，管辖以上"改土归流"的区域。因此，与云南、贵州等地以武力完成权力交接的方式相比，施南土司的"改土归流"过程相对平稳，未引发大规模的暴力冲突，减少了管辖境内因"改土归流"而带来的负面影响，为庆阳坝社会经济和平过渡和持续发展奠定了历史基础。

第二，"改土归流"作为中央政府加强对西南少数民族地区管理的方式之一，推动了中央政府对包括庆阳坝在内的西南地区的开发。除了在"改土归流"后对土司及其家眷予以合理的处置和安排，清政府也对包括赋役制度、税收政策在内的地方财政政策进行了变革，将土司地区的收入纳入中央朝廷的管理。此外，为加强中央朝廷与地方的联系并促进地方经济的发展，清政府还在河道修缮、陆路开通等方面发挥了积极作用。对于地方民众而言，这些在基础设施和管理制度上的变革，促进了其生产技术的提高、生活水平的改善及生活方式的改变。

第三，"改土归流"推动了族群和文化互动，为庆阳坝成为一个多民族共处和融合的开放式区域奠定了基础。"改土归流"后，过去"蛮不出峒，汉不入境"的禁令被打破，当地少数民族与汉族之间的交往逐渐增多，生活习惯和民俗文化在接触与碰撞中融合，丰富着民众的日常生活，也一定程度上改变了土司地区原有的民俗生活。许多过去村落中少数民族的文化特征在与汉民族的交往中逐渐消失，但这一过程也伴随着新民俗的发生。例如，过去土家族的婚姻制度相对自由，在受到汉文化"媒妁之言"的影响后，土家族传统婚姻形式逐渐消失，也因此产生了"哭嫁"这一土家族婚俗。此外，商品的交换也日益频繁。

但是，"改土归流"带来的人口涌入和政策变革加大了当地的环境压力。如上文中提到的，庆阳坝早期居民所采用的"刀耕火种"的耕种方式是一种生产效率较低的生产方式，只能满足当地居民较低的生活需求。"改土归流"后，随着庆阳坝境内居民大量增加，为尽可能地增加粮食生产，当地人开荒拓野，将山上的树林砍伐，改为种植农业作物，引起了水土流失等严重的自然灾害，对土地的可持续发展产生了严重的危害。随着人口大量增加，对生产生活产品的需求也要求人们寻找其他的生计方式以确保自身的生存，缓解当地人口数量与可耕种土地之间矛盾的诉求更为强烈，敦促更多人参与到集市交换中。

（四）1949 年后庆阳坝的历史沿革

"改土归流"之后，庆阳坝的行政区划不断变化。具体而言，1949 年 11 月随着宣恩全县的解放，庆阳坝所在区域因与城关（宣恩县县城）距离较近，被纳入城关区管辖；1958 年，改由东光公社管辖；1961 年，该区域单独成为庆阳公社二大队，再次归城关区管辖；1975 年，定名为庆阳坝大队，属椒园公社。后来，庆阳坝从大队变为小乡，即庆阳坝乡。1984 年，庆阳坝乡被改为庆阳管理区，归椒园区管理。庆阳管理区管辖四个村，分别是新茶园、老寨溪、土黄坪和庆阳坝，人口合计约 3000 人。后来，恩施土家族苗族自治州成立，宣恩县各地区重新调整区划，1996 年 10 月，椒园区被改为椒园镇，庆阳坝也正式从"庆阳"改为"庆阳坝村"，原来其管辖范围内的另外三个村独立出来。如今，庆阳坝村作为村一级的行政区域和周边的椒园、店子坪、石家沟、黄坪、白泥坝、水田坝、石马、新茶园、土黄坪、洗草坝、龙潭溪、锣圈岩、三河沟等村和康庄园社区村归椒园镇管辖。

近年来，庆阳坝村的人数增长，在外务工的人员也呈现出较快的增长趋势。根据 2019 年 1 月的统计数据，庆阳坝村共有 458 户农户，总人口数 2277 人。其中，约 561 人常年在外务工，仅在节假日返乡探亲。常住人口数 1716 人，70 岁以上的老人有 175 人，50 岁至 69 岁的人有 522 人，20 岁至 49 岁的人有 610 人，1 岁至 19 岁的人有 409 人。其中，空巢老人 57 人、留守儿童 37 人、留守妇女 28 人。在民族构成方面，常住人口中，庆阳坝村有土家族 1192 人，汉族 482 人，侗族 19 人，苗族 15 人，壮族 4 人，布依族 3 人，满族 1 人①。4 年过去，根据最近的统计数据，截至 2023 年 2 月，庆阳坝村的农户数量为 660 户，户籍人口数量为 2180

① 经调查，布依族的 3 人因婚姻关系进入庆阳坝，而满族 1 人则是统计时出现的偶然情况。

人，外出务工人员达 882 人，其务工收入较以往也有增长，约为 2400 万元。作为多民族聚居的村落，庆阳坝在历史变迁和人口流动中仍然保持了土家族占多数、与其他民族同居共处的基本特征。

二　从驿站到集市：庆阳坝集市的历史沿革

"改土归流"后庆阳坝人口的迅猛增长和人地矛盾的凸显要求人们寻求新的生计方式，而这一时期川盐和棉花贸易的兴盛，在层峦叠嶂的武陵山中开辟了一条条货物运输和骡马流动的通道。庆阳坝的物资交易自宋朝便初具雏形，后作为盐花大道上的驿站之一，在转运川盐、购入棉花、贩卖茶叶的基础上进一步发展起以凉亭古街为交易中心的乡村集市。驿站交通连接了庆阳坝与广阔的武陵地区，而乡村集市则搭建起了庆阳坝与周边村落关系的新桥梁。

庆阳坝所处的鄂西南地区，对外来食盐依赖程度较高。羁縻州时期，鄂西人通过向朝廷进贡获取回赐的方式，获得日常生产生活所需的盐。北宋时期，朝廷加强了对食盐运输和销售的管控，很多盐民因赋税沉重不得不另求生计，食盐产量因此下降，对鄂西南地区的食盐供应一度中断。包括庆阳坝人在内的许多民众对此十分不满，各羁縻州在高州（今宣恩县高罗镇）刺史田彦伊的带领下奋起反抗，西南地区一时动荡不安。为稳定局势，宋真宗派夔州转运使丁谓与田彦伊签订盟约，采取"以粟易盐"的方式保证鄂西南一带的食盐供应。

与湖北的大部分地区不同，庆阳坝因深处大山，水运交通难以抵达，淮盐的运输受阻。因此，庆阳坝需要仰仗川盐供应。清"改土归流"后，乾隆帝正式批准恩施、宣恩、来凤、建始、咸丰和鹤峰等地区可就近购买川盐，雇挑夫运入各地，在城乡设立分店进行销售。据 1995 年版《宣恩县志》记载："本县额行四川万县陆引 350 张（每引 200 公斤），雇挑夫挑运。由川属地面入境，于城乡设店分销济食。"[1] 由此可看出，鄂西南地区对川盐的需求量之大以及盐业运输的流通量之大。

---

[1]　湖北省宣恩县地方史志编纂委员会编：《宣恩县志》，武汉工业大学出版社 1995 年版，第 205 页。

　　庆阳坝独特的地理位置决定了其在川盐古道上的相对优势。根据上文对川鄂地区盐运通道的梳理，庆阳坝正处于当时的四川万县、云阳至湖南龙山的运盐道路上。道路从庆阳坝进入宣恩县境内，经倒洞塘、桐子营、骡马洞、卧西坪、麻阳寨，在李家河的烂泥沟入龙山，在宣恩县境内全长95千米。① 由于这条运盐道路主要依靠人力，即靠盐帮背盐或骡马驮盐，而人和骡每日的负重步行距离有限，大约可以走30里到60里的距离。② 因此，川盐古道上大约每隔30里或60里都有人们休息的地方。庆阳坝因其良好的地势成为川盐古道上一个重要的骡马和人的休息地，古道驿站自此兴起。

　　虽然庆阳坝出现盐商的时间较早，但最初的食盐供应仅是为了较小范围内人们的生产生活。随着"川盐济楚"的政令和川盐古道的逐渐繁盛，庆阳坝在这条道路上的作用逐渐凸显，来往骡马和人员逐渐增多。"改土归流"之后，武陵少数民族地区的人口大量增加，对食盐等生产生活用品的需求急剧增加，为庆阳坝驿站的发展和集市的兴起提供了良好的契机。而且，"改土归流"后人口激增导致原来"刀耕火种"的生计方式无法满足现有的需求，人地压力促使人们寻找新的生计方式，依赖盐道发展商业经济成为他们的当然之选。清末民初，当地形成了专门的运输班子，成群结队地行走于盐花大道上，形成了"五里一小店、十里一大店，路上不断人、灶里不熄火"的繁荣景象。庆阳坝此前自给自足的生产生活方式逐渐被打破，其命运与几百千米之外的四川紧密联系在了一起，也进一步融入武陵民族地区的互动中。庆阳坝驿站不仅是来往行人和骡马的停靠点，也吸引着远近客商来此交换商品，庆阳坝集市交易逐渐形成。茶、漆、麻、药材和皮毛等一同作为山货土产在集市上贩卖。

　　盐、棉、茶三者共同促使庆阳坝成为一个交易中心和乡村集市，庆阳坝集市也逐渐吸引当地人和周边村落的行商前来贩卖家庭过剩产品并购买家庭所需的商品。集市的内容逐渐丰富、功能愈发多样，正如进入

---

　　① 湖北省宣恩县地方史志编纂委员会编：《宣恩县志》，武汉工业大学出版社1995年版，第149页。

　　② 1里等于0.5千米。

庆阳坝第一眼就能看到的宣传板所言："商贩川流不息，马帮骡帮成群结队，专卖草料的有十五户之多，每天有上十个屠夫，约需六七十头猪肉供应行商坐商消费，庙宇、茶馆、棋牌室……应有尽有。"①

小　结

地理位置、自然生态、交通条件和行政隶属关系的变迁共同促进了庆阳坝集市的形成和发展，并营造了庆阳坝民俗知识生长的语境。相对平坦的地势和较为便利的水资源为人群和牲畜聚集提供了优势场所，"刀耕火种"的劣势和"土多田少"的人地矛盾促使民众在农耕的基础上寻求新的谋生方式，而庆阳坝与周边地区的农作物差异化种植则使彼此交换有无成为可能，土司管辖下较为稳定的社会秩序和川盐古道上频繁的商贸流通则进一步推动了庆阳坝集市的形成。庆阳坝人的生活一方面延续了古代巴人的生活习惯和文化积淀，另一方面在以川盐为纽带的廊道互动中与外界交流，并凭借以当地集市为中心的乡村贸易网与周边地区连接，成为西南边缘地区的中心之一。

①　笔者于 2018 年 7 月摘录自庆阳古街入口处的宣传板。

第 三 章

集市与日常生活型构

亨利·列斐伏尔在《节奏分析：空间、时间与日常生活》中肯定了节奏分析在社会研究中的重要性，强调对空间和时间相互关系的探讨是理解日常生活的基础。[①] 对于生活在庆阳坝的人们来说，两百多年前，盐、棉、茶的流通打开了这个深处武陵山区腹地的民族村落。一方面，古道运输和集市交换为民众提供了农耕之外的生计方式，成为庆阳坝人经济发展、社会关系和民俗生活构建的核心；另一方面，作为定期交易的乡村市场，庆阳坝集市的时空特征和经济模式嵌入庆阳坝人的生活中。通过分析庆阳坝集市的经济模式、时空布局和公共秩序等静态结构，庆阳坝人在集市中的生产生活场景得以呈现，其生活节奏也因此生成，进而搭建起当地的民俗知识的生成框架。

第一节　集市经济模式与生活方式

"一旦基层市场社区达到了包容农民生活的程度，它也就造就了后者的生活方式。只要社区长期存在，它就必然会坚持它自己的一点儿传统。"[②]集市所带来的产品和服务交换模式改变了庆阳坝民众的生计方式，

---

① Henri Lefebvre, *Rhythmanalysis*：*Space*，*Time and Everyday Life*，trans Stuart Elden and Gerald Moore，London：Continuum，2004.

② ［美］施坚雅：《中国农村的市场和社会结构》，史建云、徐秀丽译，中国社会科学出版社1998年版，第50页。

在调剂家庭生产余缺的同时，促使专门行业的形成；由此形成的生计传统也塑造了当地人的社会心态和文化品格，内植于庆阳坝的地域传统和民众的生活日常，并在历史变迁中得以传承。

一　经济体系与交换内容

庆阳坝集市是基层市场，提供民众生产生活所需的日常用品，并在与上级市场的联动中形成完整的市场体系。

根据施坚雅对市场经济体系的分类，不同等级的市场在货物流通中的位置、交换内容和市场区域上有所差异。一般来说，基层市场（standard market）是"农产品和手工业品向上流动进入市场体系中较高范围的起点，也是供农民消费的输入品向下流动的终点"[①]；中心市场（central market）或中心集镇处于流通网络中的战略性地位，"有重要的批发职能"[②]；中间市场（intermediate market）或中间集镇则是联通基层市场和中心市场的媒介，"在商品和劳务向上下两方的垂直流动中都处于中间地位"[③]。与庆阳坝相关的中间市场是椒园集镇，中心市场是宣恩城区的珠山集镇；由于宣恩县和恩施市接壤，因此以庆阳坝为基层市场的经济体系也包括恩施市区的中心市场。但是，因为庆阳坝距宣恩城区更近，民众前往珠山集镇的频率高于前往恩施市区的频率。值得注意的是，作为中心集镇，椒园集镇既有每日开放的常市，也有农历每旬逢一、四、七赶集的习惯。正如杨庆堃所指出的中间市场"通常有两个服务区域"，一个市场服务区域较小，一个则较大。庆阳坝集市因与椒园集镇、珠山集镇和恩施城区之间的联系而被纳入更广的市场体系中，成为全国乃至全球市场体系的组成部分。

作为地方民众获取基本生产生活物资的场域，庆阳坝集市与民众生

---

① ［美］施坚雅：《中国农村的市场和社会结构》，史建云、徐秀丽译，中国社会科学出版社 1998 年版，第 6 页。

② ［美］施坚雅：《中国农村的市场和社会结构》，史建云、徐秀丽译，中国社会科学出版社 1998 年版，第 7 页。

③ ［美］施坚雅：《中国农村的市场和社会结构》，史建云、徐秀丽译，中国社会科学出版社 1998 年版，第 7 页。

活关系最为密切，集市内交换和提供的商品既有本地和周边村落民众自我生产的物品，也有购自更高等级市场的物品。这些商品构建了民众日常生活的物质基础，也是集市经济功能的体现。目前，庆阳坝集市上交换的物资包括农、林产品，纺织品、针织品、服装和缝纫品，饮料、烟草和饲料，木材、竹、藤、棕、草制品及家具，量具、衡器，工艺美术品、古玩及珍藏等。这些物资的交换一定程度上保留了历史上庆阳坝集市的经贸内容，但也在 20 世纪 50 年代经历了一定程度的缩减。当地文化精英龚老曾在其回忆录中，追忆了中华人民共和国成立前，庆阳坝集市上坐商的经营范围（见表 3 – 1）。

表 3 –1　　　　　　　庆阳坝集市 20 世纪 50 年代前的坐商信息

化名	籍贯	经营范围
杨某春	本地	开机行
杨某安	本地	开机行
阳某廷	本地	开店子
阳某超	本地	猪行出租
阳某云	本地	开糕点铺
阳某愧	本地	开小吃店
阳某安	本地	开机行
阳某匠	本地	开修理店
余某太	本地	开店子
余某芝	本地	开店子
余某凯	本地	开店子
余某清	本地	开餐馆
余某先	本地	出租摊点
余某定	本地	开店子
余某云	本地	开店子
谢某文	本地	开棋牌室
谢某田	本地	开棋牌室
谢老大	本地	开棋牌室
曾某生	本地	开小吃店
曾某兰	本地	开店子

化名	籍贯	经营范围
邵某辉	本地	开烟馆
邵某忠	未知	开小吃馆
邵某为	本地	开小吃馆
肖某顺	未知	经商
肖某皆	未知	开店子
马某台	四川	开药铺
马某万	四川	布匹纺织
张某甲	本地	开肉铺
李某云	本地	开糕点铺
谭某廷	武汉	枪支修理
侯某清	本地	开药铺
李某绪	本地	开药铺
牛皮匠	武汉	皮鞋制作
刘裁缝	四川	开小店
唐某云	本地	开小吃店
王某成	四川	开机行
皮某云	恩施	开裁缝铺
胡某子	四川	理发匠
商某成	本地	开店子
陈某耀	本地	开店子
高某运	本地	开机行
刘某枝	本地	开店子
李某金	本地	开店子

资料来源：根据龚老回忆录《回忆是金》整理而得。

20 世纪 50 年代之后，庆阳坝集市坐商经营范围在延续传统的基础上，发生了一些变化。具体而言，皮鞋制作、枪支修理、布匹纺织、开肉铺、开烟馆等已不存在，而贩卖竹编、五金、农具、电器、古玩、零食和服饰等商品的商家开始出现在集市上。

在庆阳坝集市交换内容变迁的过程中，食品一直是庆阳坝集市物资供应的主要内容，包括时令蔬菜、瓜果、粮食、肉类、豆制品、干货和熟食等。根据地方农业生产习惯的差异，坐商和行商所供应食品的主要种类有所差别。一般而言，居住在庆阳坝的人提供熟食、豆制品或一些能够储存较长时间的食物，如包子、粽子、"油嚓儿"、糯米汤圆、米酒、大米、豆皮、豆腐、咸菜、鲊辣子和豆豉等；外来的商家则提供新鲜蔬菜、肉制品、鲜菇和水果等。蔬菜和水果的品种随季节而变化，夏天以西瓜、哈密瓜、桃子和葡萄等水果为主，秋冬则以柚子、橘子、橙子和枣子等为主。集市上土豆、红薯、玉米等粮食作物较少，这与当地的农耕习惯有关。庆阳坝虽然没有成规模的农耕土地，但有些家庭采取茶田间种的方式种植玉米、土豆和红薯等作物，以满足家庭内部的基本需求；而庆阳坝虽然有少数几户家庭种植果树，但品种单一、产量不高，仅能在果实成熟的季节供应家庭需求，因此庆阳坝人所需的新鲜水果主要靠外来商贩供应。另外，随着庆阳坝产业结构的转型，本地家庭因不能提供养殖所需的饲料而不再养殖牲畜，其生活所需的肉类主要依靠集市供应。庆阳坝基层市场上的肉类以猪肉为主，只有在节庆时才有牛肉和鸡肉等其他品种的肉类，所以在庆阳坝人的餐桌上很少看见其他肉类。同时，庆阳坝集市上还有一两家专门卖调料的商铺，调料以辛辣类为主，包括花椒、干辣椒、胡椒及其加工品等，这一定程度上显示出当地人对辣味食品的喜爱。

庆阳坝集市所提供的物资不仅包括当地人生产生活所需的工具，如竹制品、棕扫帚、锄头、薅锄、铁链和铁钩等；还包括一些与红白喜事和民间信仰相关的物品，如花圈、吊子、寿衣、冥币、纸宫殿和菊花等。庆阳坝还有两个蜡烛浇筑厂，生产不同型号的红色和白色蜡烛，白蜡供丧事或祭奠亡者使用，红蜡则供节庆、喜事、祈福或祭祀使用。蜡烛厂也出售香、香纸和香盘等祭祀用品。

就服务而言，庆阳坝集市既有提供基本生活服务的商家，如理发匠、缝纫师傅和餐饮老板等，还有居住在当地的医生、四处流动的算卦先生和镶牙师傅等，为民众提供医疗服务和精神慰藉。除此之外，集市上还设置了专门的娱乐场所。至今，凉亭古街上还留有民国初年的"庆阳客栈"招牌，已有100多年的历史，现改为餐馆；另外，古街的基本形制得到保留，与戏楼、棋牌室、风雨桥等共同构成了民众休闲娱乐的空间。

庆阳坝集市内的物资和服务交换是其成为农村经济单位的立身之本，这些物资和服务能够满足庆阳坝人生产生活的基本需求，而当民众有基层市场无法满足的需求时，他们则选择去椒园集镇或宣恩县县城的集市上购买，形成了较为完整的市场等级体系。

二　生计传统与民众心理

生计方式是指一个地区或民族的人们通过利用相应的资源在长期实践中形成的生存方式，其"不仅仅是一种维持某个群体生存的手段，更重要的是围绕着资源配置为核心展开的一种人类与自然环境及人类不同文化群体之间相互交流、交往的最基本活动"[①]。生计方式以自然环境为基础，但人们不是被动地接受自然环境的馈赠或受困于自然资源的局限。相反，在历史发展过程中，人们不断调适其生计方式，人们的生产生活在与自然环境和人类文化的互动交往中不断变迁。生计方式的形成依赖于物质资源，但因文化的影响和社会发展的惯性而形成的"生计传统"则是城市与乡村、乡村与乡村之间复杂关系形成的重要原因[②]。

庆阳坝人的生计方式随时代变动不居。从早期的"刀耕火种"到驿站和集市基础上的亦农亦商，"交换"在庆阳坝人生计传统的形成中发挥着举足轻重的作用。"改土归流"前的庆阳坝人多以家庭或家族为生产单位，种植并养育家庭所需的农作物和牲畜；随着驿站交通和集市贸易的发展，大量外来资源涌入庆阳坝地区，人们的选择逐渐多样化，减少了对自我粮食生产和牲畜养殖的需求。集市贸易的发展为庆阳坝人提供了缓解人口增加、环境恶化等方面压力的手段；更重要的是，集市中的"交换"平衡了不同家庭之间在自足上的缺陷和剩余，丰富了家庭经济收入的来源，一定程度上减轻了因自然灾害或农耕减产造成的生活困窘。

首先，集市上的物物交换能够很大程度满足庆阳坝人的生活需求，

---

① 李文钢：《族群性与族群生计方式转型：以宁边村四个族群为中心讨论》，《民族问题》2017 年第 10 期。

② 蔡磊：《劳作模式与村落共同体：一个华北荆编专业村的考察》，中国社会科学出版社2015 年版。

商业贸易为人们提供了利润来源，将其从土地中解放出来，促进劳动分工的明确，推动了地方特色产业的发展。民众可以更自由地利用地方自然环境的优长，发展茶叶、桐油、五倍子等经济作物生产；也因此在血缘和地缘的基础上建立业缘关系，形成了"九佬十八匠"等专业手艺人。

其次，以货币或等价物为中介的交换进一步延伸了交换链，当地人的生产可以不直接服务于当地人，而是服务于来往的人或牲畜，进而转化为可被当地人利用的资源。庆阳坝流传着"只要骡子有的吃，人就有的吃"和"割把草就能养活人"等俗语，这些说法映射着驿站交通和集市流动对当地人生存方式的改变。过去，人们为满足家庭的基本生活需求，不得不在农田里劳作，以获取食物；而驿站和集市的交换模式则使庆阳坝人可以借助其较为优异的地理位置，通过为往来客商提供商品和服务以获取生活所需的资本。其中，给马帮和盐夫提供骡马所需的草料来换取金钱或其他物资的方式，为庆阳坝人参与其他环节的交换奠定了物质基础。而对于生活在凉亭古街上的人们来说，一些人选择通过出租自家门口的摊位赚取资金，增加家庭的收入。

再次，交换让庆阳坝人从"面朝黄土背朝天"的劳作状态中得以抬头，身体姿态的转变伴随着当地人心理状态的变迁，也影响了他们对待生命和生活的态度。赵逵将成都人悠闲自在的生活状态和豁达乐观的心理素质归功于"盐"，其理由在于，盐作为经济商品给生活在产盐地的人们提供了丰厚的经济收入，而作为资本象征，盐则提升了成都人的自豪感和骄傲感。[①] 川盐古道上的庆阳坝虽然不如产盐地享有丰厚的原始资本，但作为物资的中转站，庆阳坝掌控着盐、棉和茶等重要经济作物在武陵走廊上的流通。与周边主要依靠农业生产的人们相比，庆阳坝人的生活状态相对闲适。

言语交流是日常生活的基本展开形式[②]，透露出说话人对自己、他人

---

① 赵逵：《川盐古道上的传统聚落与建筑研究》，博士学位论文，华中科技大学，2007年。
② ［联邦德国］哈贝马斯：《交往与社会进化》，张博树译，重庆出版社1989年版，第2页。

和社会的态度，也在自省性反思中表明说话人的立场和说话的语境。"懒家伙"一词常常出现在庆阳坝人的对话中，但在评价地方先辈和现在的乡亲邻里两种语境中，表现出了不同的态度和立场。所谓"懒家伙"是指不劳作的人。当地老人笑称他们的先辈是"懒家伙"，侧重表达劳作时间少，自由时间较多，生活的危机感较少。平日里若是没有粮食了，便傍晚去山头割点草拿去换粮。人们在谈论这件事时，总是面带笑容，"懒家伙"这一看似贬义的词语被赋予了称赞的意味和羡慕的语气，其潜台词是庆阳坝在驿道和集市贸易繁荣的时候，人们的生活富裕且悠闲。但是，当人们用"懒家伙"评价今天和他们生活在一起的人时，则更多的是批评。因为过去"懒"所具备的社会语境不再，过去的生活状态也似乎已不适用于当前节奏不断加快、竞争不断加剧的社会，"懒家伙"成为那些不懂得未雨绸缪的人的代名词。

最后，庆阳坝驿站交通和集市交换还影响着当地人的人生观和价值观，形成了较为乐观豁达和包容开放的心态。庆阳坝人注重对孩子的教育，但对于自己孩子在学校或学习上的不佳表现，大人们也不会太过焦虑，且会将子女在学校的表现拿到茶余饭后的闲聊中与大家一笑而过；在就业上，人们尊重孩子的意愿，"主要是要找适合自己的、相对轻松的工作"[①]。另外，"流动"的特质植根于庆阳坝人的心中，在很多乡村人看来遥不可及的"旅游"对于庆阳坝人来说十分平常，他们乐于四处走走，很多有空闲时间和富余资金的老人每周都跟随团队出去旅游。笔者在庆阳坝进行田野调查时遇见的大多数老人都曾去过湖南、广东、北京、上海，甚至香港、澳门等地旅游，并和笔者分享他们四处旅游的趣事。

集市交换对于当地人生活方式和心理状态的改变持续发挥着作用，人们承载着历史在庆阳坝留下的痕迹，又在社会变迁中因时因事而做出调整，以交换为核心的生计传统是民众日常生活型构和文化生活建立的基础。

---

① 访谈对象：阳某珍；访谈人：谭萌；访谈地点：阳某珍家；访谈时间：2019 年 11 月 25 日。

第二节　集市空间布置与生活场域

乡村集市的交换依托于一定的物理场所，且因交易者的流动形成了以物资交换为目的的市场区域。庆阳坝集市的空间体系是在历史发展过程中逐渐形成的，映射着其作为民族村落、古道驿站和乡村集市的特征，形成了以凉亭古街为主的交易场所、以庆阳坝为中心的集市交易圈和沿古街而居的聚落形态，形塑了庆阳坝人的生活场域，显示出生活起居和商业贸易协调与嵌入的特征。

一　凉亭古街：集市的交易场所

凉亭古街，又被当地人称为"庆阳老街"，是在古道驿站上发展起来的集商业、民居、娱乐和文化于一体的集市交易场所。时至今日，人们仍然在古街上进行集市贸易，这条街也因此被称为"土家商贸的活化石"。它见证并经历了庆阳坝的繁华与衰落、转型与复兴，是理解庆阳坝空间结构的逻辑起点。

虽然凉亭古街不是河道码头的所在地，也不是现代道路交通的枢纽，但它如一道兀自生长的长廊隐匿于武陵大山中，在庆阳坝的历史中发挥着不可替代的作用。赵逮比较了川盐古道沿途的驿站，发现位于庆阳坝的凉亭古街与宣恩两河口的老街、利川的老屋基和恩施的屯堡老街等区域有相似的特征，而造成这些相似特征的原因之一就是它们都是川盐古道上的重要节点。可以说，凉亭古街是庆阳坝作为古道驿站和乡村集市最为重要的物质证据。

古街始建于清朝乾隆年间①，由驿站扩建而成，其地处庆阳坝的中南部，福寿山脚下，长约 100 米，宽约 3 米，南北走向，街道建筑面积约 0.1 平方千米。人们把凉亭古街的街道形态总结为"三街十二巷"。古街呈

① 政协恩施州委员会、政协宣恩县委员会编著：《宣恩县传统村落》，华中科技大学出版社 2021 年版，第 10 页。

"人"字形，"人"字的上半部分被称为"主街"，靠山的一侧被称为"上街"，邻水的一侧是"下街"。古街的特别之处在于，街道两侧都是家用住房，而街道顶部则由从两侧住房延伸出的巨大檐口覆盖，成为典型的凉亭街。东西走向的十二条巷道和三座桥梁连通河道及两侧的街面，并为街道防火提供便利，这些巷道也因此被称为"火巷"。

作为贸易流通和人口往来的中转站，凉亭古街的建筑形式充分满足了商业交易的需求。首先，遮风避雨的街道顶部为商业活动的开展提供了空间保障，人们不必因为狂风骤雨而中断交易，也不必担心夏日晴阳带来的炎暑酷热。除"人"字形岔路口有三级台阶外，早期的古街地势平坦，南北两侧的进出口均没有坡度起伏或建筑阻碍，方便人和牲畜的进出，便于货物的运送。其次，街道两侧的房屋是前铺后居式，即房屋临街的一面全部是店铺，由一米多高的铺台将店面与街道隔开，方便交易的进行；临水房屋的另一侧则采取吊脚楼的形式，出挑至河岸，形成喂养牲畜的地方。据当地老人介绍，过去吊脚楼下不仅喂养庆阳坝人生活所需的牲畜。更重要的是，吊脚楼下的闲置空间可以为骡马提供歇脚处，为商贩运输的顺利进行提供支撑。

作为庆阳坝人集中生活的场所，凉亭古街的选址方便了人们的生活起居。一方面，凉亭古街靠山临水的位置能够满足人们日常生活和进行商业贸易的需求。随着庆阳坝商业贸易的兴起和"改土归流"后当地人口的大幅增长，对可耕种土地资源和可饮用水资源的要求也随之增加。古街正好位于庆阳坝内两条河流的交汇处，是村内水资源最丰富的区域，河水不仅解决了人和牲畜的饮水问题，其流动性也一定程度上保证了村内水资源的纯净度和安全性。同时，古街周围有相对集中的土地资源，既为庆阳坝人进行农业生产提供了便利，也为以古街为核心拓展人们的生活范围奠定了基础。大多数居住在古街上的人都在距古街不远处有土地，耕作较为方便。另一方面，庆阳坝人发展出一套关于古街选址的民间解释系统，透露出当地人的风水观，饱含人们对当地繁荣昌盛的美好愿望。据介绍，当时选址时人们考虑了很多其他的地方，为了确定哪里更适宜，选址的负责人沿袭当地的传统办法来验证——称土。他们在有意向的地方挖一升子土，并称重。哪里的土越重，就证明那里的风水越好，也就选定那一处作为建街的场所。经过比较，福寿山下临近河流的地方的土最重，因此，他们便选择在山下建立街道和民居。由于古街上多木质建筑，防火成为人们保障生命财产安全的重要考虑之一。刘叔说古街曾被火烧毁过两次，后来通过以土重定地点方式确定了现在凉亭古街的选址后，便很少有火灾发生。而在一次偶然的交谈中，王叔则从天干五行的角度补充了古街选址的民间阐释：

> 这个街上也有个传说呢！临水一侧的房屋坐北朝南，北方壬癸水，南方丙丁火，所以这里后面是水，临山一侧还是水。从来没失过火的原因在哪里呢？因为这里是个水龙，它有个纳音，有个甲子，甲子乙丑海中金，丙寅丁卯炉中火。它那个纳音就是六十个甲子，就是属水就属水，属土就属土。这个街是个水龙地，所以它烧不燃。即或是燃起来了，它也没有烧起来。①

每逢开市日，行商们将商品直接摆在街道两侧的地上或放置在用木板搭起的货台上，贩肉的老板用铁钩把肉钩住后挂在专门的货架上；坐商们则或把铺台上的木板取下，或打开大门，摆上货物营业（见图 3-1）。购买者背着竹制背篓在摊位上挑选自己所需的物品，在货比三家和讨价还价中与商家达成交易。

凉亭古街也是庆阳坝人休闲娱乐、商讨事宜和恋爱交友的场所，是庆阳坝人共享的公共空间。人们回忆起 20 世纪 70 年代至 90 年代在古街上赶集的场景时，说：

> 七八十年代的时候，只要队里一通知放假——因为那时候年轻人都在屋（家）里，没人去打工，没得打工的概念，男娃儿十几岁也在屋里，女娃儿十几岁也在屋里，一个二个只要听到今天逢场、今天放假，男娃儿女娃儿都把衣服换了，漂亮不过地去赶场。特别

---

① 访谈对象：王某友；访谈人：谭萌；访谈地点：王某友家；访谈时间：2019 年 11 月 16 日。

图 3 - 1　开市日的凉亭古街

资料来源：作者拍摄。

是桐子坳的那些姑娘娃儿一到赶场穿得白皓皓的，从梁子上绕过来了。好不容易啊！集体放点假，那些娃儿都到街上来玩哈，尽管没有什么买卖，都要到街上来玩。[①]

古街上的烟馆、酒馆和棋牌室与王笛在成都平原上看到的茶馆、格尔兹在巴厘岛遇见的斗鸡场有异曲同工之妙，人们讲起棋牌馆里的场景时神采飞扬，似乎自己正参与其中：

我们这里有个人打溜溜牌，一撒，一捏，就拢来了！过去，没得早饭米了，就玩几回牌，赢了钱就能把米背回去了。他就有那么狠！过去叫押宝（当地方言发音为"kǎng bǎo"），就是用铜币，圆的，有乾隆道光的铜币，就这么一旋，一盖，两个一样就是双，一样一个就是单。这就是押宝。那时候押宝闹热呢！九几年都还押宝。

---

① 访谈对象：刘某儒；访谈人：谭萌；访谈地点：乡里乡亲农家乐；访谈时间：2019 年 11 月 17 日。

那时候押宝几十个人，你以为一两个人？这一屋都是人！①

当前来赶集的人流散去后，住在古街的人常常端着一杯茶坐到自己家门口，不论谁经过，都打一声招呼。若是有三两个好友能够共下一盘棋，那更是再好不过了。晚饭时间，庆阳坝人通常不在自家的餐桌前吃饭，而是盛好饭菜，端着碗走到街道上坐下，和相邻的人一起讨论当日发生的事情，或是交换一些关于饮食的话题，茶余饭后的交谈往往在安静的古街上进行。当地人说在这条古街上是没有秘密的，人们能够洞悉每一家发生的故事，也在此传播外来的故事。所以，古街也是讯息传播和文化传承的场域。

因此，良好的地理位置和独特的建筑构造为凉亭古街成为集市交易场所奠定了基础，也使其具备了商业交易和家居生活的双重功能，成为当地人重要的日常生活场域，民众不仅在此进行物资交换和信息交流，也实现彼此间的互动，是集市市场区域的中心所在。

二　开放的边界：集市的市场区域

市场区域指一个市场的服务区域，根据顾客流动的边界而定。如杨懋春在对山东省台头村的研究中所说的，"村庄中几乎每个家庭都有成员在集日到镇上去"②，民众有规律且较为稳定地前往某一市场的"赶场"实践形塑了该市场的辐射范围。

基层市场的市场区域通常在与周边基层市场和上级市场的协调中得以确定，受到距离、交通、地形、集市周期和文化习惯等多种因素的影响。施坚雅借助几何学和经济学基础理论划定了六边形市场区域，认为每个中间集镇是6个基层市场的中心，且有6个相邻的中间集镇；每个基层市场可服务18个村庄。基层市场的辐射范围相互离散，即彼此不重合；中间集镇及其以上等级市场的辐射范围则可彼此重合。施坚雅建立

---

① 访谈对象：刘某儒；访谈人：谭萌；访谈地点：乡里乡亲农家乐；访谈时间：2019年11月17日。

② 杨懋春：《一个中国村庄：山东台头》，张雄、沈炜、秦美珠译，江苏人民出版社2001年版，第191页。

的数学模型以"所讨论的背景是一个同纬度的平原，各种资源在这个平原上均匀分布"① 为前提，并以成都平原上的个别基层市场作为案例进行了验证。该模型为分析乡村集市的交易圈奠定了理论基础，但其理想环境较难达到，资源分配的不均衡、地形地貌的起伏和相邻村庄的数量、面积及历史背景都可能对最终结果产生影响。

　　一般来说，庆阳坝集市的顾客除庆阳坝本地人以外，还包括来自周边新茶园、老寨溪、白泥坝、黄坪、椒园、水田坝、凉风洞、石马、洗草坝、石家沟、石门坝、桅杆堡、接龙桥、黄莲溪和闩口等村的民众，这些村庄隶属于宣恩县椒园镇、恩施市盛家坝镇和芭蕉乡等乡镇，市场的平均覆盖半径约为 5.1 千米。庆阳坝集市的核心市场区域形成了一个不规则但相对圆滑的闭环，并未呈现出卡洛·安·史密斯（Carol Ann Smith）在危地马拉集市研究中出现的市场区域边界断裂的情况②。这与鄂西南地区的文化历史背景相关，虽然这一区域民族较多，但是多民族在较长时间内的交流融合，对不同文化和风俗的接纳度较高，且彼此间在语言交流和情感互动上障碍较小。因此，即使这些村落的行政区划不同，但民众依然能够共享同一个市场。另外，庆阳坝集市市场区域内的村落多分布在以庆阳坝为中心的四条山谷相通处，相邻的村落因山地或河流等阻隔可能彼此间互动较少。由于 20 世纪 80 年代前当地车辆等运输工具鲜少，民众"赶场"主要依靠步行，因此人们选择有小路相连、地势较为平缓且能够步行一天内往返的集市参与其中。③ 另外，庆阳坝集市的主要辐射范围没有进一步向西南、西北和东北等方向拓展则是由于这

---

① ［美］施坚雅：《中国农村的市场和社会结构》，史建云、徐秀丽译，中国社会科学出版社 1998 年版，第 21 页。

② Carol Ann Smith, "The Militarization of Civil Society in Guatemala", *Latin American Perspective*, Vol. 17, No. 4, 1990, pp. 41 – 48.

③ 根据施坚雅的研究，"大多数基层市场区域的范围可以让最边远的村民能够不费力地步行到集上——这段距离为 3.4 千米到 6.1 千米"，但他也认为 " '步行距离' 在任何情况下都是市场区域的决定因素这一概念是毫无意义的"。庆阳坝所处的武陵山区，由于地势起伏大、民众居住较为分散，集市的分布也不如成都平原那样有规律，花上一天时间来往于市场在过去是居住在这一地区民众生活的常态。因此，庆阳坝集市核心市场区域的最远点距中心位置的距离超过 6.1 千米，而是达到了 7.8 千米。

些地区还有芭蕉集镇和盛家坝集镇等，其有较为便利的道路可达，且商品较为齐全，能够满足其周边民众的购物需求。

然而，与施坚雅所研究的成都平原上的市场不同，庆阳坝集市的顾客流动路线不限于封闭的环形，其处于古道的相对地理位置使其在周边地区的资源分配中处于优势地位，古道交通的线性流动为当地集市带来了一批有规律且较为稳定的消费群体。盐帮、骡马帮和挑夫等群体既给当地带来货物，在市场上充当销售者的同时，也充当消费者，拓展了以庆阳坝为节点的市场区域。另外，若是以庆阳坝集市上的生产物资为考察对象，当地人沿着骡马大道将庆阳坝的土产销往恩施、建始、巴东、宜昌乃至湖南、山东等地，形成了庆阳坝集市的外围市场区域。

因此，施坚雅的市场空间体系理论虽有利于理解庆阳坝集市的核心市场区域，但其忽略了地方与外界可能产生的其他联系，从而划定了相对封闭的交易圈。但在庆阳坝这一个案中，其历史文化背景所塑造的经济模式影响着集市的市场区域，呈现出线性与辐射性并存的特征。因此，乡村集市的区域边界不是封闭的，而是开放的，是多种方向和形式流动的结果，可划分为核心市场区域、外围市场区域和更广阔的市场区域。

三　沿古街而居：庆阳坝的聚落形态

乡村聚落形态是指乡村聚落中各个部分的平面分布方式，是人们生活空间结构的再现，决定了村落里不同类型活动的发生场所，区分村落经济、政治和文化等事件在村落中的进行，以及对不同人群的影响；同时，不同时期村落形态的变动也以特有的方式记录了村落的历史沿革，反映了人作为创造者对自然环境和历史遗产的运用和创新。与鲁西奇对传统中国乡村聚落形态演变过程的研究结果相似①，庆阳坝和中国大多数村落一样，经历了从散居到集中居住的过程，且集中的村落形态还包括了个别村民散居的现象。散村和集村两个看似矛盾的村落形态在庆阳坝相互补充，共同形成了今天我们看到的庆阳坝。

---

① 鲁西奇：《散村与集村：传统中国的乡村聚落形态及其演变》，《华中师范大学学报（人文社会科学版）》2013 年第 4 期。

　　庆阳坝村村落形态是自然环境和人文生境双重作用的结果，也是人们在"趋利避害"过程中选择的结果。如果说"逐坝而居"是早期人们选择庆阳坝居住的原因，那么"沿水而建"则是庆阳坝集市交易空间构建的倾向；随着古道驿站的发展，自给自足的经济方式被打破，拥有土地与拥有地段好的商铺相比，后者在人们心中的重要性占了上风，因此"沿古街而居"是庆阳坝村落形态在集市影响下的一大转变（图3-2）。

图3-2　庆阳坝聚落形态示意图

资料来源：作者拍摄。

　　首先，庆阳坝村村落形态如同四条长线沿"磬"的周边延伸开去，约有一半以上的人口集中居住在平坦的"磬"上，另有一半人较为分散地居住在山谷处。这与庆阳坝的地形和水文状况相关：与其他平坦地区的房屋建设不同，庆阳坝的民居并没有保持一致的朝向，如坐北朝南或坐东朝西等；但看似杂乱的房屋建设布局实际上包含着其内在的逻辑和规律，大多数民居背靠山坡，面朝"磬"的中心，这种做法可以充分利用庆阳坝"五凤朝阳"的地形特征，保证各个房屋有充足的阳光为其提供照明和热量。

　　其次，庆阳坝自明末清初成为古道驿站之后，村民的居住和活动方向逐渐向集市交易场所靠近，并形塑了当前的村落物理空间结构及社会空间意义。具体而言，虽然庆阳坝人在五座山的低谷处都建有住所，但很多地方的住户比较分散，民居较为集中的地区分布在福寿山下的凉亭古街及平坝西侧和东北侧。其中，平坝西侧民居由"公社时期"的厂房和食堂改建而成，约有五十年的历史；而平坝东北侧的房屋则是在"新农村建设"和"精准扶贫"等国家政策扶持下建造的一排三层平房，历史较短。

　　纵然在历史发展过程中，庆阳坝的聚居中心逐渐增多，形成了"三足鼎立"的局面；但是，凉亭古街因其特殊的地理位置、悠久的历史和丰富的功能仍然在庆阳坝村空间结构中处于最为核心的地位。现在庆阳坝的村落形态基本延续了明末清初以来的传统，以商业经济为基础的集市影响了村民的选址倾向和活动方向，且商品交换所带来的人员流动也作用于人们对村落空间的构建方式和使用习惯，从而成为村落空间构建逻辑的中心。

第三节　集市时间安排与生活节奏

　　时间经验与空间感受是构成日常生活节奏感两个相互依存的概念。作为定期集市，庆阳坝集市具有较强的时间感，这种时间感的确立缘于庆阳坝及其周边集市在时间与空间上的协调，且在历史变迁中具有稳定性。庆阳坝人在集市周期的循环中安排日常生活，在农业耕作、集市交易和休闲娱乐的循环往复中形成日常生活的节奏感。

一　协调性：集市周期的形成

　　"时间标志法取决于不同的工作条件及其自然节奏的关系。"[①] 所谓集

————————

① ［英］爱德华·汤普森：《共有的习惯》，沈汉、王加丰译，上海人民出版社 2002 年版，第 387 页。

期，即集市开市的周期，在与邻近集市的相互协调中逐渐形成，受到自然地理条件、人口密度、市场规模、国家及地方政策、风俗习惯等因素的影响。[①]

自清末至中华人民共和国成立初期，庆阳坝集市保持每逢五、十赶集的习惯，即农历每月初五、初十、十五、二十、二十五和三十是开市日。1969 年，庆阳坝及宣恩县的其他集市周期被改为五天一场，即农历每月初一、初六、十一、十六、二十一和二十六，全县所有集市开放，而其他时间则关闭集市；1972 年，全县集市又一律将集期改为七天一场，每逢周日赶集；1980 年，庆阳坝集期被调整为二、五、八，即农历每月初二、初五、初八、十二、十五、十八、二十二、二十五、二十八是庆阳坝集市开放的日子，这一集期一直延续至今，约三天一循环，全年几乎不停歇。[②]

一般情况下，集期的稳定性关乎时间和空间，是不同集市交易圈之间协调和适应的结果；而其变化则涉及制度、文化等诸多社会因素，伴随市场与国家、地方与中央互动的过程。就单个集市而言，不同集期具有差异性；但就人们生活范围所能涉及的交易圈而言，交错的集期又具有整体性。一定地域范围内的集市数量、邻近集市之间的距离等因素都影响着单个集市周期的形成。庆阳坝乡村集市是邻近村落和集镇居民生产生活用品交换的依托，对其周期的考察应置于宣恩集市网络中进行考虑。

根据 1995 年版《宣恩县志》，清朝晚期宣恩县被分为施南里、忠建里、栅里、石虎里、东乡里、高罗里和忠峒里七个管理辖区，共二十三个集场；其中，施南里设七个集场，分别为县城、椒园、倒洞塘、庆阳坝、岩桑坪、覃家坪和卧西坪。[③] 从地理空间上看，与庆阳坝集场距离较

---

① 龚关：《明清至民国时期华北集市的集期分析》，《中国社会经济史研究》2002 年第 3 期。

② 湖北省宣恩县地方史志编纂委员会编：《宣恩县志》，武汉工业大学出版社 1995 年版，第 211 页。

③ 湖北省宣恩县地方史志编纂委员会编：《宣恩县志》，武汉工业大学出版社 1995 年版，第 206 页。

远的大规模集场是忠建里的李家河集场、东乡里的万寨集场、高罗里的
高罗集场。这些集场中，东乡、晓关等集场自土司时期就已形成，是由
"日中而市"逐渐发展起的定期集市。至民国时期，集场的数量基本与晚
清时期保持一致。

根据民国时期对宣恩县集（市）场情况的统计，当时在第一区管辖
范围内（基本与施南里和东乡里重合），除庆阳坝以五、十为集期外，其
他所有集场均与庆阳坝的集期不同。就宣恩县全县而言，以二、五、八
为集期的集场有第一区的县城关、中间河，第二区的沙道沟，第三区的
麻阳寨；以三、六、九为集期的集场有第一区的椒园、干沟塘、万寨，
第二区的两河口、长潭河，第三区的卧西坪；以一、四、七为集期的集
场有第一区的茅坝塘、板桥，第二区的狮子关；以四、九为集期的集场
有第一区的倒洞塘，第三区的板栗园；以五、十为集期的集场有第一区
的庆阳坝，第二区的乐坪、洗马坪；以三、八为集期的集场有第一区的
晓关，第三区的冉大河；以一、六为集期的集场有第一区的草坝场，第
二区的板寮，第三区的李家河；以二、七为集期的集场仅有第一区的覃
家坪。①

改革开放初期，随着经济政策的逐步放开和商业贸易的发展，宣恩
县内的集市数量发生了变化，由民国时期的二十六个增加到三十五个，
其中定期集市二十七个，不定期集市八个。集市数量的改变伴随着集市
规模的扩张或缩小，也因此影响了集期的安排。当时，以一、四、七为
集期的集场有板场、狮子关、覃家坪、高罗；以二、五、八为集期的集
场有珠山镇、庆阳坝、茅坝塘、中间河、沙道沟、板栗园、麻阳寨、卧
西坪和桐子营，以三、六、九为集期的集场有椒园、干沟塘、万寨、长
潭河、李家河、上洞坪、晓关和板寮；以一、六为集期的集场有两河口、
草坝场；以二、七为集期的集场有药铺；以四、九为集期的集场有乐坪、
倒洞塘；以五、十为集期的集场有洗马坪。②

---

① 湖北省宣恩县地方史志编纂委员会编：《宣恩县志》，武汉工业大学出版社 1995 年版，
第 207 页。
② 湖北省宣恩县地方史志编纂委员会编：《宣恩县志》，武汉工业大学出版社 1995 年版，
第 208 页。

目前，宣恩县境内的集市数量虽有所减少，但周期安排基本延续了改革开放以来的传统，行商们按照集市周期和空间距离往来于不同的集市。以庆阳坝集市为中心，行商们常往来的集市的集期和距离如表3-2所示：

表3-2　　　　庆阳坝周边的集市周期及其距离（2019年）

集期（每旬）	集场	距庆阳坝集市直线距离	距庆阳坝集市车程
一、四、七	干溪	约41千米	约56千米
	椒园	约6千米	约11千米
	李家河	约51千米	约74千米
二、五、八	黄泥塘	约36千米	约83千米
	桐子营	约16千米	约29千米
	椿木营	约42千米	约96千米
	沙道沟	约42千米	约68千米
	盛家坝	约17千米	约40千米
	中间河	约28千米	约52千米
	宣恩老街	约10千米	约18千米
三、六、九	万寨	约20千米	约40千米
	晓关	约21千米	约33千米
一、三、五、七、九	芭蕉	约8千米	约13千米
	三岔	约34千米	约59千米
二	诺西	约23千米	约62千米
七	洗马坪	约29千米	约53千米
九	洗草坝（桂花）	约7千米	约13千米

资料来源：作者于2019年11月搜集整理。

若将不同集市地点和周期在地图上标注出来，我们不难发现以下几个特征：第一，这些集市的集期以一旬三集和一旬两集为主，无一旬四集等集期。第二，集期的频率与集市所在区域的人口数量、地理位置、地形条件和交通状态相关。一般而言，人口越多、地理位置越好和交通条件越便利的集市集期越密集，一月可赶十五场；反之，集期越稀疏，一月仅赶三场。第三，规模较大、集期较为频繁的集市周边的集市数量较少，距其他集市的距离较远，如三岔、芭蕉和沙道沟集市等；反之，集市分布较密的地区，集期频率不会过高。第四，在自然发生的条件下，中间市场和其所属的下层市场以及邻近集市的集期通常错开，形成互补。

以上现象表明，庆阳坝集市集期的形成与其周边同等级和上级市场的整体安排相协调，是供应与需求、距离与交通、时间与空间之间的平衡。首先，作为经济共同体，集市的首要功能是为销售者提供获取利润的机会，为消费者提供生产生活所需的资源，使买卖双方利益最大化。就需求而言，参与乡村集市交易的民众的需求受限于经济水平和价值观念。施坚雅在考察中国乡村集市时曾指出："普遍的贫穷、强调节俭的价值观和传统的消费方式都使农民家庭的维生需求限制在极低水平。"① 因此，农民的消费习惯使基层集市只需要在特定的时期进行较为固定的商品交换，便能够满足人们的需求。就供应而言，鉴于需求的有限性，同一集市过密的集市周期将增加销售者的成本，可能产生供多于求的情况，导致销售利润的下降。相互错开的赶集日则能避免这样的困扰。对于行商而言，他们可以流动于不同的集场，从而使其商业活动年年月月不停歇；对于坐商而言，同一集市有规律的间隔性开市可以使他们合理安排经商和务农的时间，从而尽可能地增加家庭收入。

其次，集市密度和周期频率受到地形、距离和交通等因素的影响。庆阳坝及其周边的集市集中于沟、坝和坪等地势较为平坦的地区，多处在陆路交通或水陆交通要道。另外，与市场区域形成的原因相似，在没有现代交通的时代，步行是武陵山区的人们出行的主要方式，虽然庆阳坝及其周边地区的个别家庭用骡子作为代步工具，但是大多数人还是选择步行。人在一日内步行距离的限度不仅决定了他们平日里对集市的选择，也决定了他们去集市的频率。施坚雅将此称为"距离的摩擦力"，并认为"市场的周期性起到了补充相对原始状态的交通条件的作用"②。庆阳坝的人可以到椒园集镇去赶集，而水田坝和土黄坪等周边村落的人也可以到庆阳坝

---

① ［美］施坚雅：《中国农村的市场和社会结构》，史建云、徐秀丽译，中国社会科学出版社 1998 年版，第 12 页。

② ［美］施坚雅：《中国农村的市场和社会结构》，史建云、徐秀丽译，中国社会科学出版社 1998 年版，第 13 页。

来赶集，周期性使他们对不同等级集市商品的需求得以满足。

因此，集市周期是人们权衡利益最大化和便利最大化的结果，而行商的流动圈则是人们在此基础上流动而形成的时空范畴，与本章第二节讨论的市场区域相协调。庆阳坝的集市周期从一旬两集到一旬三集的转变，与庆阳坝及其周边地区人口的增长、交通的发展和宣恩县集市分布的变迁相关。这种在自然规律中形成的集市周期保证了人们生活和生产的正常进行，也确定了人们在时间和空间上的流动规律和边界所在。

二　稳定性：集市周期的变迁

庆阳坝集市周期在供应、需求、距离和交通的综合作用下形成，彰显出集市在时间上所具有的协调性。但是，集期不是一成不变的，在历史发展中，集期因行政政策、经济规划和社会文化等原因发生变化。1949 年以来庆阳坝集市周期的变化一方面表明乡村集市不是自在的独立个体，而是地方和国家政治经济体系的组成部分；另一方面也证明乡村集市具有一定的自主性，其集期具有稳定性，能够在经济改革和政策变动中维持其韧性。

庆阳坝集市集期除了因经济或民众需求等原因发生的自然变迁以外，也曾于 1969 年和 1972 年应国家和地方经济建设要求发生过变化。庆阳坝集市集期的这两次改变与宣恩县其他集市集期的改变同步，其背景是1949 年中华人民共和国成立后国家对乡镇管理、工商业发展和经济重建等一系列国家和地方建设的措施颁布和实施，主要目的是刺激农村经济发展和加强对农村工商业的管理。在这种强制措施下，所有的集市被安排在同样的日期开市，如第一次改变将所有集期改为逢一、六式的一旬两集；第二次改变则未以旬为划分单位，而是采取现代历法为时间标尺，每周日开市。但是，这种强制性的集期并没有维持太长时间，便又恢复到过去以旬为单位、各集市交错开市的模式。

庆阳坝集市周期的变迁是大多数中国乡村集市在 1949 年后都曾经历的境况。在中国乡村集市的历史长河中，统一集期的阶段不过弹指一挥间，但是它在历史舞台上短暂的出场却不禁引发我们思考两个有关乡村集市集期的问题：为什么城市里常日集可以集体开市或闭市，但这种模式在乡村中遭遇困境？为什么大多数乡村集市的集期以旬为单位交错分布或进行调整？对于这两个问题，本节第一部分从经济视角对时间和空间的协调性予以讨论，本节则从人们的日常生活实践出发，进一步理解作为时间秩序而存在的集期与民众文化观念和生活习惯的交互作用。

首先，中国小农经济"低投入—低产出"及分散性的特点是植根于乡村集市分布密度和周期频率规律的内在逻辑。乡民需求的有限性、商贩追求的利润最大化和基层市场所提供产品的差异性使其没有必要成为每日开放的常市，但与此同时，集市又必须为物资和人群的流动提供可能，因此，外围交易圈里各集市的开市时间相互区别。1969 年和 1972 年两次对集期的调整虽然肯定了乡民需求的有限性，但一定程度上忽略了乡民需求的多样性和单一基层市场产品的局限性。与此同时，这一时期以集体化为主的经济发展模式，压制个体工商户的经营，乡民共同劳动、共同用餐，以累计和交换工分的形式参与到商品买卖中。当时，庆阳坝集市上虽设有国营粮食仓库、供销社庆阳坝分店门市部等由国家统一管理的店铺，但商品供应的局限和普通民众购买力的低下致使民众可获得的生产生活产品较为匮乏。庆阳坝年龄 60 岁以上的老人回想起人生最艰难的时候，大多数都说是 20 世纪 60 年代至 70 年代："生活上最困难的还是六七十年代。整个社会层面、村里，包括整个县都一样，60 年代大集体这个阶段，老百姓是最苦的。因为那时候搞大集体，老百姓都是靠工分吃饭，又没有搞计划生育，家里小孩也比较多。集体收入不高，分的粮食不够吃，又没得钱。那时候做一天，只有一个工分几分钱。"[1] 另外，这一时期"黑市"活跃。所谓"黑市"是相对于正常市场而言的，人们为满足生产生活所需在非交易时间、非交易地点进行交易。这种交易通常出现在街头巷尾，虽然没有大肆宣传，但人们却是心知肚明。"黑市"虽然在自然集期时期也存在，但这一时期的状况更加严重，一度影响了正常集市的运行，而且引起了地方经济和社会秩序的波动。谢叔家里从小经营理发店，据他回忆，当时由于国家政策不再允许个体经营，他父亲

---

① 访谈对象：刘某儒；访谈人：谭萌；访谈地点：乡里乡亲超市；访谈时间：2019 年 11 月 17 日。

半夜将房门锁住悄悄给村民理发。对集期的调整非但没有达到加强对乡村集市管理的目的，反而造成了地方秩序的不稳定。因此，地方相关部门不得不放弃这种强制性措施，恢复相互交错却又自成体系的集期安排。

其次，以农历一旬为单位的周期循环与庆阳坝人的时间感密切相关，是中国农村时间框架的再现。武陵山区的大多数乡村仍以农耕为主要生计方式，而与农业相关的节气和计时方式则是人们感知时间的途径，也是人们安排生产生活的时间标准。自先秦以来，中国传统的岁时节庆体系便开始萌芽，于隋唐两宋时期定型后，一直延续至今。伴随着现代化的进程，公元纪年计时方式进入人们的时间观念，但在中国乡村，特别是那些以农耕为主的乡村社会，农历仍然在生活和节日庆祝中占据重要位置。有学者曾指出，"二十四节气和干支记日的历法以及包括祖先崇拜、天地崇拜等原始宗教信仰也为后世创设繁富的节日民俗准备了大量的文化素材。"① 中国的大多数乡村定期集市都是以农历为时间框架分布的，这符合民众记忆和标记时间的习惯，也便于集市多元功能的实现。

施坚雅分析中国乡村定期集市的集期时，认为有两种时间单位被民众用来作为集市周期循环的标准，一种是十二支，一种是十天一循环的旬。对集市周期的运用习惯，在地理分布上呈现出一定的规律："以十二进位周期为基础的这三种集期体系，流行于穿越华南的一个西宽东窄的条状地区。十二进位集期的市场与其他市场（集期以阴历旬为基础）的分界线，穿过了云南东北的钩状地带，把贵州大致上一分为二，穿过广西的东北角，在广东结束（我没能确定准确位置）。除了少数例外，十二进位的集期区域似乎限于西江和红水河水系的上游流域（在位于广东和东江地区内的这两条河流下游的平原和三角洲中的市场，使用以阴历旬为基础的集期）。"②

包括庆阳坝集市在内的宣恩县乡村集市均以旬为单位划分周期，且一般以一旬三集为主。根据施坚雅的基层市场理论，一旬两集是最理想

---

① 高丙中：《民族国家的时间管理——中国节假日制度的问题及其解决之道》，《开放时代》2005 年第 1 期。
② ［美］施坚雅：《中国农村的市场和社会结构》，史建云、徐秀丽译，中国社会科学出版社 1998 年版，第 15 页。

的集期，因为开市日之间的间隔受到旬的循环影响最小，每一个都是相隔四天（除有的月份没有三十）。但是，庆阳坝及其周边集市的自然集期在 20 世纪 50 年代后却大多变为一旬三集。这是因为，一旬两集一方面使得全职行商一个周期内往来于五个不同的集市，才能保证其一个月内大多数时间有收入，另一方面意味着同一个集市一个月开市六次，市场区域内村民购置生活必需品的时间有限，且坐商要在六个开市日里达到其利润追求。但由于与庆阳坝距离适宜的集市数量有限，且 20 世纪 70 年代之后驿站贸易的式微使得坐商无法仅在六个开市日里获取丰厚的利润，民众需求的增长使得一旬两集已不能满足其需求。因此，庆阳坝及其周边的集市大多转变为一旬三集。但宣恩及其周边地区极少出现比一旬三集更加频繁的非隔日集，即一旬四集。因为如果将集期调整为一旬四集，首先一旬之内开市日之间的间隔无法确定，若是以固定的间隔——两日——进行排列，又无法保证集市能够在每旬的同一天开市。这给人们对时间的记忆和日常生产生活的安排都会造成困扰。排列的混乱既不能有效缓解同级集市所面临的需求压力，又因为自身频繁而不规则的开市日造成对商贩利润和集市生存的压力，因此不能够长期存在。

　　因此，从历史发展的视角来看，集市集期的安排与中国时间框架的"乡土性"密切相关，也是人们根据这种逻辑在时间边界和空间流动中做出的最有利的选择，形成了变异性与稳定性并存的集市时间规则。

三　节奏感：集期安排与日常生活

　　集市周期不仅具有结构功能意义，也具有实践价值，成为人们日常生活的重要时间刻度。庆阳坝及其周边村落的人在日复一日、年复一年的商品交易、农业耕作和休闲娱乐中形成了生活的节奏感。

　　集市周期是影响社区活动安排、个人日常计划的重要因素。一般来说，庆阳坝的重大活动均安排在开市日，且在"大集体"生产时期，放假日基本与开市日相匹配，符合生产生活需求，并刺激了庆阳坝集市的繁荣。

　　集市周期不仅是人们进行商品交易的时间循环，也是民众准备商品和完成交易的时间循环。对于行商而言，他们根据不同集市间集期的相互协调，在不同的集场上进行买卖。刘姓男子是个猪肉贩子，除特殊情况外，每逢赶集日必来庆阳坝集市贩卖猪肉。他家坐落在距庆阳坝约十千米的椒园镇龙井村，除逢二、五、八在庆阳坝卖肉外，他于一、四、七在椒园集镇贩卖，每逢九在桂花集市贩卖，另外的三、六则去屠宰场宰割生猪，以备赶场卖猪所需。这种情况和其他来庆阳坝贩卖蔬菜、水果等产品的行商相似，只是在流动的集场上有所差异。对于生活在庆阳坝集市的人来说，他们大多是坐商，其交易主要在开市日进行。但这并不意味着其商业活动仅在开市日展开，相反，闭市日和开市日之间的过渡和衔接保证了交易的顺利进行，从而使集市交易活动嵌入到人们的日常生活中。因此，开市日是集市交易集中发生的时间。

开市日上，交易双方就商品种类、品质、价格和样式等项目进行协商，若需求和供应能够互相匹配且买卖双方就价格达成妥协，则交易即在开市日完成；若需求和供应之间存在时间上延迟，交易则延续到此后的开市日或在闭市日进行。很多参与集市交易的手工业者都以这种节奏展开活动，如木匠、铁匠和裁缝等。庆阳坝集市上的曹姓裁缝在开市日上除了进行一些衣物小缝小补的生意和贩卖成品外，还与前来定制衣裤、床上用品、丧葬用品等商品的顾客商讨样式、量体选布和确定价格。由于衣服、鞋帽和家具等商品受个人喜好影响较大，因此顾客预订商品这一环节尤为重要。曹姓裁缝在闭市的时候制作衣物，以便在下一次开市日时与顾客交易。对于从事餐饮业的庆阳坝人来说，他们的忙碌时间主要从开市日的前一天下午开始，这样既能保证食材的新鲜，又能使他们有充分的时间务农。谢家贩卖熟食、蔬菜和干货等，这家制作的"油嚓儿"和"红糖汤圆"是当地远近闻名的小吃，前来赶集的人总要买上一两份。谢姓熟食店老板一般在开市日的前一天去椒园集镇或宣恩县城批发第二天要贩卖的产品，并从开市日前一天早上就开始制作"红糖汤圆"——早上把糯米泡上，傍晚时把糯米磨成米浆并制成汤圆，放一晚上，第二天早上四五点开始摆摊熬糖煮汤圆。冉姓老人是庆阳坝本地人，原本居住在山水塘的山脚下，后搬到坝上居住，以务农为主要的生计方式，每逢开市日，她便背上背篓一早到集市上去赶场。表3-3以谢姓熟食店老板、曹姓裁缝、阳姓餐厅老板、刘姓猪肉贩和冉姓老人五人为例呈现了坐商、行商和顾客在集市周期内的活动安排：

表 3 - 3　　　　　以庆阳坝集市周期为单位的活动时间安排

实践主体　　　　　时间		a_n-1	a_n	a_n+1	a_n+2	a_{n+1}
身份	化名					
行商	刘姓猪肉贩	椒园集市卖肉	庆阳坝集市卖肉	屠宰场购买猪肉或桂花集市卖肉	椒园集市卖肉	庆阳坝集市卖肉
坐商	阳姓餐厅老板	为开市做准备	开门营业	务农或其他	为开市做准备	开门营业
	曹姓裁缝	制作衣物	开门营业	制作衣物	制作衣物	开门营业
	谢姓熟食店老板	为开市做准备、贩卖其他产品	开门营业	贩卖其他产品	为开市做准备、贩卖其他产品	开门营业
当地顾客	冉姓老人	务农	庆阳坝集市购物	务农	务农	庆阳坝集市购物

注：以 a_n 为开市日日期，一旬内的开市日规律为 $a_{n+1}=a_n+3$，$1 \leqslant n \leqslant 3$，$a_1=2/12/22$。
资料来源：作者自制。

　　虽然庆阳坝集市周期在历史发展过程中不断变迁，但庆阳坝集市基本是半日集，即并非从早到晚，全天开市，而是一般集中于上午开市。过去，庆阳坝集市较为繁华时，开市时间较长，可从凌晨 5 点持续到下午 4 点左右，有些来庆阳古街休闲的人还会一直待到晚上；现在，随着庆阳坝集市规模缩小，其开市时间也有所缩短，一般凌晨 5 点开市，下午 1 点左右就几乎完全闭市，很少有外来赶集的人会停留更久。规律的开市时长使参与庆阳坝集市交易的民众得以更加便利地安排一天的生活：既能够在开市时充分利用时间进行商品交易和关系往来，也可以合理地安排家务、农活等每日必须进行的活动。每逢开市日，经历了一早上的忙碌之后，下午的时间人们一般都会休息，在街上闲聊。表 3 - 4 呈现了以庆阳坝开市日的 24 小时为周期，集市参与者的活动安排：

表 3－4

庆阳坝开市日的活动时间安排（夏季）

实践主体＼时间段 身份	化名	0:00–1:59	2:00–3:59	4:00–5:59	6:00–7:59	8:00–9:59	10:00–11:59	12:00–13:59	14:00–15:59	16:00–17:59	18:00–19:59	20:00–21:59	22:00–23:59
行商	刘姓猪肉贩	睡觉	睡觉	开车来庆阳坝	贩卖猪肉	贩卖猪肉	贩卖猪肉	贩卖猪肉	开车回龙井	吃饭、休息	清点当日盈利	清点当日盈利	睡觉
坐商	阳姓餐厅老板	睡觉	睡觉	出摊	开门营业、集市购物	开门营业、集市购物	开门营业、集市购物	吃饭、休息	练习吹打乐或街上闲坐	练习吹打乐或街上闲坐	跳广场舞	跳广场舞	睡觉
坐商	曹姓裁缝	睡觉	睡觉	睡觉	开门营业、集市购物	开门营业、集市购物	开门营业、集市购物	吃饭、休息	制作衣物	制作衣物	吃饭	制作衣物	睡觉
坐商	谢姓熟食店老板	睡觉	睡觉	出摊	开门营业、集市购物	开门营业、集市购物	开门营业、集市购物	吃饭、休息	街上闲坐	街上闲坐	吃饭、休息	清点当日盈利	睡觉
当地顾客	冉姓老人				集体购物	集体购物	采茶	吃饭、休息		采茶	吃饭、卖茶	休息	睡觉

资料来源：作者自制。

　　同时，庆阳坝人参与集市交易的积极性和频率受到岁时节令的影响，主要原因是庆阳坝民众生活的农耕基础决定了当地民众务农和从商的双重性质。由于庆阳坝目前的农业已基本被改为茶叶种植，因此集市时间受到茶叶采摘的影响较大。一般而言，清明节前后，庆阳坝有茶田的人便开始采茶，一直延续到当年的 10 月。因为茶叶发芽极快，为保证茶叶质量，当地茶农每天都要上山采茶。因此，为了保证既能参与集市交易，又不耽误采茶的进行，人们一般一早便在集市上购买自己所需的产品，到了 10 点左右上山采茶。因此，夏季的开市时间通常相对较短。而进入腊月后，随着大量在外学习和务工的人返乡，庆阳坝集市的商品种类增多；且这一时期农活已很轻松，各家各户为过年做准备，需要购置大量的商品，需求刺激了商贩供应更多的商品，开市时间也有所延长，腊月二十五和腊月二十八因此成为一年中集市最热闹的两场。

　　综上所述，集市时间一方面决定了人们进行交易的时间，另一方面也显示了民众为达到时间利用最佳化的效果而在务农和经商、工作和娱乐之间的协调，映射出空间和时间的工具性与政治性以及在此基础上形成的生活秩序。

第四节　集市功能与公共秩序建构

　　"传统中国的乡村社会处于由家族或宗族、地主士绅进行自我整合、自我满足的自治状态。乡村集市作为乡土社会的一部分，远离了国家权力的覆盖。"① 作为"内地的边疆"，庆阳坝地区虽然在历史上远离中央朝廷，但内部一直较为稳定，集市在促进地方经济发展、维护社会秩序和构建中华民族多元一体格局中扮演着积极的角色。庆阳坝集市公共秩序的维系有赖于公共空间的各司其职、集市功能的发挥、国家"有形的手"对集市的管理以及"熟人社会"里的交易秩序。时间、空间、制度、

---

　　①　雷鸣：《乡村变革与社会主义实践的空间政治——论中国当代小说的"集市"叙述》，《内蒙古社会科学》2019 年第 1 期。

机构和人情之间的平衡使得集市在"礼俗互动"中实现了维系地方秩序及联通地方与国家的目标。

一　各司其职：以公共空间为基础的集市功能

集市为当地人提供了共享的空间，形成了一个公共生活圈，以满足人们日常生活的各种需求。与哈贝马斯（Jürgen Habermas）等人对"公共空间"的西方经典定义不同，中国乡村的公共空间是在中国特有的政治、经济和文化背景下形成的，具有中国乡土的特征，在诗性与政治性中，更关乎前者①。具体而言，哈贝马斯等西方学者在讨论公共空间理论时将其定义为公民自由发表意见和参与政治的活动空间，并认为书面阅读和理性商谈是公共空间形成的基础②。但在中国乡村的语境中，公共空间则立足于村民的日常生活，是生活的共享空间，更是个体实践和共同体形成的场域。刘沛林经过长时间对中国古村落的研究，认为村落中的公共空间包含社会学和建筑学两种意义，一方面，当社会关联和人际交往以公共性的方式固定下来时，就形成了公共空间；另一方面，当关系和交往结构发生的场所以建筑空间的形式固定下来时，就形成了村落的公共空间形态③。因此，中国乡村的公共空间既包括民众共享的物理建筑，也包括仪式活动民众聚集时所营造的共处空间。

庆阳坝集市功能的发挥依托于以交易场所为核心的公共建筑，主要包括凉亭古街、风雨桥、关庙和灵关庙等公共建筑；而庆阳坝的集市转型过程也伴随着其公共建筑功能的衰落、转移和重建，目前新村委会办公室所在地是新的公共空间形态。随着时间的推移，公共建筑的数量、形态和功能伴随着村落经济、政治和文化背景的变迁而变化，但彼此间的联系使其成为集市交易范围内经济、文化和娱乐活动的重要场所，从而拓展了集市的功能。对于当地人来说，这些公共空间是他们展示自我

---

① 宋靖野：《"公共空间"的社会诗学——茶馆与川南的乡村生活》，《社会学研究》2019年第3期。
② ［联邦德国］哈贝马斯：《公共领域》，汪晖、陈燕谷编《文化与公共性》，生活·读书·新知三联书店1998年版，第125页。
③ 刘沛林：《古村落：和谐的人聚空间》，上海三联书店1997年版。

话语、搭建与他人关系和维护社区稳定的场域。

　　风雨桥位于凉亭古街的西侧，是连通凉亭古街和道路的人行桥梁，长约 5 米，宽约 3 米，上有亭檐遮风避雨，两侧有栏杆和长凳。开市日，赶集人常常在此歇脚纳凉，将背篓倚靠在栏杆一侧，和前来赶集的人打招呼、分享当天赶集的收获、聊各村各地的新鲜事。平日，古街上的人吃过晚饭后总要到风雨桥上坐坐，一是饭后消食，二是可以和村里人唠唠家常。特别是在夏季，风雨桥上更是热闹。

　　关庙位于凉亭古街的东端入口处，因曾供奉关帝而得名，是演出戏曲、播放电影和举办其他村落重要文化活动的场地，因此人们通常以"戏楼"取代"关庙"这一称呼。在历史变迁中，关庙所在的场所伴随着庆阳坝政治的变革和集市的转型而变迁。土地改革后，关庙所在的区域被定为公用土地，由地方行政部门统一规划管理。庆阳坝公社期间，关庙成为公社工作人员办公和生活的场所，其休闲娱乐功能式微，是正式公共空间的物质载体。1985 年，为缓解地方行政人员的用房压力，关庙主体建筑被拆除，原地建成两层楼的平房。2014 年，随着凉亭古街被列为省级文物保护单位，关庙作为古街建筑群的一部分得以重建，被命名为"古街民族大戏台"。与最初的关庙相比，这一空间的建筑形式已发生了较大的变化，但是其作为村落共享场所和公共空间的本质内涵在历史变迁的过程中得以延续。现在，庆阳坝村里的大型活动基本在戏楼举行，而戏楼前的广场则成为一些当地人跳广场舞的场所。

　　灵关庙是庆阳坝村及其周围村落的信仰空间，位于庆阳坝村南侧的福寿山上，与山下的关庙遥相呼应，是人们实践民间信仰、开展娱乐活动和寻求精神寄托的重要场所。灵关庙因供奉灵关菩萨而得名，于清朝末年在当地有名望的商人的资助下修建。从凉亭古街抬头向南方看，被茂密树林覆盖的福寿山山顶的凹陷处便是灵关庙的所在地。灵关庙的海拔约 1000 米，从凉亭古街绕山间小路步行上去，大约需要一个小时抵达福寿山。站在庙前，可俯瞰庆阳坝全村的风貌。

　　初期的灵关庙是由石头和泥土垒砌而成的四合天井式房屋，占地百余平方米，房屋内部隔间达数十间，供奉几十余尊木质菩萨雕像，大小不一，形态多样。为保证庙宇建筑主体的稳定性，当时的庆阳坝人选用了结实的石头和泥浆作为原料，墙壁的厚度达到约 15 厘米，使其能够经受住长时间的风吹日晒。当地老人在回忆童年时期经历时，常说过去夏天上山砍柴时，经常到庙里歇凉，但其复杂的房屋构造和阴凉的氛围让小孩们感到害怕，不敢停留过久。灵关庙前有一口青铜铸成的大钟，声音洪亮，只需一敲，居住在庆阳坝乃至周边村落的民众均能听见。因此，这口钟成为当地紧急情况和集体生活时的"播音器"。抗战期间，钟声是预警的工具；集体劳动期间，钟声则是上工、歇工和吃饭的时间提醒。作为信仰空间，灵关庙所在区域的效力在建筑形式不完整时仍然延续。20 世纪 60 年代至 80 年代，灵关庙的主体建筑被砸毁，庙里的木质雕像被抬下山烧火制茶；铜钟则被抬到山下放置于风雨桥头，作为村内发布重要通知的工具。但是，福寿山上的信仰空间却持续发挥着作用，每逢新春佳节，部分村民仍会自发到福寿山登高祈福。

　　距凉亭古街约 50 米的新村委会建筑群是近年来庆阳坝新的公共空间，由水泥道路连接古街。新的村委会不是一个单一的建筑，而是由一系列建筑组成的民众生活和活动场所。除了村委会成员的办公场所，这座两层平房还包括了村内党员活动室、农家图书馆和村内活动室，以满足村内活动商议和讨论的场所需求。同时，村委会旁还有一个医务室，其医疗服务范围可覆盖庆阳坝村、黄泥塘村和老寨溪村等地。除此之外，平房两侧分别有十栋家用楼房，其中的一些楼房已发展成农家乐、小超市或茶叶储存室等。在平房前侧与居民楼房的中间有一块空地，设置了秋千、乒乓球台等公共设施。虽然在这一新型建筑群里居住的村民数量不多，但良好的公共设施吸引了距凉亭古街居住较远的居民的关注。晚饭后，庆阳坝人习惯走出家门，围绕河道散步。而散步途中，人们常常在此停歇。农家乐的老板搬出自家的椅子，人们也可以在这里得一口水喝。夜幕降临，一些人在平房前面的空地上跳广场舞。

　　作为庆阳坝公共空间新的组成部分，人们需要一定的时间适应这一空间，使其功能完全发挥。新的公共空间在进入村落空间叙事和文化逻辑的过程中，不可避免地与之前具有类似功能的场所产生冲突。而当我们把目光聚集于当地两座具有公共娱乐功能的广场时，民众在其中的活动为观察这种冲突提供了窗口。笔者 2018 年在庆阳坝调研时，居住在凉亭古街上的居民更倾向于在戏楼前的广场上跳舞，其舞种以民族舞为主；而在新广场上跳舞的居民呈现出年龄较小的特征，其舞种是人们在一些社交平台上学来的比较时尚的舞蹈。2019 年笔者在当地调研时，很多之前在戏楼前广场跳舞的人加入到新广场的舞蹈群体中，戏楼前的广场逐渐冷清。2021 年，当笔者再次到当地调研时，新旧广场上跳舞的人群数量更为均衡，且人们表示"哪里有人跳，我们就去哪里"①。民众对空间使用的差异性和适应性体现了赵世瑜所说的"空间过程"（spatial process），即"某种社会—文化空间就是先后不同的人的活动的叠加。这不仅构成了空间，也使空间及其形式的转变由时间表现出来"②。

庆阳坝集市的公共空间还包括因婚丧嫁娶、岁时节庆和大型仪式等社区活动而形成的特殊时空，这些活动可能在个别家庭的房屋里举行，也可能在街道上举行，但无论其物质形态如何，它们都为民众情感交流、财富展示、信用建立和社区建设等活动提供了场所。

因此，公共空间各司其职，为庆阳坝人经济贸易、休闲娱乐、信仰实践、人际交往和威信建立提供了场所，是个人实践和地方活动的空间载体，拓展并完善集市功能，为民众日常生活的有序进行奠定了基础，从时空的维度促成地方公共秩序的建构。

二　"有形的手"："国家在场"视域下的贸易规则

作为基层市场，经济贸易在庆阳坝的社会运转中具有举足轻重的作用，也因此形成起了一套实现商品经济可持续发展的管理体系。这一体系既有专门的地方规则监督者和实施者，也受到国家"有形的手"的制约。

吴晓燕对中国地方集市和国家权力关系的研究一定程度上适用于庆阳坝集市：在"皇权不下县"的时期，乡村市场主要依靠自治；1949 年至 1970 年，国家统合农村资源并掌控集市命运；20 世纪 70 年代末，集

---

① 访谈对象：跳广场舞的女士；访谈人：谭萌，访谈时间：2021 年 7 月 30 日；访谈地点：庆阳古街。

② 赵世瑜：《在空间中理解时间：从区域社会史到历史人类学》，北京大学出版社 2017 年版，第 11 页。

市在国家和社会二元背景下发展。① 但是，由于庆阳坝是川盐古道所经之处，国家对盐业管理的规则制度使得庆阳坝集市较其他集市更早地进入了国家权力的视野，当地土产是进贡的内容，且部分税收也被纳入国家财政收入中。

早期，庆阳坝集市上有专门负责维持秩序的人，且在不同时期有不同的名称。"改土归流"之前，集市由"舍把"或"头人"管理，其作用相当于门卫，参与交易的双方须交付银两或实物方能入市；"改土归流"后，"舍把"或"头人"取消，集市由"客总"管理，其主要作用是调解交易中的纠纷，维护集场秩序，客总通过整"客总酒"（举办仪式）一次性收取一年所需的实物和银两。另外，一些外地来的商帮在此设立"会馆"，例如颜氏家族来到后通过设立"牙行""牙纪"，收取佣金，控制市场经营活动。清朝至民国时期，国家权力开始介入集市内部的管理中。清光绪年间，"牙行"改由宣恩县署直接管理，以"牙贴"的方式授予经营权，将收取的牙税列入地方财政支出。② 民国时期，管理制度沿袭清制，但在具体实施上进行了细化。

这一时期，盐帮、骡马帮和挑夫们的队伍也经常往来于庆阳坝，运输途中因遭遇抢劫或自然灾害等原因造成人财两失的情况时有发生。为保证长时间运输的安全，来往的物资运输队伍通常由几十人组成，主家雇佣专门的领头带队，配备必要的干粮和武器，每到一地驿站后向当地有势力的家族上缴"保护费"，以保证其在当地歇脚时的人财安全。

中华人民共和国成立后，为推进现代国家的建设，乡村集市正式被纳入国家经济和管理体系中。国家设立了专门的工商管理机构，宣恩县也于 1959 年 9 月设立了县工商科，对包括庆阳坝集市在内的集场进行管理。以工商管理部门为主导的集市秩序管理主要包括 20 世纪 50 年代后对资本主义工商业和手工业的社会主义改造以及对集市周期、交易内容、交易方式和商品价格等对象的管理。虽然部分举措较为极端，扰乱了集

---

① 吴晓燕：《农民、市场与国家：基于集市功能变迁的考察》，《理论与改革》2011年第 2 期。

② 湖北省宣恩县地方史志编纂委员会编：《宣恩县志》，武汉工业大学出版社 1995 年版，第 189 页。

市贸易的秩序，但随后对政策的修正维护了市场的稳定。而且，经济合同、商标广告的管理，度量衡器的统一以及边区工商行政管理协作政策的实施在提升集市个体户的规范度和地区间的合作上发挥了较为重要的作用，庆阳坝集市在连通川湘鄂边界地区经济中的作用进一步得到肯定。

改革开放后，随着国家在经济政治制度上的改革，"以市场调节为主，宏观调控为辅"的经济制度逐步确立，国家权力虽在基础物资调配、市场秩序管理和经济法则的制定上仍发挥作用，但其与乡村集市的镶嵌关系相对松懈。对于庆阳坝集市来说，市场体系的逐渐完善将其引入到更为广阔和复杂的经济网络中，其销售内容和交易方式受到市场自身调节的影响较大，而国家权力对市场的影响主要通过管理制度和监察机制的实施得以发挥，其对地方社会的影响则依托于村落内部的自治组织实现。

因此，庆阳坝集市的贸易活动几乎一直是在"国家在场"的背景下展开的，其古道驿站和基层市场的双重性质使其成为"皇权不下县"时期国家权力与地方社会联结的枢纽；随后，国家通过制定经济政策、贸易规则和监管制度对基层市场进行监控，从外部维护了集市秩序的稳定。

三　约定俗成："熟人社会"里的交易诗学

以波兰尼（Karl Polanyi）为代表的经济人类学家认为经济与社会相互嵌入，"关系网络既是经济活动开展必不可缺的要素，又能产生相应的规制力量"[①]。庆阳坝集市贸易与民众日常生活的互嵌关系导致人们在地方社会的信用几乎全部建立于集市贸易之上，处于"熟人社会"的经济交换总是与社会伦理和人情世故相通。

社会结构和习俗对商人行为的约束能力因商人类型的不同而有所差异。根据商人所处的地理位置、进入庆阳坝的频率和流动的范围分为行商和坐商。庆阳坝坐商很少往来于与其同级别的基层市场，而是

---

① Mark Granovetter, "Economic Action and Social Structure: The Problem of Embeddedness", *American Journal of Sociology*, Vol. 91, No. 3, 1985, pp. 481 – 510；转引自强舸《关系网络与地下经济——基于上海一个自行车黑市的研究》，《社会》2013 年第 2 期。

通常从本市场或者上级市场获取在基层市场开展交易所需的物资。以坐商为经营形式的家庭若不拥有耕种土地，则夫妻双方均投入到商业经营中；其他家庭则多是女方在家经商，男方有专门的职业或在外务工。

除此之外，庆阳坝还有另外一批为庆阳坝集市提供物资的人，他们不居住在庆阳坝，当地人称他们为"燕儿客"。他们往来并循环于不同的市场，集期的不同给他们提供了参与不同地区集市交易的机会。行商们的商铺一般由单人经营，很少有整个家庭参与集市流动的情况。这样便保证了一个家庭中既有人主持内务、照料家人并参与基层市场的购买活动，又有人在外劳作，为家庭提供参与市场交换所需的资金。行商是一个较坐商异质性更强的群体，根据他们参与庆阳坝集市交易的频率，可基本划分为两种类型。一种行商虽然流动于不同的市场，但其与庆阳坝基层集市的关系较为亲密。这一类行商一般居住在离庆阳坝不远的地方，行走于固定的交易圈中，频繁而固定地进入庆阳坝集市中使他们与当地人结识，有些甚至是亲属关系，他们已经融入了庆阳坝集市和村落的人际关系中。另一种行商则在更大范围的区域中流动，以省或国为边界，庆阳坝只是他们漫长旅途中的一个停靠点。他们中的一部分人在开市日进入集市，也有一部分人因不需要摊位而开着汽车不定时在村里贩卖。因此，他们进入庆阳坝基层集市的周期性较弱，规律也相对于前一种行商不那么明显。这个群体进入庆阳坝充满了偶然，其从庆阳坝集市的退场也显得猝不及防。一旦退出，不知道何时才会再出现。这种不确定性和高度的流动性使得他们与庆阳坝当地人的关系相对疏远，仅保持着商人与顾客的关系。

坐商和行商参与集市生活交往圈的深度和广度影响着他们的经营方式。换言之，坐商和行商的深层差异在于，他们是否与当地人发生了经济交换之外的关系，以及这种关系是否影响了人们的经济行为。陈文超将坐商和行商的相同点总结为三点，分别是：以家庭为基础、以赚钱为目的和以生活所需为经营内容。他还将二者的差异归纳为五点，分别是：

经营身份、交易对象、经营策略、经营成本和经营灵活性。① 这种比较在庆阳坝这一个案中同样成立，但是本书以商人是否处于核心或外围市场区域为标准，把生活在庆阳坝集市的坐商和与庆阳坝集市关系密切的规律性行商划为同一范畴，将商人划分为两种，第一种商人他们的流动性相对较弱、规律性较强，且边界明确，在稳定的交易圈中循环；而第二种行商流动范围极广且边界模糊。流动的边界决定了不同类型商人的经济行为。

从现代经济学的角度考虑，商品交换的成功与否取决于交易双方是否能够达成共识，从而使物品的价值满足交易双方的需求。所谓交易双方，即商人和顾客。在单次的交易活动中，商人与顾客在交易天平的两端扮演着各自的角色，商人以获利为目的，顾客的主要目标则是用尽量低的价格购得所需的产品或服务。但是，在基层市场上，特别是对如庆阳坝集市这种处于"熟人社会"中的交易体系而言，交易的重复性和可逆性导致这两个角色是互通且可相互转化的。人们有时是自己门店里的商人，又是他人门店里的顾客。这种处于不断循环的交互状态，塑造了商人和顾客在互动中的微妙关系，并约束着交易双方。供与求之间的辩证关系使得人们无论是以商人身份，还是以顾客身份出现在市场上时都要考量自己的行为是否合理且恰当，而且此种供需循环关系长期而稳定，商人与顾客之间身份转换频率较快。这使得长久地保持互动关系和维系身份形象显得尤为重要。而对于第二类行商来说，他们在庆阳坝集市上重复出现的机会较少，商人和顾客角色互换的问题基本不影响他们的经济行为。远距离的流动导致他们对"回头客"这一概念的关注较弱，而更加专注于扮演商人的角色。

从经济人类学的角度考虑，集市作为社会体系的一种，商人在集市中的行为也是他们在其生活圈中建立关系的主要方式。对于第二种行商来说，他们的生活圈并不在此，在这个"熟人社区"中他们实际上是"陌生人"或"外来者"。因此，对于他们来说，庆阳坝集市上出现的人

---

① 陈文超：《行商与坐商：进城创业的组织经营形式》，《中共福建省委党校学报》2018年第3期。

只有两种身份类型：竞争者和顾客。其目的明确，即尽最大可能收取更多的钱财。在这一理念的引导下，在交易过程中缺斤少两、欺瞒诈骗成为较可能发生的事情。但是对于坐商和第一种行商来说，他们的经济活动发生在相对稳定的交易圈内，这一范围不仅是其生产生存圈，更是其生活圈，因此他们的交易活动通常将"人情"置于较为重要的位置。讨价还价有时显得格外谨慎，而商家主动降低价格则是表现亲密关系的一种方式。集市是他们的表演场、交际场和树立并维系信用的空间，交易诗学在此体现。一方面，人们在集市上的话语权取决于其本身已经具备的社会地位和资本基础；另一方面，人们在集市上的行为又影响着他们在生活交际圈里的声誉和地位。两者相辅相成，共同构建着人们的生活世界，也维持着集市公共秩序的稳定性和可持续性。

费孝通先生曾提到民众在乡村集市中会尽量避免与自己的亲戚进行交易，但由于庆阳坝面积狭小、人口较少，村里人有各种形式的亲戚关系。因此，完全避免与亲戚交易是困难的，所以人们也发展起了一套建立在亲属关系上的议价话语体系。以下是一段买卖双方的议价过程：

卖家：哎呀！幺姨来哒么！买了些莫子（什么）啊？

买家：还不是菜呀莫子的！（开始在摊位上看，拿起一双鞋）这个鞋子好多钱啊？

卖家：这个鞋就好哦，底子几多好！本来卖 30 的，您拿的话，25 嘛！您穿 36 是吧？我给您拿！

买家：还要 25 啊？

卖家：这个鞋子我进价都好贵哦，本来就是不赚钱的生意。

买家：那那双呢？（指着另外一双鞋）

卖家：那双 20，那没得这个好！这双好些！我给我妈都拿了一双哒滴！又热和，底子又好！

买家：（拿起鞋，仔细翻看）

卖家：您听我的嘛！我不得骗您撒！这个真的好！

买家：这个晓得经不经穿哦？

卖家：经穿得很！您放心嘛！我进货都是进的好货！

买家：不能再少点啊？

卖家：我的好幺姨哦，我这个真的好，不赚钱啊！不赚钱！

买家：（犹豫）

卖家：那您还要不要别的哦？

买家：别的都有，不要。

卖家：那这样，您给 25，我再给您拿双袜子啊。

买家：那行嘛。

……（付钱、用袋子装鞋子和袜子）

卖家：您慢慢走啊！没事来我屋玩啊！①

　　以上对话较为典型地展现了买卖双方的议价技巧，卖家首先叫对方一句"幺姨"，表明其与买家的关系；随后在报价时显示出对外价格和对内价格的差异，表明自己已经考虑了与买家的亲戚关系，既表明了自己的诚意，也减少了买家大幅度砍价的可能；之后，卖家再次强调商品质量好以及"本来就是不赚钱的生意"表明自己售卖的东西已经物美价廉；而买家所表现出的迟疑，又保留了其购物的主动权，迫使买家进一步让步；卖家一方面继续推销其他的商品，另一方面在买家同意价格后立即用袋子包装起来，并在送走买家时再次强调了彼此间的亲属关系。由此，买卖双方达成了交易协议，卖家在保证自己收益的同时也表达了对亲属关系的看重，而买家也不会因此纠缠不休，在适当的时机同意交易的达成，并为之后的交易留有余地。双方在理性经济人和人情网络成员双重身份的扮演中，为达到彼此的目的而施展出交易诗学。

　　因此，在"熟人社会"里的集市交易并非理性经济人之间的较量，而是双方在权衡经济利益、人情关系和社会威信等方面因素时的博弈。对于经营者来说，一方面，为获得更多利润，尽量避免与其他商家贩卖同类产品，从而减少了商家间因恶性竞争产生的矛盾；另一方面，在共同生活圈成员的监督下，他们尽量以平等交易、童叟无欺、诚信共荣等理

①　资料来源：集市上一个杂货摊前买卖双方的对话；记录人：谭萌，记录时间：2019 年 11 月 18 日；记录地点：庆阳坝集市。

念规范着自身的行为。对于购买者来说，他们本就是地方人际关系中的一员，购物过程也是他们展现财富和树立信用的过程。双方在约定俗成的交易规则中彼此规范行为，从而维系了集市的内在秩序。

综上所述，庆阳坝集市的秩序通过集市功能的发挥、国家贸易规则的监管和地方交易诗学的表演而形成，在外部影响和内部协调中维护了地方的稳定，也因此规范了民众的日常行为。

小　结

庆阳坝集市线性流通和辐射性流动兼具，是地方经济体系、空间体系和社会体系的重要组成部分，其时间、空间和制度规则塑造了民众日常生活的节奏和秩序。集市交换推动了当地人生计传统和文化品格的形成，促进了文化的交流和社会关系的建立；集市结构为民俗生活的生成提供了时空框架、物质基础和文化因子，形成了较为稳定的商品交易圈和民众的共同生活圈；集市功能则在"礼俗互动"中得以发挥，维系了市场、地方与国家的平衡和秩序，增强了集市与生活的互嵌关系。因此，集市在庆阳坝民众的日常生活中具有"标志性统领"事象的意义，在此基础上形成的日常生活结构和关系是庆阳坝民俗生活发生、变迁与重构的逻辑所在。

第 四 章

集市贸易与地方民俗生成

作为经验与知识的结晶，民俗是社会的产物，其在民众的日常生活中被创造、保留和传承，是对社会的整体呈现，且变动不居。[①] 庆阳坝集市中物品流动、文化传播及人群互动的实践也是地方性民俗知识生成的过程。作为古道驿站，线性流通为当地人带来了盐、棉和移民及其所承载的文化传统；作为乡村集市，庆阳坝集市既融合了周边文化，又吸引更多民众参与当地的民俗活动。其中，物的交换、文化的传播和人群的互动为我们窥见庆阳坝民俗生活的"世相"[②] 提供棱镜，展现着多元传统与当地历史文化基因的交流过程及其结果，进而揭示庆阳坝民众的文化传播圈和人际情感圈。

第一节 物的交换：集市商品流通中民俗的稳定

乡村集市中流通的商品是民众生产生活的基础，也是民俗生活的载体。从共时的角度分析，庆阳坝人的物质生活建立在集市交换的基础上；从历时的角度分析，集市商品具有鲜明的时代特性，庆阳坝集市在历史发展过程中出现了以盐、茶、棉和竹编等为核心的集贸交易商品。其中，

---

① Alan Dundes, *The Study of Folkore*, Columbis：Pearson College Division, 1965.
② 日本民俗学者岩本通弥在 2002 年出版的《世相》一书中表明"世相"是"时代精神、社会状况或风俗中共通的时代精神和整体面貌"，强调"生活相"变动不居的特征。

盐和棉是从外地输入的商品，作为民众饮食和服饰的重要物质材料，催生了相关习俗的产生；茶和竹编则是从庆阳坝输出的产品，反映当地内生的手工技艺和生活礼仪。不同物质及其所承载的习俗在历史过程中不断"层累"，生成了庆阳坝人的生活习惯和地方知识。

一　以"盐"为基础的饮食民俗

盐不仅在人们的日常生活中满足基本的生理需求，也是国家建设和地方稳定的重要辅助力量。川盐在庆阳坝的民俗谱系中留下了深刻的印记，一方面，有关川盐运输和买卖的器具丰富了与古道驿站相关的文化体系；另一方面，川盐古道在此通过大幅提升了庆阳坝人获取生产生活所需食盐的便利性，推动了与盐相关的饮食习俗的形成。

盐对庆阳坝人饮食习俗的影响是深入、全面且持续的，在自然生态、科学技术和民众智慧的共同作用下，嵌入民众的生活中。当地流传着许多与盐相关的谚语，如"一天不吃盐，吃饭不香甜；三天不吃盐，全身软绵绵"等。作为"百味之祖"，盐是重要的辅助原料，在与食材的合作中丰富着人们的餐桌。

盐在庆阳坝人日常生活中的重要性，与当地物资的有限性和气候潮湿多雨等特征息息相关。自然资源的匮乏、农业技术的落后和市场体系的不健全导致人们能够获取的食物受季节限制较大，如何将有限的食材功能最大化是生活在武陵山区的人们面临的难题。因此，除了调味，盐具有的防腐功能使其在没有现代冷藏技术的年代发挥了不可取代的作用，成为人们延长食物保质期的秘密武器，并因此形成了具有地方特色的食俗。

腌、熏、泡、晒、烘等措施是人们普遍采用的防腐方式。包括庆阳坝在内的广大武陵民族地区的人们，主要采用腌和熏的方式对食物进行处理，盐成为这一过程中必不可少的要素。以肉类为例，腊肉制品在西南地区流传较广，但各地在具体做法上存在一定差异。在庆阳坝乃至更大范围的宣恩、恩施等地，人们将腌制和熏烤相结合，在盐和柴火的共同作用下制成腊肉，并将此作为家庭一整年肉制品的重要来源。

对肉制品的处理一般在冬季进行，以农历年为周期，不断循环。过去，庆阳坝大多数家庭都自家养殖生猪，春季购猪崽，到冬季时，猪一般可长到400斤以上，达到可宰杀的标准；现在，虽然很多家庭已经不养猪，但他们通常从邻村的亲戚或猪商那里购买一头至两头猪，为过年做准备。腊肉的制作大约需要半个月。首先，把猪肉分成约15厘米宽、40厘米长的块状，猪蹄则不进行分割，用棕树叶扭成环状，在肉块一端钻孔穿入，以便悬挂；然后，在猪肉表面抹上厚厚的盐，在盆里腌制三天至五天，使盐味浸入肉中，并吸取其中的水分，调味的同时，降低其腐烂的可能性。盐的用量对腊肉品质和味道有较大影响，有经验的加工者能够很好地把握盐的用量，既达到防腐标准，又不至于太咸。按照各家不同的喜好，有些家庭还会在腌制时放入花椒等佐料，使其味道更佳。之后，将腌制好的肉悬挂至火塘间的火坑上方熏烤，以去除肉里的水分。庆阳坝人一般选用白柳树树枝作为燃料，火坑里柴火的烟带着柳树枝的香气浸入肉里，使肉上色入味。熏烤十天至十五天后，腊肉便制作好了，人们将腊肉取下放在干燥的地方待用。有的家庭火塘间空间足够大，便一直把腊肉悬挂在火坑上方，在梅雨季节时，隔一段时间点火熏烤，以免发霉长虫。制好的腊肉烧皮、刮毛、洗净后，能和多种食材搭配，烹饪出美味佳肴。以相似的方法制作的还有豆腐等食材。"腊肉片烧酸萝卜""腊蹄炖洋芋"和"五花肉烧炕豆腐"等菜肴受到大多数庆阳坝人的喜爱，成为鄂西民众的特色饮食。

　　和对肉类的处理一样，庆阳坝人对蔬菜的处理也离不开盐。人们普遍采用腌的方式延长蔬菜的保质期，制成一些方便烹饪且百搭的"下饭菜"。"盐多不坏鲊"是当地人在处理蔬菜时的秘诀，意思是制作腌菜时，放再多的盐也没有关系；相反，若是盐放少了，腌菜就容易坏掉。人们制作腌菜的原因和制作腊肉的原因有相似之处，一方面可以处理短时间内富余的产品，另一方面可以丰富平日的餐桌。由于蔬菜具有季节性，因此人们一般会选在蔬菜产出的季节制作腌菜，尽可能降低制作成本。主要的腌菜制品包括鲊辣子、咸菜和豆豉等。

　　鲊辣子，在其他地方又被称为"鲊广椒"，是以红辣椒和苞谷面（玉米粉）为主要原料制成的腌制品。在红辣椒成熟的季节，摘取或购买辣椒，洗净、去蒂、沥干，在木盆中用铡刀将其剁成碎末。木盆和铡刀是制作鲊辣子所需的主要工具，木盆底厚且较为封闭，能够防止辣椒水分在剁碎的过程中流失；铡刀则是一种带手柄的双刀工具，刀刃向下，使用者只需握住手柄向下发力便可使两把刀同时发挥作用，既能节省使用者的力气，又提高了效率。剁好之后，将辣椒碎和苞谷粉、食盐混合。一般而言，辣椒碎、苞谷粉和食盐以 10∶5∶2 的比例搭配，根据个人的喜好，苞谷粉的数量可进行调整。与相近的巴东和建始等县相比，庆阳坝的鲊辣子辣椒较少，以苞谷粉为主要食材。食盐的用量相对固定，能够适量增加，却不能减少。若是盐的用料少了，辣椒碎在封闭的容器中会快速发酵，导致其味道变酸。因此，盐成为控制鲊辣子辣度与酸度平衡的因子。由于搅拌好的鲊辣子需要较大的容器加以密封，因此有的家庭会先把辣椒碎和食盐混合封闭发酵，待到食用时再把它们和苞谷粉混合，以减小储存鲊辣子所需的空间。为使辣椒碎、盐和苞谷面充分混合，鲊辣子至少需要腌制半个月。腌制好的鲊辣子和新鲜猪肉一起爆炒，肉的油脂和鲊辣子的酸辣混合在一起，既减少了肉的油腻感，又丰盈了辣椒的味道。

　　咸菜，作为庆阳坝的特色饮食之一，其精髓是用盐腌制，以延长蔬菜的储存时间。庆阳坝制作咸菜的原料较为多样，包括青菜、萝卜菜、白菜和白萝卜等，一般会选择在冬季阳光较为充沛的日子进行。把新鲜的蔬菜洗净、沥干，在太阳下放置一段时间，待菜叶上的水分蒸发后，将准备好的蔬菜放在盆里，撒盐并揉搓。当地人把这一过程称为"码盐"，"码"这一动词说明盐的用量之多和揉搓的力道之大。把码好盐的菜放入封闭的坛子或缸里，约半个月后，菜里的水分在盐的作用下基本排出后，把菜捞出来，在阳光下晒至半干，再次放入容器中密封。再放置半个月到一个月，捞出晒干后放入容器中长期储存。当食用时，将切碎的菜叶和新鲜肉混合或作为底料制作扣肉等菜肴。

　　豆豉也是西南民族地区的主要腌制品之一，庆阳坝的豆豉属咸豆豉，其原料是在鄂西地区较为盛产的黄豆。豆豉与以上两种腌菜的最大不同在于其核心技术是对发酵程度的掌控，盐在控制酶的活性和杀除细菌方面发挥了重要作用，成为豆豉制作成功与否的关键。豆豉的制作一般选在气温较高的三伏天，将洗净并浸泡好的黄豆蒸熟并冷却至室温，放在封闭的容器中发酵，待到豆子上长出白毛后，放入盐和白酒杀菌，拖延其发酵期，并加入其他佐料，封闭一个月之后便可取出和其他的食材一起炒。黄豆过去是当地人补充蛋白质的主要来源，因其较高的产量和方便储存的特征深受当地人的热爱，并因此衍生出了一系列与黄豆相关的食物，如豆腐、霉豆腐和合渣等。豆豉虽然不是长时间储存黄豆的最好方式，但却因其制作技艺增加了黄豆的功能，一定程度上提升了黄豆的营养价值，成为调味的佳品，有的人还将其作为保健品食用。

腊肉和腌菜是人们在物质条件极其匮乏的情况下对现有资源的创造性利用，彰显出民众的生活智慧。一方面，这些食物展现出食盐在庆阳坝饮食民俗中的重要地位；另一方面，当这些食物和其他食材一同烹饪时，一般无须另外加盐，固态的盐被融入食材中，在人们的生活中发挥作用。此外，由于这些经盐腌制或熏烤的食物具有防腐的特性，能够保存较长的时间，它们也因此成为远游学子和务工人员随身携带的"下饭菜"。所以，川盐在庆阳坝的流通以融入其饮食民俗的方式固定下来，保证了人们的食物供应和营养摄入，一定程度上改善了人们的生活条件。

川盐古道带给庆阳坝的不仅是以盐为基础的饮食习惯，还在此基础上丰富了集市贸易的内容。一些庆阳坝人将食盐与本地食材相结合，发展起了土特产生意，在集市上贩卖自制的腊肉、炕豆腐、豆豉和咸菜等。其中，庆阳坝及其周边地区制作加工的腊猪蹄尤具地方特色，并被统称为"宣恩火腿"。

在历史发展过程中，以盐为基础的食物储存和加工方式已经从生活智慧演变为文化"惯习"①。不断发展的市场体系使人们能够及时获取新鲜的食材，腌制食品的功能意义渐趋降低，甚至出于健康的考虑，一些人开始抵制食用腌制食品。然而，大多数庆阳坝人仍然喜欢食用腌制食品。过去"买一块新鲜肉"款待宾客的方式在今天已发生改变，人

---

① 相较于文化、传统等概念，惯习（habitus）侧重其可实践的特质。在布迪厄的论述中，惯习与场域（field）构成一组相关概念，突出人在继承与变迁中的主体性。参见［法］皮埃尔·布迪厄、华康德《实践与反思——反思社会学导引》，李猛、李康译，中央编译出版社1998年版。

们将"取一只腊蹄"作为表达自己对用餐者的热情、亲切和尊敬。如果说过去制作腌制食品是因为物资的匮乏和经济交易的不便，是为满足物质需求而为之；那么今天仍保持腌制技艺并食用腌制食品则是人们在众多食物中的选择，是物质多样性的组成部分，满足的是人们精神和文化需求。今天庆阳坝人对腌制食品的喜爱似乎在告诉我们：文化是具有惯性的，其与物质相关，却不因物质语境的消失或变迁而淡出人们的生活。这些食物已经融入人们的饮食习惯中，成为民俗生活的组成部分。

二　以"棉"为原料的服饰民俗

作为一种纺织原料，棉的意义不限于物品本身，更源于人们对棉花本体的改变和创新。当棉花从一株株植物转化为一缕缕棉纱、一匹匹棉布，并进一步制成服饰、被套和装饰品等成品时，它便在满足人们物质需求的同时，也具备了社会文化意义。同时，与棉花相关的纺织技术和加工工艺拓展了与棉花相关的民俗的外延。因此，作为服饰民俗中重要一环的棉花，因人们的使用而具有了功能性、审美性和象征性，并渗入人们的民俗生活中。

鄂西南地区不盛产棉花，其棉花纺织原料等多来自江汉平原和湖南地区。庆阳坝人沿着连通湖南的"盐花大道"和连通宜昌等地的"骡马大道"将土产贩卖出去，购置棉花进入本地。对于庆阳坝人来说，棉花的输入丰富了其服饰原料的种类，提高了日常着装的舒适性，增加了选择的多样性。早期，土家族人出于保暖和蔽体的需求，将干枯的稻草按照一定的规律捆扎在一起，制成罗裙状的草片围在胸前或腰间，有的则制成帽子戴在头上。舞蹈"茅古斯"的服饰再现了早期土家族人穿戴的发扎和草衣。由于包括庆阳坝在内的宣恩地区盛产麻类，因此麻类在较早的时候就已经成为庆阳坝人的服装原料，由此制成的麻布成为早期庆阳坝的布料。土家族人使用布料的历史可追溯至汉代，"溪布""峒布"和"賨布"是土家族服饰早期使用的布料。与原来的草织衣物相比，麻布更加柔软，延展性较好，容易被改造成衣物穿戴在身上。麻布夏天吸汗、凉爽，冬天耐寒。这些特征使其更加适应人类的穿着习惯，因而被用于日常服饰的制作中。而且，麻布不易长霉、易储存的特征也适宜潮湿的鄂西地区。棉进入庆阳坝地区后，在当地发展出了土布。所谓土布，即用土法纺织的布，其原料为棉，一般是全手工制作，不添加其他材料。和麻布相比，土布更加舒适保暖的特征使其很快受到人们的喜爱，而与丝绸一类更舒适的布料相比，棉布的成本较低，且耐磨性更强，可使用更长时间。

棉花的输入还在庆阳坝产生了专门以纺纱织布为业的劳作群体，刺激了当地纺织技术的创新和提高，促进了当地与棉花相关产业的发展和完善，机房、染坊、裁缝铺等工厂和店铺的规模得以扩大。颜氏家族曾开办机房和染坊，在壮大家族产业实力的同时，也给当地及周边的居民提供了更多的就业机会。盐花大道时期保留下来的厂房、人员和资本为20世纪60年代这些部门和工厂在庆阳坝的建立提供了便利，为其在之后较长时间里成为交易圈的中心奠定了基础。据1941年出生的冉老回忆，他小时候家里的妇女几乎全部参与到织布的活动中，周边的十余个家庭都从事织布行业。

土布和麻布因此成为庆阳坝地区的两大特产，两者共同在人们日常生活中发挥作用。棉和麻被运用于不同场合和语境，构建着庆阳坝服饰民俗的生活意义。人们喜欢穿"纯棉的"衣服，说"要说舒服那还是只有棉的舒服"；而且，棉花也是人们制作被子的主要原料，"弹一床好套子（被子）"与人生仪礼的礼物馈赠无不相关。庆阳坝等地的家庭在女儿出嫁时，陪嫁品中包括用棉絮制成的棉被。麻也同样因在人生仪礼和社会活动中的应用丰富了其社会内涵，具有象征意义。一方面，麻和棉花均被用于婚礼仪式中，庆阳坝等地女儿出嫁时要陪嫁麻布床帐；另一方面，麻布也在丧葬仪式民俗体系中充当了重要的角色。庆阳坝没有严格的五服制度，但要求逝者的直系亲属在仪式中身穿白色麻衣，头戴麻布制成的头披；前来吊唁的亲朋好友则要头披白色麻布并用一根褐色麻绳固定布，所谓"披麻戴孝"，这一习俗至今仍在庆阳坝及其周边地区流行。寿衣也以麻布为主要原料。随着人们对自然材料的不断挖掘和加工技术的不断提升，庆阳坝人能够接触和使用的衣物面料和纺织材料逐渐增多，灯芯绒、腈纶、牛仔等多种面料丰富了人们的服饰选择，但棉麻制品仍然在人们的日常着装中占据了重要的地位。

棉花大道带来的大量棉花对庆阳坝人的影响不仅体现在服饰上，也通过和棉花相关的纺织技术将生产行为内化到身体姿态和文化观念中，并通过舞蹈、仪式、歌谣等民俗事象体现出来。以土家摆手舞为例，其动作展现土家族人对自然、社会的观察，再现了土家族人生产生活的基本情况，其中有专门重现家庭绩织的动作组合。例如，"卡普它"（织锦）、"撒苦扯"（绩麻）和"桶蒙扎"（纺线）等。其中，纺线的动作要领是右手和左手相继在胸前转动三圈，模仿摇动纺车和抽取棉花的生产过程。绩织动作在摆手舞中的再现进一步证明了其在民众生活中的重要性。

因此，盐和棉这两种物资虽然都不在庆阳坝生产，但其在庆阳坝的中转和停留促进了当地经济的繁荣，为庆阳坝乡村集市交易中心位置的确立奠定了物质基础。更为重要的是，盐和棉在与当地物资和生产技艺的融合中，逐渐内化入庆阳坝人的生活中，成为他们民俗生活中重要且稳定的组成元素，地方知识由此生成。

三 以"竹"为核心的民具系统

民具，通常被界定为人们基于生产和生活需要，手工制作出来的工具[1]，包括"劳动人民日常生活所需要的各类工具、器皿等用品……主要是指传统的、一代代传承下来的一切造型物"[2]。作为人们生产生活必需的工具，民具是人们身体的延伸物，映射着人与土地的关系，反映了中国乡土社会的本质。周星曾将芮德菲尔德（Robert Redfield）大小传统的观点引入对中国民具的研究中，指出"中国传统的物质文化其实也是有两个传统，一个是'大传统'，是典雅、华丽、有品位和为皇室、贵族及文人士大夫们享用及推崇的雅致器物的传统，另一个则是'小传统'，它是为最广大民众所使用和倚重的民具的传统。"[3]

---

① 周星：《日本民具研究的理论方法》，商务印书馆 2006 年版。
② 张紫晨主编：《中外民俗学词典》，浙江人民出版社 1991 年版。
③ 周星：《物质文化研究的格局与民具学在中国的成长》，《民俗研究》2018 年第 4 期。

　　人口和货物流动节点的属性在丰富庆阳坝民具体系的同时，也刺激了庆阳坝人职业类型的多元化。一方面，人员的流动和汇集，使得庆阳坝吸引了大量新技术和外来民具，增加了人们可获得的民具类型。庆阳坝人所使用的民具种类丰富、功能多元，包括生产所需的铁犁、水车、石磨、锄头、背篓等，也包括生活所需的灯具、卧具、家具、秤砣等，还包括贸易往来、饮食烹饪或交通往来等方面所需的特有器具。另一方面，人们依赖于集市获得民具的习惯也要求庆阳坝基层市场交易圈内的生产者能够为当地民众提供数量和质量都有保证的民具产品，由此刺激当地产生了一批专门从事民具制作的人，他们负责制作各种人们所需的民具，并形成了一个人们常常提及的群体——"九佬十八匠"。宣恩县内的"九佬十八匠"为修鞋、补锅、烧炭、钉秤、钻磨、剃头、杀猪、劁猪、撑船和金、银、铜、铁、锡、木、瓦、窑、篾、箍、皮、石、漆、雕、画、染、弹、机匠①。受限于某些物资的匮乏和受到人们生活习惯的影响，庆阳坝的"九佬十八匠"中没有"骟牛佬"和"修脚佬"等行当。

　　在庆阳坝众多的民具中，竹编制品占据了特殊的位置，它既是民众生活中必不可少的工具，也是集市上贩卖的商品。美国印第安纳大学杰森·拜尔德·杰克逊（Jason Baird Jackson）曾带领其团队在中国广西、云南等西南地区进行有关物质文化的研究，对竹编制品给予了高度重视，揭示了竹编制品及其背后所蕴含的更加宏大的社会结构和历史沿革。竹编制品几乎渗透到人们劳作和生活娱乐的各个方面。就种类而言，庆阳坝的竹编制品包括竹篓、筲箕、簸箕、竹席、竹篮、竹筐、摇篮、竹筷、跳板等；就功能而言，可用于承载重物、晾晒瓜果蔬菜、烹饪食材、建造房屋、床上用品和运输物品等。根据不同的需求，竹条的粗细可进行选择，而编织的疏密也可以调整，这使竹制品既可以是结实的承载工具，也可以是透气的覆盖器具或过滤工具。

　　作为生产生活器具，竹制品几乎渗透到庆阳坝人生活的方方面面。

---

　　① 湖北省宣恩县地方史志编纂委员会编：《宣恩县志》，武汉工业大学出版社1995年版，第143页。

人们赶集时用开口直径约八十厘米的竹篓装载购买的物品；采茶时是用直径约二十厘米的小竹篓盛装新鲜茶叶，并用背篓背茶去茶商处贩卖，而茶叶加工者则用筛子等器具过筛茶叶中的杂物；建造房屋时用竹制笆片作为跳板；吃饭时用竹筷夹菜；用簸箕过滤粮食、晾晒食物；用筲箕来淘米洗菜；用竹子制成竹凳、竹椅和竹桌等（见图4-1）。

图4-1　庆阳坝集市上贩卖的竹制品

资料来源：作者拍摄。

民众对竹编制品的使用为其赋予了文化—象征意义，成为生命历程和人际关系的象征物。在摇篮车等替代性工具出现前，背篓常常是一个孩子在幼年时最常待的地方。赶场时，大人用背篓背着小孩四处行走；农忙时，小孩则常被放在背篓里置于农田一旁，大人们专心于劳作。翻阅当地人的家庭相册，不难发现很多照片中的婴儿都是在背篓里。时至今日，背篓对于很多庆阳坝人来说，也是一种用以馈赠的礼物，连接着不同代际间人们的关系。

作为一种劳作模式,庆阳坝竹编产品的制作如蔡磊对北京房山区荆条编制产品研究所指出的那样,其手工业的发展和结构与共同体的形成关系密切。① 一方面,庆阳坝篾匠所生产的竹编制品既供应其基层市场交易圈内的民众,也通过"骡马大道"运往江汉平原地区,以竹换棉,促进商贸的流通。而庆阳坝集市的商品交换功能,减轻了民众自己制作生产生活用具的压力,其民具多从集市上购得,这与杨懋春对山东台头的民具获得途径研究结果相似。② 另一方面,庆阳坝竹编产业的发展与集市贸易规则的变迁不无相关。具体而言,虽然早期庆阳坝民众中已有部分制作竹制品的家庭,但其产业化发展则是在 20 世纪 60 年代之后,当时形成了以六组尹氏家族为核心的制作群体。庆阳坝村六组的民众从邻村砍来竹子,在家制作竹筷;20 世纪 70 年代末,国家改革工商管理政策,恢复集贸市场的活力,明确食品、布料和农副产品等集体销售的规则,放开了对竹木制品的管制,虽不允许竹木的上市,但集中产区的竹木制品可在集市上贩卖。③民众由此获得了制作竹木产品的正当性,大规模地进行竹编产品的制作,并培育楠竹林,将生产和销售相结合,形成了较为完整的产业链,产品销往恩施、宜昌和湖南等地。"削竹筷"也因此成为庆阳坝六组尹家人的代名词,据当地人回忆,"搞集体的时候,白天搞活路,晚上削竹筷,我们这里一个队都削这么些东西。削了之后,放假就挑到恩施啊,还有更远的地方。80 年代(20 世纪 80 年代)还在削,他们甚至到湖南、贵州、武汉、宜昌去卖,给铺铺儿里面上。"④

因此,以竹为核心的手工艺产品的制作和销售不仅促进了地方市场经济的繁荣,也增强了社区凝聚力,成为民众身份和集体记忆的载体之一。

---

① 蔡磊:《劳作模式与村落共同体:一个华北荆编专业村的考察》,中国社会科学出版社 2015 年版。

② 杨懋春:《一个中国村庄:山东台头》,张雄、沈炜、秦美珠译,江苏人民出版社 2001 年版。

③ 湖北省宣恩县地方史志编纂委员会编:《宣恩县志》,武汉工业大学出版社 1995 年版,第 193 页。

④ 访谈对象:尹姓老人;访谈人:谭萌;访谈地点:庆阳坝六组;访谈时间:2019 年 11 月 25 日。

图 4 - 2　在火塘间削竹筷的老伯

资料来源：作者拍摄。

四　以"茶"为载体的礼仪体系

　　庆阳坝集市在外地物资输入和本地物资输出中得以长期发展。在庆阳坝的地方产出中，茶叶是除土布、桐油和漆树等土产品之外的一大特色，在繁荣地方经济中发挥了举足轻重的作用，且因人的使用衍生出以茶为载体的民俗文化和礼仪系统。

庆阳坝的茶叶种植得益于优良的自然环境，也与国家政治经济政策的变迁紧密交织在一起。沟壑纵横的地形、充沛的雨水和酸性的土质给庆阳坝茶树的生长提供了天然的优势。另外，"改土归流"和"湖广填四川"等历史事件促进了人员流动和民族交往，为庆阳坝带来了先进的种茶和制茶技术，为茶叶成为庆阳坝的主要经济作物提供了技术支持。

据记载，清康熙年间，湖南安化、新化的居民迁入庆阳坝、伍家台等地。他们中的一部分人是茶民，结合当地适宜的自然环境，开始在这些地方种植茶树。晚清时期，庆阳坝地区出现了专门以种植茶树和加工茶叶为生的群体。这一时期，茶叶生产在宣恩县较为兴盛，在庆阳坝、土皇坪、新茶园、伍家台、石家沟和老寨溪等地，人们采用茶粮间作的方式，形成了较为集中的茶区，面积达 6800 亩（约为 4.53 平方千米），产量约 1700 担（约为 85000 公斤）。[①]

民国时期，国民政府重视科学技术的发展，各地开展科技活动，很多外地的厂商带着较为先进的技术进入宣恩县开办工厂。民国二十八年（1939 年）四月，中国茶叶公司的制茶所在庆阳坝设立，采取"技术引入，当地生产"的方式，招收当地人做工，教授红茶和绿茶的制作技艺，并通过当地人推广茶叶加工制作技术在宣恩全县传播。[②] 这一方式不仅为庆阳坝引入了先进的技术，增加了经济收入，更重要的是通过"授之以渔"的方式为庆阳坝制茶技艺的可持续发展奠定了基础。次年（1940年），庆阳坝茶厂建立，隶属于恩施五峰山实验茶厂。该厂延续庆阳坝制茶所的生产和经营方式，即由外地人管理经销和技术，本地人负责生产。余祥生、余以德、阳仁茂、阳仁泉和周明月等人都曾在该厂当学徒做过茶，后来成为当地有名的制茶师傅。庆阳坝茶厂的产品以绿茶为主，主要产品有炒青、玉露、恩绿、龙井和银针等。该厂于 1943 年停办。[③]

---

① 湖北省宣恩县地方史志编纂委员会编：《宣恩县志》，武汉工业大学出版社 1995 年版，第 75 页。

② 湖北省宣恩县地方史志编纂委员会编：《宣恩县志》，武汉工业大学出版社 1995 年版，第 365 页。

③ 湖北省宣恩县地方史志编纂委员会编：《宣恩县志》，武汉工业大学出版社 1995 年版，第 124 页。

中华人民共和国成立后，庆阳坝一部分人以农户个体经营的形式制作并销售毛青茶。1954 年，湖北省茶叶公司驻恩施办事处和宣恩县供销社合作，建立庆阳坝茶厂，当年加工茶叶 122.65 吨，其中红茶 58.65 吨，毛青茶 64.00 吨。1958 年，椒园、板场、万寨、桂花、东乡、覃家坪、干溪 7 个村级（生产大队）茶厂设立，庆阳坝被纳入椒园茶厂。1963 年，宣恩县共建有村级茶厂 26 个，各茶厂的产品由县供销社统一收购上调，庆阳坝的年产茶量超过 5 吨，在全县名列前茅。1977 年，宣恩县县城新建国营精制茶厂，并在庆阳坝和石家沟设立分厂，厂区总占地面积 12278 平方米（含分行），成为这一时期宣恩县制茶业的龙头企业。该厂的主要产品是"宜红茶"，1978 年至 1983 年，共计生产"宜红茶" 939 吨。1984 年 11 月，宣恩县精制茶厂被列为少数民族地区饮品定点生产单位，并于当年年底更名为宣恩县民族茶厂。1985 年，该茶厂年产"宜红茶" 275 吨，产值达到 204.4 万元。另外，该厂生产的"白虎牌"绿茶，在 1986 年荣获当时的中央人民政府轻工业部优质产品奖。[1]

历史上，庆阳坝茶叶种植技术和加工技艺的不断进步强化了"茶"在庆阳坝经济体系、民众生活安排及民俗谱系中的重要性。一方面，茶叶种植和采集时间影响着庆阳坝人参与集市交易的时长，是塑造当地人日常生活节奏的影响因素；另一方面，庆阳坝人发展起了一系列与茶叶种植、采集、加工、贩卖和饮用等相关的知识，且产生了特殊的空间和话语，这些民俗反过来建构着庆阳坝人的生活世界，为庆阳坝集市多元功能的发挥提供了条件。

茶叶在庆阳坝村的悠久历史使它从一片植物的叶子浸入热水，并沁入人们的生活中。首先，茶是当地人日常食俗的重要组成部分。庆阳坝人饮茶的方式和习惯与其他地方有所不同，而这种不同植根于庆阳坝茶叶产量之丰富的现实。庆阳坝人喜喝浓茶、涩茶，泡茶要用刚烧开的滚烫的水，第一遍冲茶，去除茶叶上的灰尘并激发茶叶的香气，冲茶的水倒掉不喝，第二遍泡的茶水才喝。放置一次茶叶可冲泡五次至八次，直

---

[1]　湖北省宣恩县地方史志编纂委员会编：《宣恩县志》，武汉工业大学出版社 1995 年版，第 139 页。

至茶水颜色浅淡、味道寡淡，而人们一般认为第二、三道茶最好喝。过去，庆阳坝人晚上用开水泡一大杯热茶，待到夜晚冷却后，第二天上坡干活时饮用。现在，随着人们农耕劳作强度的降低和获取热水便捷性的提高，人们早上有充足的时间烧水泡茶，因此很多人早晨起床，先烧一壶开水，泡一杯浓茶，为早上的农作做准备。无论是上坡干活，还是出去走动，庆阳坝人都习惯随身携带一大壶浓茶，没有水的时候，到附近人家弄点热水，就又是一壶茶。上山干活时，与白开水和其他饮料相比，茶水是人们除乏解渴的利器。若是没有茶水，人们随便采摘山坡茶树上的嫩芽抿在嘴里，当作茶水饮用。饭后沏一壶浓茶，用庆阳坝人的话来说，是为了"去油"。这与当地的整体饮食习俗相关，人们多食用猪肉，且喜咸喜辣，茶中的茶碱和咖啡因等成分有助于解除油腻、促进消化。到了晚上，喝茶则成为一些庆阳坝人进入睡眠之前的仪式之一，白天用以提神的茶到了晚上便成了安神的饮品，茶中那令人失眠的咖啡因在大多数庆阳坝人这里似乎并不起作用。与其说茶具有提神醒脑的功能，不如说茶对庆阳坝人来说是一种生活的寄托，一种伴随三餐和日出日落的习惯。

其次，庆阳坝人的饮茶习惯催生了与茶相关的特殊食俗，如"罐罐茶"和"油茶汤"等。所谓"罐罐茶"是指在火坑旁用陶土罐煨煮出来的茶水。过去，大多数庆阳坝人家里都有一个煨茶罐。茶罐一般如手掌大，由陶土制成，前面有倒水的口，后面有手持的柄；使用时，用灰半掩在火坑里，慢慢熬茶。现在，随着很多人家里火坑的消失，煨茶的习俗也逐渐不复存在，但人们回忆起过去喝茶的经历时，总是难以忘怀用罐子煨茶的味道："那个茶特别好喝，比泡的茶好喝！那是我们还小的时候，已经过去几十年了，茶罐没保存，保存了的话，就还是个历史文物！"① 和其他地区的土家族人一样，庆阳坝人也喜食"油茶汤"，村里人常说"一天三餐三大碗，做起活来硬邦邦"。所谓油茶汤就是将多种可获得的粮食作物混合，并和茶叶一起冲泡制成的食物。其具体做法是：

---

① 访谈对象：刘某儒；访谈人：谭萌；访谈地点：乡里乡亲农家乐；访谈时间：2019 年11 月17 日。

用猪油或茶籽油炸糯米、黄豆、芝麻、核桃和苞谷米（玉米）等食物备用，然后加适量花椒、生姜丝、胡椒、食盐等佐料和茶叶一并爆炒，加冷水搅拌并加热，待其开锅后，撒上葱花、大蒜，将其与之前准备好的油炸物冲泡、混合。由于油茶汤包含的食材丰富且制作方法较为简便，既能饱腹、补充必需的营养，又能节省人们在烹饪食物上所花的时间，让人们有更多的时间劳作或娱乐。在和凉亭古街上的居民交谈的过程中，几位女性说自己到了夏天，天气炎热，没有胃口，唯独吃得下油茶汤。而为了避免炎炎夏日还在炉灶边烹饪，她们提前将所有的食材准备好，食用时只需冲泡即可。根据个人口味的不同，她们还对油茶汤里的食材种类和用量进行调整，以尽可能减少油腻感，而又保存油茶汤本身的香味。如果说茶水是饮用茶叶浸泡所产生的汁液，那么油茶汤则是尽更大可能应用了茶叶，既饮用其汁液，食用其叶，还将茶籽榨油。油茶汤如今已成为土家族聚居区餐馆的特色菜品之一。刘叔曾开农家乐，据他回忆：“我们去年在这开馆子的时候，恩施的几帮游客就在这里采茶叶，采了就顺便在这里炸了，打油茶汤啊，或者吃干的。今年上春，有一帮人就在这里采了，就在这里炸了吃。”① 由于油茶汤方便食用的原因，它有时也代替茶叶，成为接人待客的礼仪饮品，成为土家族文化的代表事象之一。

最后，庆阳坝人日常生活中对茶叶的依赖也衍生出了以茶为载体的待客礼仪。无论是对亲朋好友、左邻右舍还是陌生人，庆阳坝人总会热情地为来访者沏上一杯茶，而茶的品种则根据主人家和客人的关系以及客人社会地位的高低而定。一般来说，和主人家关系较为亲密的朋友、邻居和亲友来访时，主人会冲泡平时自己喝的茶。这种茶叶的品质中等偏上，价格适中，且一般被认为是健康、无公害的本地茶；若是社会地位较高的客人或主人比较看重的客人来访，主人则会拿出平时自己舍不得喝的好茶，给客人品尝，其口感或许并不符合主人家的口味，但却因其“好茶”的标签而被主人家看重，从“喝茶”变为“品茶”；逢年过

---

① 访谈对象：刘某儒；访谈人：谭萌；访谈地点：乡里乡亲农家乐；访谈时间：2019 年 11 月 17 日。

节时，庆阳坝人会备上一些比平时规格更高的茶叶，供客人饮用。庆阳坝人以茶待客的习俗不仅体现在行动上，也通过语言展现出来。问候语常常能体现出一个地区的重要物资和人们的生活习惯，正如北方人通常以"吃饭了吗您"相互问候一样，当庆阳人遇见他人从家门口经过的时候，通常会说"进来喝口茶吧""喝口茶再走"等。而当庆阳坝人表达与他人关系不好或者对他人评价较低时，则常说"我连茶都懒得（不愿意）给他泡"。由此可见，沏茶是主人家接受外来人的标志之一，成为外来人进入家庭私人领域的一个仪式，而茶本身则因为主人的不同选择具有了再现社会关系的功能，人们口头语言中对茶的使用增加了茶的社会属性。

从此，茶也贯穿于庆阳坝人的人生仪礼和岁时节庆。庆阳坝人不举行单独的成人礼，一般将成人礼和婚礼合并，一同进行。《施南府志》记载："婚礼行茶下定谓之作揖"①，"喝改口茶"是婚礼习俗中改变男女双方身份的必要过程，"敬茶"既表达晚辈对长辈的尊敬，也意味着长辈对晚辈的接纳以及对其婚姻的认可。所以，茶在此时具有了象征意义，成为个人被其他家庭成员接受的标志之一。每逢过年，家庭在吃团年饭时会先在桌子上把饭菜摆放好，之后邀请祖先等神灵回来吃饭，并在地上洒上酒和茶水，以示对祖先的敬重。待到仪式完成后，家庭成员才会上桌吃饭。同时每年祭拜祖先的祭品中均有茶叶或茶水。

茶叶的饮用和贩卖汇聚了村里村外的人，形成了特有的公共空间。过去，庆阳坝集市上设有专门的茶馆，来往客商在茶馆里休息纳凉、洽谈生意、聊天交流。现在，集市上已没有专门的茶馆，但因贩茶而形成的交易场所成为平日里民众聚集的场域。由于新鲜茶叶的价格每日波动较大，不同茶商的收售价格有所差异，且茶商会根据茶叶的质量即刻定价。因此人们通过口耳相传了解当天的茶价，并决定当天去哪里贩卖茶叶。一般来说，外来的流动茶商因为经营成本较低且中间环节较少，所以收茶价格相对较高，人们更愿意把茶叶卖给流动茶商。因为流动茶商在庆阳坝村没有房屋或固定的店铺，因此他们常常把收茶的车停在凉亭古街和村内新区道路连接的桥头，这样既能兼顾古街上的茶商，也能吸

---

① 道光《施南府志》卷 10，湖北人民出版社 2023 年版，第 200 页。

引新区以及生活在更远处的茶农，拓展茶农的辐射范围，增加利润。收茶季每逢傍晚，茶农们吃过晚饭后背着当天采集的茶叶到桥头茶商处卖茶叶。结束了一天的劳作后，卖茶的时间也成为人们放松、闲聊和娱乐的时间，人们在此停留并相互交谈。一方面，人们在卖茶的过程中与茶商之间的讨价还价形成一幅生动的互动画面，茶农之间也会因彼此的茶价相互比较，并和茶商理论；另一方面，这一过程也营造了人们交换信息的时空。茶农之间讨论着每日发生的新鲜事，而茶商则因为其流动的特质，带来外面的故事，并在适宜的时机插入当地人的谈话中，丰富对话内容。

茶叶作为庆阳坝集市对外交换的重要资本之一，在当地形成了一批与茶相关的人，也就是茶商。茶商们的地位在盐花古道贸易兴盛的时候并不凸显，但随着川盐和棉花贸易的衰落，茶叶在庆阳坝集市经济中的比重逐渐提升，茶商们的地位也因此提高。20 世纪 50 年代，国家对农村的社会主义改造进一步打击了庆阳坝过去因古道驿站而逐渐壮大的地主等地方豪绅势力，而对包括茶叶在内的地方特产生产的扶持，有助于从事茶叶生产和销售的人更好地适应新的社会环境，并在此过程中获取经济收入和社会声誉。现在，庆阳坝村里经济条件较好、社会地位较高的人多与茶叶贸易相关。同时，茶叶贸易的特性和需求量之大，也吸引很多"乡下人"和"外来人"进入庆阳坝的核心区域。无论是对于每日行走在各个村落的茶贩，还是对于在庆阳坝租用固定商铺进行茶叶收售的茶商来说，茶叶都成为他们进入庆阳坝的理由，也成为其与庆阳坝人交流互动的媒介之一。可以说，茶叶是外来人进入并融入庆阳坝当地社会及团体的凭证之一。

因此，茶叶生产和饮用成为庆阳坝民俗谱系中的重要组成内容，以此形成的特殊食俗、待客食俗和礼仪食俗生成了当地的饮食礼仪系统，并成为映射社会关系、人际交往方式的一面镜子。

综上所述，物质文化的具象性使人们的民俗生活可见可感，而物质文化与日常生活、社会网络之间的密切关系，又使得对物质文化的研究成为理解地方知识的媒介之一。盐、棉、茶和竹编等物质元素因其功能性进入民众的日常生活，推动集市贸易的繁荣；并因人们的使用具有了社会文化内涵，成为民俗生活的载体，塑造了共同生活圈内不同类型的劳作模式和群体认同。

第二节　文化的交流：集市中民俗的互动与涵化

涵化既是文化交流的过程，也是文化交流的结果，一般指两种或两种以上的文化在接触的过程中，因采借和接受其他文化的特质而形成的文化趋同现象。① 庆阳坝中心位置的形成与文化的流动在相互作用中彼此强化，而多样文化在此的聚集又丰富了集市的内容，增强其稳定性。一方面，集市的经济潜力吸引着人口的流动和聚集，从而带来了文化的流动；另一方面，文化自身的流动性和吸引力也带动人群的迁移。庆阳坝的地方建筑、民间戏曲、岁时节庆和民间信仰是多民族、多地区文化传播、互动和涵化的结果，与集市的经济功能相互嵌入，是民俗生活的重要组成部分，也是民众集体记忆和身体实践的主要内容。

一　杂糅的建筑风格

建筑物是建筑技艺和建筑文化的载体，其历史、风格和布局展现出人与自然、人与社会之间的关系。庆阳坝的建筑因驿站交通和集市交流呈现出多形态互融与共处的特征。以凉亭古街为核心的庆阳坝集市空间是其杂糅建筑风格的展示场域，与家族财富和地位相关的移民家族住宅以及关庙和风雨桥等建筑都记录了庆阳坝在移民背景下多元民俗要素的融合。

屋舍不仅具有彰显家庭社会地位的象征意义，也反映着民众的生计方式、家庭观、生活观与生死观。② 凉亭古街上保留了部分明清时期建造的店铺和家庭住宅，房屋前后错落、高低不一，街道宽度时而扩宽几厘

① 李安民：《关于文化涵化的若干问题》，《中山大学学报（哲学社会科学版）》1988 年第 4 期。

② 岳永逸：《器具与房舍：中国民具学探微》，《民族艺术》2019 年第 4 期。

米，时而缩减几厘米。当地人将此解释为家族之间相互竞争攀比的结果。王叔说："那个时候的人嘛，都想显示自己的地位，你修在这里，那我就再往前修点，他还往前修点。"① 人们尽可能把自己的房屋建造得更加高大或比相邻家更靠前一点，以彰显其势力。这也说明凉亭古街的形成经历了一个较长的时间，是人们在主动选择、相互竞争又相互协调中形成的居住空间和商贸场所。

庆阳坝人的家居空间集生产和生活功能于一体，其内部结构展现了多民族建筑传统融合的特征。首先，庆阳坝大多数家庭住宅的整体结构继承了西南武陵民族地区传统建筑的形式，为干栏式木质建筑，以吊脚楼居多。凉亭古街临溪一侧为临水吊，利用河坝和街道之间的高差，自街道一层的房屋向河道方向延伸，并用四至八根木头支撑。房屋一般三层，底层悬空，用以喂养牲畜，临街层集商用和家用空间于一体，三层则是卧室等私密空间。关于吊脚楼形成的原因有多种说法，受到较多认可的是对自然环境的适应。正如《旧唐书》中所言："土气多瘴疠，山有毒草及沙虱、蝮蛇。人并楼居，登梯而上。号为'干栏'。"② 一方面，西南武陵地区地形复杂，山多地少，干栏式建筑能够扬长避短，一侧倚山，充分利用地势的高低起伏，且节省材料；另一方面，西南地区雨水充沛、气候潮湿且山区野兽毒虫出没频繁，将底层悬空可缓解湿气对人的影响，并避免野兽毒虫的侵害。虽然清末时期类似于庆阳坝这样的人口聚居地已较少受到野兽的侵害，但人们依然延续了这种建筑形式，一个重要的原因是这种方式能尽可能地扩大房屋的面积，且将悬空的一层作为喂养牲畜的场所，实现了人畜共居的生活模式。对于作为古道驿站的庆阳坝来说，悬空层成为骡马停靠和休息的场所，满足了来往骡马队和盐帮的需求，使悬空的空间从单纯的家用转变为具有经济价值的商用场所。

其次，庆阳坝的家居空间集商用和家用于一体，满足生产生活需求。

---

① 访谈对象：王某友；访谈人：谭萌；访谈地点：王某友家；访谈时间：2018 年 7 月 13 日。

② 《旧唐书》卷 197，中华书局 1975 年版，第 5277 页。

凉亭古街上的住房虽然采取了土家族、苗族等西南少数民族通用的吊脚楼，但在房屋布置和建造细节上与土家族或苗族的传统民居不同。一般来说，土家族人的传统住宅包括正屋、偏厦、朝门和木楼四个部分，大户人家还有专门的晒衣台和冲天楼。① 然而，凉亭古街上的民居基本只有正屋，取消了偏房、木楼和朝门等建筑。其主要原因是凉亭古街是一条商业街，人们更多地考虑如何增加街道上的铺面，而非单个建筑的横向拓展。居住在古街上的人就地经商，通常将街道一层的临街房屋改造成店铺，形成前店后房或下铺上房的形式。根据各家经商内容的差异，其家居空间的改造也各不相同。为尽可能增加古街上店面的数量，古街上民居一般横向窄、进深宽，通过东西向的纵向拓展扩大面积。例如，曾氏老宅是干栏式结构，悬山式屋顶，面街背溪，前铺面后吊脚。房屋上层临溪面出挑，围成龛子；在两侧厢房设立铺面，且充分利用其位于出入口的便利，在夹角处设立活动窗口，方便买卖的流畅进行，正所谓"左右逢源"。侯氏老宅则为穿斗式结构，悬山式屋顶，面阔三间，一正一厢。老宅取消正屋前檐，封闭二层阶檐，在临街层形成中空的通廊式阶檐，上层呈燕子楼，既保证了正屋的宽阔，便于商业活动的展开，又扩大了居住面积。

最后，家居内部结构在保留土家族传统家居空间模式的同时，也融合了汉民族的房屋特征，是不同文化观念碰撞的结果。对家居内部结构的划分和对不同空间的使用不仅是人们生活习惯的再现，也是其家庭结构和文化观念的彰显。正屋是家居中最重要的部分，用于祭祖、聚会和迎宾等；偏厦又称"磨角"，有灶房和碓磨房的区别；转角楼则融厢房和仓库于一体。由于庆阳坝凉亭古街上的民居大多只有正屋这一较为单一的结构，因此人们需要将所有的家庭活动和家居功能融入这个建筑中，也就形成了错落有致、功能齐备的建筑。

无论是否将堂屋改造成店铺，堂屋具有的迎接宾客、举办仪式、商讨事宜和祭祖奉神等功能依然保留。庆阳坝人在堂屋后壁前放置供桌，上面或供祖先牌位或供财神爷雕塑等其他信奉的神仙，板壁上悬挂牌匾

---

① 　湖南省龙山县民族事务委员会编：《中国土家族习俗》，中国文史出版社 1991 年版。

或粘贴伟人巨幅画像及对联，以表达对先辈的追思、对领袖的崇拜或对家族兴旺的美好愿望。每逢当地重要节日时，人们会在此举行仪式，堂屋成为一个人神共居的空间。例如，余氏老宅堂屋最为宽敞，与次房用木板隔开。房屋内部装饰与房屋结构一气呵成，堂屋的梁柱的穿枋呈扇形，后壁供神龛，上书"家先"，并自右向左横书"绳其祖武"，两侧竖书"派出西戎源流远，名高宋代德泽长"。① 据当地人介绍，余氏祖屋曾挂有一块"丕振家声"的匾额，但现已遗失。另外，堂屋作为公用空间，通常见证了家族或邻里聚合与分裂的过程。由于古街上的民居历史悠久，多是家族老宅，一代代庆阳坝人世世代代的繁衍生息。随着家族人口逐渐增多，从家族到家庭的分裂意味着家族资源的拆分，房屋作为不动产是重要的分配内容之一。为缓解有限的住房资源和不断增长的人口之间的矛盾，使每一个独立家庭都有完整的家居结构，很多兄弟选择共用堂屋。因此，在凉亭古街上，时常能见到兄弟二人共用一个堂屋而各自占有左右两侧的厢房和其他房间的情形，独栋的房屋也因此常呈左右对称的模式。

火塘间在土家族民居中发挥了重要的作用，其一般位于堂屋和卧室之间的过渡区域，是民居中使用频率最高的房间，因此即使凉亭古街上民居的建筑空间非常有限，火塘间所需的空间还是被保留了下来。顾名思义，火塘间就是烧火取暖的房间。它面积不大，地面多以泥土地为主，其形制一般是在地面中间挖约半米深的坑，坑为长方形，两个短边一高一低，整体呈斜坡状，坑里放置木柴用以燃烧，上架三角或挂铁钩以便放置烧水或煮菜的器皿，天花板上则悬挂猪肉、豆腐等需要熏制的食品。火塘间不仅满足了人们在照明、取暖、烹饪和防潮等方面的需求，同时也成为家庭成员聚会、吃饭、讨论或闲坐的地方。火塘间常年暖和的温度使其成为人们在冬季休息的好选择，"改土归流"前，一些家庭还将火塘间作为卧室使用。但"改土归流"后，根据清政府的要求，"男女不得混杂坐卧'火床'"②。因此，以往男女混居于火塘间的情形在庆阳古街

---

① 本书有关庆阳坝主要家族及其建筑的情况主要参见宣恩县政协文史资料委员会编《宣恩文史资料》第 11 辑，鄂恩内图字 2008 年第 001 号。

② 彭林绪：《土家族居住及饮食文化变迁》，《湖北民族学院学报（哲学社会科学版）》2000 年第 1 期。

民居建造时已不存在。但是，火塘间在土家族文化中所具有的独特意义仍可在庆阳坝人的日常生活中全面展现。由于火塘间是私密空间和公共空间的过渡，私密与公共之间二元对立关系在此消解，分类的模糊不清增加了火塘间功能和意义的多样性。女人和男人、老人与小孩，家庭中不同性别、不同年龄的人都可以进入并使用这个空间。过去的故事、尘封的历史、古老的技艺和不为人知的秘密在此被揭开和传承，火塘间因此成为传统的聚合地和传承地，在地方传统、文化习惯和集体记忆的塑造和传承中发挥了重要作用。此外，火塘间的重要地位也丰富了其内涵，使其本身产生了有关火的文化或传统。以火塘间所使用的三脚架为例，当地人一般认为三脚架代表古代的护火神，而用脚踩或跨过三脚架则代表着对火神的不尊，因此不能随意玩弄或践踏三脚架。[1] 即使在今天，火塘间的火坑形态和规模发生了变化，但其在家居空间中的地位和意义仍在延续。

民居建造者的心思还通过外部雕窗和内部梁柱上的花纹体现出来。例如，曾氏老宅墙壁为红色，柱子则被漆为黑色，搭配严肃，十分庄重。余氏祖屋的窗格以王字格和冰裂纹为主，并通过长短不同的桥子交错向前，中间的木板上浮雕出花瓶的形状，并在内插有花草。这两种花纹被当地人称为"乱捡柴"，在中国很多地区都有分布，象征着生机与活力，展现了庆阳坝民居风格与其他地区相通的特征。

除了家族住宅，关庙的建造也是人口移民和民族融合的结果，再现了庆阳坝建筑与文化因古道驿站而更为多元化的事实。如上文所提到的，关庙因供奉关帝而得名，是凉亭古街建筑群的一部分，也是民众休闲娱乐的场所之一。文献资料中鲜有关于庆阳坝关庙的记载，但根据目前立于庙前的石碑可知，早期的关庙于清光绪十三年（1887 年）五月落成，百余人捐助善款。而关庙前的戏楼则于民国十三年（1924 年）建成，拓展了关庙的面积，形成一个四合天井的二层扞子楼，一正两厢房，前方为戏台，后侧从台阶可直通河坝。人们的记忆中保留了关庙早期的模样：

---

① 舒敏、覃莉：《川盐古道上传统商业建筑空间的"共居"与"共融"：以宣恩庆阳坝凉亭街为例》，《民族艺林》2018 年第 1 期。

古街转角处就是原来的关庙，背水的一面是戏楼，那个屋是几进。戏楼由一个河梯子直接通到河坝上，吃饭的地方在上面那层……是个四合天井的木屋，看电影就在那个里面看，也不淋雨。天井再往后延伸就是关庙，放电影的时候，电影机就放在那个里面。[1]关庙那里，1984 年前全部是木屋，两边都有扦子房，一正两厢房……原来的屋雕梁画栋，上面很好看，下面有几个天井。[2]

关帝庙的兴建伴随着人的流动和文化的传播，即早期信奉关羽的人在迁徙的过程中，将其信仰与文化也随身携带，使之在新的地方和环境中重新生长。在庆阳坝这样的多民族聚居区，关庙的生成及其信仰的形成与汉文化的传入有密不可分的联系。"改土归流"前的土家族、苗族和侗族等多民族聚居地因其偏僻的地理位置和复杂的地形环境，民族之间的联系和沟通较少，土家族崇尚以廪君为首的祖先崇拜；"改土归流"后，"蛮不出境，汉不入峒"的禁令逐渐解除，汉族与当地土家族等少数民族之间的交往更加频繁；以盐、棉、茶为主的货物运输则在经济互动的基础上，进一步促成了这一走廊上各民族的互动，有利于当地文化与其他地区文化的融合，关庙的建立便是这一过程的重要证据。

我们有必要把对庆阳坝关庙的讨论置于对川盐古道沿途的庙宇建筑，乃至整个武陵民族走廊上的庙宇建筑和家族会馆的研究进行比较。在川盐古道上，各地商业移民在其聚居地建立家族会馆，包括庙、宫、馆、堂等多种形式。这些会馆既是移民家族的居住地、祭奠祖先的场所，也是当地人集会和娱乐的空间，例如"山西帮"的关帝庙和武圣宫、"江西帮"的万寿宫、"福建帮"的天上宫、"粤帮"的南华宫、"四川帮"的川主宫和"陕西帮"的陕西馆等。与庆阳坝邻近的宣恩县晓关镇老街上就汇聚了武圣宫、川主宫和禹王宫，展现出这一地域人口组成的多样性和历史上人员互动的复杂性。赵逵通过对川盐古道上大量会馆及庙宇建

---

[1] 访谈对象：刘某儒；访谈人：谭萌；访谈地点：乡里乡亲农家乐；访谈时间：2019 年 11 月 17 日。

[2] 访谈对象：刘某儒；访谈人：谭萌；访谈地点：乡里乡亲农家乐；访谈时间：2018 年 7 月 16 日。

筑的比较研究，指出这些极具移民地特色的建筑在建设过程中，吸纳了当地的文化传统，并在适应中将多种文化融入这些建筑中①。虽然庆阳坝关庙的具体来源已不得而知，但庆阳坝人对财富的渴望通过对关公像的供奉显示出来；而人们对其娱乐功能的强化，也证实了会馆和庙宇文化在流传过程中的"在地化"演变。也正因为如此，川盐古道上的会馆与庙宇，与其原建地有相似，也有差异。

此外，位于两叉河上的风雨桥原本为三孔石拱桥，清光绪年间被洪水冲毁，后由当地民众筹资修建为木质廊桥，虽其后多次重建，但其风雨桥的建筑形制得以延续。风雨桥集桥、亭、廊于一体，宽3米、长15米，榫卯嵌合、横穿竖插，桥面两侧有高约1米的栏杆和宽约50厘米的长凳。风雨桥顶部有两层宝塔式楼阁，飞檐重叠，用黑灰色瓦片铺设而成，且有风雨檐出翘。

因此，多形态的建筑是本地居民与外来移民在适应庆阳坝自然环境的基础上，融合不同地区文化和技艺的结果，承载了多种民俗因素。屋舍集中展现了在驿站流通和集市交易中形成的建筑特色：前铺后居是集市贸易与日常生活的协调，干栏式木结构和悬山式屋顶是对西南民族建筑特色的继承，堂屋神龛是人神共居的信仰观念的体现，高低前后交错的房屋是家族竞争的印记，雕梁画栋则是手工艺创造性的展现；而关庙是商贾移民在线性流动中精神生活的载体，风雨桥是多民族建筑风格融合的结晶。

二　"大小传统"中的岁时节庆

芮德菲尔德将社会文化按照大小传统进行分层，大传统是上层社会人们开展的、通常有文字记载的文化形式，小传统则是散落于民间、以口传等形式存在的文化类型。② 庆阳坝的岁时节庆游走于大小传统之间，在国家节庆和地方习俗的双重变奏中作用于人们的民俗生活。

---

① 赵逵：《川盐古道上的传统聚落与建筑研究》，博士学位论文，华中科技大学，2007年。

② ［美］罗伯特·芮德菲尔德：《农民社会与文化——人类学对文明的一种诠释》，王莹译，中国社会科学出版社2013年版。

岁时节庆是人们在适应天时、物候的基础上，根据物质生产方式、社会生活模式以及精神信仰观念而创造的时间文化，具有历史性、地域性、民族性、集体性、变异性、传承性和复合性等特征。循环往复、周而复始的岁时节庆不仅体现着人们在不同时期对自然规律的认识，也是人们规划和调节生活节律的依托。由此产生的各类仪式和庆典活动则是象征符号集中展演的舞台，也是社区集体狂欢的一种方式，人们的身体和精神在此得以放松、社区关系得以巩固、地方凝聚力得以加强，人们彼此间的认同感也因此建立。

庆阳坝人对时间的感知既来源于以集期为循环的商贸交易时间，更依赖着自然时序以及文化传统所裹挟的时间规则。按照节日的性质和主题分类，庆阳坝有农事节日、文化娱乐节日、历史纪念性节日、宗教祭祀性节日和生活社交性节日等。从时间刻度上来看，庆阳坝人的岁时节庆大多以中国古代历法为标尺，包含大量中国传统节日，保留了中国人原初的时间体现形式和时间直觉形式[1]。节令既包括除夕、春节、元宵、清明、端午、中秋、九月初九、腊月二十四等传统节日，也包括圣诞节、元旦节和情人节等西方节日，还包括三月三、社日、六月六、中元节等具有地域和民族特色的节日。作为民俗生活中的关键时间点，不同的岁时节令相互独立，却又彼此关联，在循序渐进中将人们对于"年"的时间感知推到高潮；而岁时节令的复合性特征则丰富了节日的内涵，其不是静态而单一的时间节点，而是各类民俗展演的时空舞台，与人们生产生活的其他民俗交叉勾连，成为观察民俗生活的重要窗口。在大传统的节日中，也有小传统的习俗与之相匹配，从而构成庆阳坝人生动的民俗生活画卷。

所谓"百节年为首"，春节是农历一年的开始，也是对于家庭和村落来说最隆重的节日。和中国大多数农村地区一样，庆阳坝所经历的春节从腊月十五开始，正月十五结束，俗称为"过年"。人们在这一段时间里辞去旧的一年，迎接并开启新的轮回，一系列的活动应运而生。俗语"忙到腊月二十八，又打粑粑又浇蜡，还要来把年猪杀"呈现了庆阳坝人

---

① 户晓辉：《中国传统节日与现代性的时间观》，《安徽大学学报（哲学社会科学版）》2010年第3期。

为迎接新年的一系列活动。所谓"打粑粑"即"打糍粑",是将糯米蒸熟后放在直径约 1 米的石碓里用长约 1.5 米的木槌反复捶打至黏状的米团,之后揉成圆饼。过去,庆阳坝讲究的家庭还会将米团放入模具中,印上带有美好寓意的花纹和字样。做好的糍粑经油炸或火烤便可端上餐桌,供人们食用,或在祭祖时作为供品。"浇蜡"即用木油浇在灯草秆上,制成蜡烛,用于"上坟"、敬神和祈福等仪式活动。庆阳坝集市上有专门制作和供应蜡烛的厂商,能够满足人们的需求,因此自己制作蜡烛的家庭较少,很多庆阳坝周边的村民也会来集市购买。腊月间,无论是在外求学还是务工的人都回到家里,家庭成员团聚,村里的人口也增多。作为迎接农历新年的标志之一,人们宰杀自家养殖或购买的猪,并邀请亲朋好友前来吃一顿"刨汤",意在犒劳一年的辛勤劳作并加深彼此间的联系,加强社区凝聚力,正所谓"你家吃次刨汤,我家吃次刨汤,热热闹闹,大家也就搞和气了嘛!"① 人们一般选在冬月二十八、腊月二十四、腊月二十八或"进九"② 后亲戚邻里都较为空闲的吉利日子杀猪。具体而言,"吃刨汤"即用酸萝卜、泡椒、酸姜、花椒和鲊广椒等炒制成底料,加水煮热后作为汤底涮新鲜二刀肉、猪肝、猪血、肥肠、排骨、腰柳肉和瘦肉等。有些家庭还会用新鲜的猪肉烹饪其他具有地方特色的菜品。以 2019 年冬月二十八庆阳坝举行的一场"土家刨汤宴"为例,其配菜包括鲊广椒炒大刀肉、农家酸鲊肉、大白菜炒瘦肉、干土豆片二刀肉、炸丸子、炸酥肉、蒸血粑和土家混菜,这几道菜品被统称为"土家八大碗"。一般来说,"杀年猪"时的猪尾和猪头要保留至团年时用以敬神祭祖。自从房屋改造后,居住在庆阳坝古街上的家庭几乎没有喂养生猪的,而定期集市上充足的猪肉供应也减少了周边居民养殖生猪的必要性,因此很少有庆阳坝人自家养猪并宰杀。但是,"杀年猪"和"吃刨汤"的习俗保留至今,很多家庭购买生猪以举办聚会,以求在团年前热热闹闹。"杀年猪"的程序虽然已经改变,但其仪式的文化内涵和社会功能得以传

---

① 访谈对象:王某友;访谈人:谭萌;访谈地点:戏楼前广场;访谈时间:2019 年 12 月 23 日。

② "进九"即进入冬至后的第一个壬日开始"一九"的第一天,此时天气较为寒冷。

承。每逢腊月，很多在外务工的庆阳坝人回到家乡，村落里的人口增多，集市上流通的商贩数量和商品种类也有所增加，兜售对联、灯笼、红包等喜庆物品的商贩也聚集于此。一些商家为前来购物的顾客免费书写对联。腊月二十五和腊月二十八成为庆阳坝集市一年中最热闹的两天，岁时节庆对集市贸易的影响不言而喻。

待一切都准备好后，就等着过年了。恩施很多土家族聚居区过赶年，即在除夕前团年，但现在庆阳坝人也和其他地方的人们一样，在除夕吃团年饭，并在中央电视台春节联欢晚会零点钟声的倒数声中点燃鞭炮和焰火，迎接新年的到来。吃团年饭不仅是家庭团圆的时刻，也是人神共享的时空。庆阳坝人一般在中午吃团年饭，当天一早便将礼酒、水果、糍粑和煮熟的猪头、猪尾摆放在神龛前，并在猪鼻子里插两根筷子象征着给祖先神灵烧香，请神灵们享用珍酒佳肴。家里的成年人前往逝去长辈的坟前敬拜，献上供品、燃鞭点烛、焚香祈福。中午吃团年饭之前，先点鞭炮、燃爆竹，饭菜上桌、酒满杯，在桌下烧纸、焚香，邀请逝去的先祖回家吃团年饭。待这一套程序完成后，家人方可上桌团聚庆祝。对于家人来说，他们也是在与祖先们共进团年饭。同时民众对团年饭的内容也有一定的要求，鸡鸭鱼肉兼备，两个火锅，一条清蒸或红烧鱼，象征年年有余，扣肉、粉蒸肉也是餐桌上必不可少的食物。可以说，团年饭的餐桌既是家庭财富的象征，也是民族和地域饮食特征的再现。

团年这一天的夜晚是"守岁"的时候，一家人齐聚一堂或聊天叙旧，或商量来年的打算。此时，火塘间对于家庭的重要意义就得以彰显。一家人围坐在火塘周围，或者在房屋外搭建篝火，熊熊燃烧的火焰象征着一家人红红火火，火烧得越旺越好，最好一夜不灭。无论是燃鞭，还是烧火，都是包括庆阳坝在内的广大鄂西南地区火崇拜的再现。人们将年比作一头猛兽，而过年则是驱邪的过程。

庆阳坝过年的活动从正月初一延续到正月十五，每一天的活动都与家庭关系的建立与巩固、邻里关系的发展和改善有关。其中，初五是当地人"迎财神"的日子，以集市交易为主的庆阳坝人当天早起祈福，祈求新一年生意红火；初九又称"上九日"，有人说这天是玉皇大帝的生日，也是人们再次去给逝者坟上焚香、点灯的日子，与正月十五的相关习俗相连,《恩施县志》中有记载:"初九日,龙灯竞出、狮灯驱疫,至十五日乃止"①;同治《宣恩县志》记载:"元宵前数日,城乡多剪纸为灯,拣十岁以下童子扮演迎之。元宵节龙灯,各家以爆竹掷,迎者忍痛不顾,犹以为乐,盖余习焉。"② 正月十五是元宵节,也是上元节。这一天被庆阳坝人视为过年的结束,也同时是节日的高潮所在。所谓"三十晚上的火,十五晚上的灯",庆阳坝人在元宵节这一天除了吃汤圆、玩龙灯外,还有一项重要的活动是到逝去家人的坟上点烛、烧香,意思是"年过完了,给祖先的灵魂照亮,让他们知道回去的路"③(见图4-3)。到了傍晚时分,人们将家里的灯火都打开,而且在大门两侧、道路、楼顶、关庙、桥梁等人们常去的地方点蜡烛,俗称"点路烛"。这一习俗主要流传于恩施、咸丰和宣恩等地方,是土家族年俗的组成部分之一。有的家庭还会燃放孔明灯,孔明灯飞得越高越远,意味着这一家就能够在新的一年里更加风调雨顺、万事顺意。同时,正月十五也是农历年集市的第一个开市日。

图4-3　正月十五一位老人去给祖先"送亮"

资料来源:作者拍摄。

---

① 同治《恩施县志》卷7,湖北人民出版社2020年影印本,第272页b。

② 同治《宣恩县志》卷19,湖北人民出版社2021年影印本,第275—276页。

③ 访谈对象:颜某林;访谈人:谭萌;访谈地点:凉亭古街;访谈时间:2018年7月15日。

　　过社是庆阳坝及周边地区重要且有特色的岁时节令之一。社日即立春后第五个戊日，传说是古时候皇帝祭天地的日子，庆阳坝人将与社日相关的一系列活动称为"过社"。过社仪式和农事祈福、家庭团圆及家族祭祀有密切关系，也是社区内部增强互动和凝聚力的重要节庆。一方面，"初春祭社祈年，合村酿饮，岁终还愿"①，过社要祭祀土地神，邀请亲戚朋友共食社饭。社饭由糯米、黏米、社蒿、多种蔬菜和腊肉等制成，其具体做法是先将黏米煮成七成熟，并浸泡糯米，将米与社蒿、地米菜、青菜梗、野葱、腊肉丁、腊肠、大蒜、油豆腐粒和食盐等佐料搅拌均匀后上甑蒸熟，即可食用。社饭的特别之处在于其食材——社蒿。这种植物味道苦涩，成熟于春社前后。食用社饭的本意是忆苦思甜、祛病防疫；随着历史的发展，社饭的制作日渐精细，成为"乡味"之一。另外，人们也常常将自家做好的社饭与亲戚朋友或者左邻右舍分享。今年这家制作社饭和社区里的其他人分享，明年另一家制作又与大家分享。在社饭的收与回之间，礼物流动所具有的功能与意义逐渐彰显，人情的网络也逐渐编织起来。另一方面，《施南府志》中区分了清明与社日祭祀之间的区别，"清明祭墓，标以纸钱，新塚则祭于社前，本家男女及内戚偕往。祭毕，即于墓前饮福"②。社日与清明均有扫墓的习俗，但庆阳坝有"孝家三年不过社"的说法，即逝者去世时间未满三年，须在社日之前扫墓，否则"新坟不拦社，引得鬼相骂"。所谓"拦社"，即在坟头插"宝盖"，挂彩色吊子等，并奉上供品，过去人们在坟前与逝者圆食，现在则是在自家吃饭。"拦社"习俗与过去土家族地区二次葬的风俗相关，"夜歌"③唱词中就有描述丧葬礼俗的内容："三年红的少戴，绿的少穿，只等三年孝服满，梳妆打扮。"④ 过社习俗一方面展示出庆阳坝土家人相信祖先灵魂的信仰观念，其与中原汉族清明节和寒食节的可替代性关系则彰显出"大小传统"在民众生活中的融合与互动。

---

① 道光《施南府志》卷10，湖北人民出版社2023年影印版，第200页a。
② 道光《施南府志》卷10，湖北人民出版社2023年影印版，第200页b。
③ "夜歌"即庆阳坝地区的丧葬仪式歌曲。
④ 访谈对象：王某友；访谈人：谭萌；访谈地点：庆阳坝村委会；访谈时间：2019年11月25日。

　　进入五月，端午是人们期盼的节日，其又可细分为三个节日：五月初五"小端午"、五月十五"大端午"、五月二十五"末端午"。庆阳坝人从"小端午"就开始了一系列的端午庆贺及纪念活动，以"大端午"为高潮。包粽子是端午时节大多数庆阳坝家庭都要举行的活动，庆阳坝粽子的包法及食用方法和恩施大多数地区一样，即包成尖角形，内不包馅，食用时蘸白糖或黄豆粉。包好的粽子和社饭一样，也是亲戚邻里间相互馈赠的佳品。端午同样是体现当地人卫生医疗观念的一个节气，因为五月瘟疫滋生，所以人们采摘艾蒿、饮雄黄酒、挂老虎素等，以预防病疫、祈求平安。

　　"月半"是土家族重要的纪念性节日，也是庆阳坝人重视的节日之一，有"年小月半大"和"月半胜清明"的说法。所谓"月半"指七月初十至十五，在很多地区也被认为是"中元节"或"盂兰盆节"，是亡灵的节日，人们在这段时间纪念土家族民族英雄，也祭奠祖先。相传，廷大用是土家族村寨中一个精骑善射的后生，为反抗朝廷对地方的苦役制度，组织当地土家族、苗族等少数民族的农民于农历七月十五起义，但因军机泄露，被迫于农历七月十二起义。后因寡不敌众，起义失败，廷大用也在此过程中战死。为了纪念他，土家族人以七月十五为"月半节"。① 庆阳坝已几乎没有人讲述有关中元节来历的故事，但将中元节与上元节和下元节作为整体，视其为节日体系的重要部分。这个节日也是家人团圆的日子，出嫁的女儿无论年龄多大逢月半时都要回娘家，和家人团聚。刘叔和妻子已有六十余岁，结婚四十年左右，他告诉我们："我的岳母在街上住，哪怕我们年纪这么大了，过月半了都还喊我们过去吃个饭！"②

　　八月十五中秋节也是家庭团圆的日子，庆阳坝人除了吃月饼、赏月之外，还有一项特别的活动"摸秋"。所谓"摸秋"是过去山民起义时的暗号，后来发展成在农历八月十五晚上去别人家田里"偷"瓜果的活动，

---

① 廖德根、冉红芳编：《恩施民俗》，湖北人民出版社 2013 年版，第 30 页。
② 访谈对象：刘某儒；访谈人：谭萌；访谈地点：乡里乡亲超市；访谈时间：2019 年 11 月 17 日。

是一个社区内全民狂欢的节日，原有的规则与秩序被打乱，即使被"偷"的人家发现自家的瓜果不见了，也不可以责备"偷"瓜者，正所谓"可防不可骂"。虽然现在"摸秋"的人较少，但是当地老人回忆起年轻时的往事时，每次说起中秋节，都不免提起当年和大伙儿一块儿"偷"瓜的场景："他们小时候还一起去'摸秋'啊，那个不叫偷，就是玩哈闹哈，主人家早上起床发现了也不能说，那是小时候搞的事，现在没得哪个搞了！"[①]

进入农历九月之后，茶叶的采摘工作已基本结束，天气也逐渐转凉，大型节日数量减少。九月九重阳节，人们登福寿山祈福，年轻人给老人买一些冬季保暖的用具。之后，便等到腊月时，开始为过年做准备。

除了以上提到的较为隆重和具有特色的节日之外，人们还流传着各种有关二十四节气的俗语，如"立冬晴，一冬晴""六月六，晒龙袍""寒露豌豆霜降麦，种了小麦种大麦"等；现代历法和国家节日中的元旦、五一国际劳动节、国际儿童节、中国共产党建党日、八一建军节、教师节和中华人民共和国国庆节等也影响着生活在庆阳坝的人们。但是，我们也应该注意到，虽然庆阳坝是土家族聚居区，但是一些土家族的特有节日在庆阳坝人的民俗生活中却未能体现。例如，流传于恩施广大地区的土家"女儿会"[②]并非庆阳坝节日体系中的组成部分，当地人也较少讲述与女儿会相关的故事。这或许与庆阳坝因古道交通和集市交流而形成的较为开放的社会环境相关，固定且较频繁的开市日为平日里民众的交流提供了平台，不必再依赖单独的节庆完成交友程序。而有些节日又在不同区域有相异的习俗，以端午节为例，在中国的江南、荆楚和华北地区都有不同的仪式，庆阳坝人的习俗与广大荆楚地区的习俗相似。庆阳坝与周边地区相似却又不同的节日体系和节庆民俗，进一步说明了节日的民族性和地域性，两者相互重叠，却不完全重合，地理环境、生活习惯对于节日民俗的影响不容忽视。

---

① 访谈对象：黄某；访谈人：谭萌；访谈地点：颜某林家；访谈时间：2018 年 7 月 25 日。
② 相传，土家"女儿会"源起于石灰窑，现流传于恩施市及其周边县市，是一种婚恋节俗，青年男女在专门的场所对歌定情，一般于每年农历七月举行。

就庆阳坝岁时节庆的特点而言，主要有以下几点：首先，古道交通和集市交换丰富了庆阳坝的节庆民俗的来源和内容，节日庆典反映了人们日常生活民俗的方方面面，复合性极强。在保持部分土家族节日风俗的同时，中原汉民族的节日文化也流入当地，共同在人们的生活中发挥休闲娱乐、团结社区和农事调节等功能。而且，包括"过社"和"过月半"等在内的节庆习俗虽在大多数中原地区消失，但在庆阳坝依旧留存至今，"礼失求诸野"的意义在此体现。其次，大多数传统和地方岁时节庆与集市共享时空框架。一方面，两者均以农业历法为主要的时间标尺，且新的节庆活动多在开市日举行，民俗生活的节奏与日常生活的步调相契合；另一方面，大型节庆仪式通常在以凉亭古街为中心的集市交易场所举行，而集市交易圈内各地区的节庆传统相似，甚至与更大范围内的文化圈相连。再次，庆阳坝的节日和民间传说相辅相成，民间传说延续了民俗在民众生活中的传承，文本记载和口头讲述相互促进，在"大小传统"中丰富了节日内涵。即使某些风俗已不再适应当代人生产生活和娱乐的需求与习惯，口头传统的韧性仍能保留并延续节日民俗所塑造的历史感和沧桑感，让人们在历史的迷雾中找寻"何为自己"的答案。最后，从庆阳坝集市在地方经济发展中所充当的角色来看，作为基层市场，庆阳坝所具备的流通功能和流动性特征使其比周边村落更早更深地融入国家化和全球化的浪潮中，受到国家及国际时间规则的影响，其节俗也不断变迁，且逐渐贴合现代都市人的生活节奏。这种变化展现了节日民俗的主体性特征，由于节日的实践者和受益者都是人，因此人的流动和生活方式的变迁也会带动其民俗实践的变化，进而使节日民俗本身发生变迁。而且，庆阳坝基层市场在年度周期里的热闹程度也与节庆相关。一般来说，由于岁时节庆时需求增多，集市的供应商品也随之增多，收益也相对更高。节庆时空和集市场所的相互关联彰显了文化和经济的嵌入性关系，人们也将在商业经营中所涌现的美好愿望融入岁时节庆的活动中。

因此，庆阳坝的岁时节庆在"大小传统"的互动中生成和传承。在中国传统岁时节令和西方现代历法的双重时间框架中，庆阳坝人根据当地的自然生态、历史文化和民众心态，融合外来传说和习俗形成了自己的岁时节庆。这些兼具娱乐性和集体性的岁时节庆，是民众个人记忆和集体记忆的重要内容，也是社会记忆塑造的重要方式和身份认同发生的时空，并成为庆阳坝在集市转型过程中可以依托的传统。

三 采借的地方戏剧

民间戏剧既是口头传统的形式之一，也是表演范畴中的一种类型。庆阳坝民间戏曲种类多样、内容丰富，是农耕文化的伴生物和民族传统的延续，也是市场中心的吸引力造就的综合文化形态。庆阳坝人喜在田间劳作时唱山歌，在嫁女时"陪十姊妹"，在追悼逝者时唱"夜歌"，歌唱几乎伴随了庆阳坝人生命历程的各个阶段。清江流域民众对歌唱传统和表演艺术的喜爱以生活化原则为主导①，为多种戏剧形式在庆阳坝的生长奠定了基础，而且庆阳坝作为集市中心的经济潜力则吸引着一群以戏剧为生的人的到来，从而丰富了庆阳坝的民间戏曲形式。

在庆阳坝众多民间戏曲类目中，南剧最能体现庆阳坝文化流动性和吸引性的特征。南剧，全名为施南剧，又称"人大戏"或"高台戏"，是一种广泛流传在原施南府所在地区的民间戏曲，于 2008 年被列入中国第二批国家级非物质文化遗产代表性项目名录。学界对南剧的起源有多种说法②，但一般认为南剧发端于清乾隆年间，前身是容美戏曲，其发展得益于当时地方管理者容美土司开放包容的态度。包括田舜年在内的田氏土司经过几代人对外来戏曲的收集、借鉴和发展，融合楚调、秦腔和川梆子等多种声腔，产生了"多种声腔同台演出"的场景，并因此促成了南剧的形成。③ 具体而言，其声腔由南路、北路和上路组成。其中，南路属二簧腔系，源于楚调；北路属西皮腔系，和"秦腔"的梆子腔相关。二者都受到湖南荆河汉戏的影响。上路则是弹戏的一种，和川梆子相关。但是，南剧的形成并不是简单地对不同声腔的融合，而是根据土家族地区的文化秉性和审美情趣对采借的文化"在地化"处理的结果。对"高

---

① 王丹：《清江流域土家族人生仪礼歌唱传统研究》，北京大学出版社 2019 年版。
② 田世高：《鄂西土家族南剧起源研究》，《中央民族大学学报》2003 年第 2 期。
③ 王丹：《民俗学视野下的恩施南剧研究》，硕士学位论文，广西大学，2013 年，第29 页。

腔"的摒弃和将南剧演唱与"耍耍"等身法的结合形成了南剧的"特色声腔"和"大手大脚"的特点,与土家族热情奔放的民族特征相吻合①。

　　南剧能够在鄂西地区广泛流传并深受人们的喜爱,除了南剧本身所具有的"兼容并蓄"特征,也得益于"改土归流"后该区域有利于南剧表演和推广的社会语境。随着越来越多的文化形式与当地文化相互碰撞并融合以及相关政策制度的改变,人们有了更加宽松的生活环境,商品经济也逐渐发展起来;宫庙戏楼和地方会馆的迅速崛起及乡村集市的发展则为戏曲的演唱提供了表演时空。乾隆年间,恩施各地大量修建戏台、庙宫,大量外来移民在迁入地建造会馆,并在其中设置庙宇,其中以万寿宫、禹王宫、川主宫和三义宫等为主②。戏楼逐渐成为人们交朋会友的重要场所,饮酒观戏则是人们的主要休闲娱乐活动之一。

　　这一过程中,庆阳坝因频繁的人员流动、大量的观戏群众和完备的生活服务吸引着附近的戏班来此演出。因此,包括庆阳坝在内的基层市场一方面为南剧的推广提供了平台,另一方面也因南剧而丰富了市场所在地原有的文化系统。庆阳坝距施南府治所距离较近,早期已有南剧萌芽。民国二十三年(1934年),宣恩县共有五个戏班,分别为珠山镇的屈伯禄、李老四业余戏班,李家河的田浩然、曾良成专业戏班,晓关的乾义成、陈松柏戏班,沙道沟的彭丕成、李公生专业戏班以及庆阳坝的商国臣、谢麻子戏班。③ 民国二十八年(1939年),庆阳坝关庙戏楼落成,李家河的田浩然戏班来到庆阳坝唱"踩台戏",演出《岳飞全传》④,成为庆阳坝人记忆中不可磨灭的一段经历。

　　庆阳坝集市的热闹和繁华吸引着外地戏班来此演出,也在当地培养了一批"票友"和"戏迷",提升了南剧在庆阳坝文化系统中的地位。凉亭古街上的曹老、曾老、殷老和颜老等人是南剧爱好者,从最初的听南剧到后来的演南剧,他们在庆阳坝当地南剧推广和传承中发挥了重要作用。

---

①　卢海晏:《南剧》,民族出版社2003年版,第24—30页。

②　卢海晏:《南剧》,民族出版社2003年版,第20页。

③　卢海晏:《南剧》,民族出版社2003年版,第388页。

④　卢海晏:《南剧》,民族出版社2003年版,第388页。

　　我搞了六七十年的裁缝了，很小的时候就开始唱戏，当时街上有一帮角色，但是街上现在的都着（去世）了。我以前是唱的女角，唱过《白毛女》，当喜儿。那时候我们在戏台上唱戏，有个女的腿都摔断了还要唱。

　　我们以前都是自学的，不像现在还有人管。那时候没有电视，不然怎么会有人看呢？……我这么好的嗓子，如果是在中央电视台唱我都敢。现在戏曲培养的效果多好啊，那些戏曲的剧情都是一样的。现在国家都重视这些东西，我天天看十一台，我连那些演员的名字都知道。我现在是嗓子废了，如果是以前还不是可以去中央电视台。我们在乡里、县里去会演，我们那时候评的二等奖。①

　　过去，庆阳坝人除了在重要的岁时节庆演出南剧外，家庭或社区内有重要活动时也会邀请戏班子唱一出戏，如求雨仪式、房屋落成、疾病痊愈、个人高升和家庭团圆等，当地人用唱戏的方式表达美好的愿望，并以此作为还愿的方式之一。邵老的叙述具有代表性：

　　　　以前，宣恩都没有庆阳坝热闹，来唱南剧的一唱个把月，马路上凑钱，让他们唱，有馆子，要吃什么里面都有卖的，又不卖票……家里有人得病好了之后，要唱几折戏。那是热闹嘛！②

　　南剧既是一种表演艺术，也是一种民俗综合体。南剧的剧本内容、演唱习惯和服饰造型等都是其综合体的一部分，是庆阳坝人生活浓缩后的文本。一些无法负担服装造型的"戏迷"只能从"本家"③那里租赁，对于曹老来说，他所从事的裁缝行业为他获得合身且美丽的服饰提供了

---

　　① 访谈对象：曹某才；访谈人：谭萌；访谈地点：曹某才家；访谈时间：2018 年 7 月 18 日。

　　② 访谈对象：邵某英；访谈人：谭萌；访谈地点：凉亭古街；访谈时间：2018 年 7 月 14 日。

　　③ "本家"指专门向江湖戏班出租演出服装的人或组织，一般是经济较为富裕的人家，兴起于乾隆末年。

便利，而戏剧服饰的审美观念也影响着其日常装扮和生活情趣。直到笔者遇到他时，曹老的穿着仍很时髦。

南剧的发展在 20 世纪 60 年代后期遭遇挑战。国家政策的变化造成了专业剧团发展的停滞或解散，南剧传承断代；而之后娱乐科技的发展和大众传媒的普及，丰富了人们的休闲方式，一定程度上削减了包括南剧在内的传统戏曲的发展动力。很多曾经精通于南剧表演的民间艺人相继去世，庆阳坝南剧的传承遭遇困境。

因此，南剧的形成是文化扩散与融合的结果，是在不断流动中形成的相对稳定的文化形式，烙印着巴楚文化互动的民族交流的痕迹。其在庆阳坝的繁荣与庆阳坝本身的吸引力不可分割，这种吸引力不仅是物质经济维度的吸引，也是人们开放包容心态的接纳。南剧的命运则和庆阳坝集市的历史同频共振，人们对南剧的回忆也是他们对个体生命叙事和社会变迁的记忆。

四　混融的民间信仰

以原始崇拜为基础，民间信仰是人们在生产生活实践中逐渐形成的、缺乏完整且系统的哲学和伦理体系的神灵崇拜。民间信仰在历史发展过程中，不断受到自然科学、主流意识形态和外来文化的浸润与影响。其满足了民众的精神诉求，反映了地区文化背景及社会结构。庆阳坝人以"我们这里没有宗教，都是民间信仰和传统文化"为基本的文化观，以身体实践为主要的信仰表现形式，突出庆阳坝处于武陵民族地区和作为集市中心所具有的开放包容的特质。

庆阳坝民间信仰实践以在灵关庙进行的祈福活动为主。人们将庙内供奉的神像统称为菩萨，而将前往庙宇进行的祈福活动称为"拜菩萨"。以灵关庙为代表场所的"拜菩萨"活动通常用以满足民众在生育、健康、平安和财富等相对较为个人和私密方面的情感需求。无论是在旧庙，还是在新庙里，观世音菩萨的雕塑在供奉的神像中必不可少。作为民间信仰重要的神祇，观世音菩萨常被人们视为"求子观音"，是民众生殖崇拜的再现。繁衍子嗣、延续香火和繁荣家族是千百年来大多数人和家庭的愿望，对于以农耕文化为基础的庆阳坝人来说也不例外。人们将自己的愿望说给神灵听并燃烛烧香，若是愿望成真便以演唱南剧、播放电影、修建桥梁或其他方式还愿。山下寿生桥是水田坝一大户人家求子成功后修建的功德桥，在该桥上铭刻有：

> 光绪年间，有一彭姓大户人家，老爷已到中年还膝下无子，于是到福寿山求佛，在送子观音前许愿后，长老和尚告诉他："老爷若想得子，必须做善事积德"。老爷就到庆阳坝古关庙前面修了一座石拱门，桥修后果然应验，后得一子，取名寿生，故此桥就叫寿生桥。

人们在灵关庙进行祈福仪式时，其流程一般是先拂去神像和供桌上的灰尘、清扫庙前场坝、整理庙内各器具的摆放，之后在供桌上摆放水果、糕点以供奉神祇。与祭拜祖先有所不同，庙内供奉的物品中无酒肉，只能在"香、花、果、涂、灯、乐"中进行选择。待准备工作就绪后，祈福者点烛摆放在专门的蜡烛台上，焚三炷香插入供桌上的香炉内，然后在供桌前下跪、祈福并磕头。有些人还会敲击庙宇一侧的铜钟，一般鸣响三声，钟声越洪亮越好。若逢盛大的节日，人们还会携带烟花爆竹，在庙前燃放。

邵老回忆20世纪80年代至90年代民众上山祈福的景象时，十分激动，"福寿山上的庙了不得！月数个月，闹香会，鞭炮不息，请着厨子在上面办（做）饭吃！"① 民间流传着有关灵关庙"灵验"的传说：

> 最神奇的，就是姓杨的老年人讲的，（指着灵关庙一侧的草丛）是这个坟。这个最神奇！这个坟埋的是这个庙上的一个尼姑，传说她被桥上的一个龙津起哒（龙附在她身上），有半仙之魂。她在街上的米行去打米，打一百斤或者一百五十斤，她都可以背上来。她边背就边讲"你还不来接我啊？你看着我背死啊！"她就这么讲，龙就把她接上去了。传说她用石头可以喂活猪子，这是传说，是以前的

---

① 访谈对象：邵某英；访谈人：谭萌；访谈地点：凉亭古街；访谈时间：2018年7月14日。

事。但是，后来，就是我们亲眼见到的事情：在五几年的时候，那时候医疗不发达，有些人受病了，小娃儿不好，就在她坟上扯一蔸草，煨了吃，就可以把病治好。所以，这样一传十十传百，来给她烧香的人多得不得了。①

与其他地方有关"灵验"的讲述不同，灵关庙里尼姑的日常生活包括到古街上购买生活用品等活动，是神圣人物与世俗环境在民间叙事中的融合。灵关庙的"灵验"特性吸引着庆阳坝周边的民众前来烧香祈福，"盛家坝、芭蕉、土黄坪、水田坝、老寨溪那些地方的人都来"②，甚至出现了其他地方的人把雕像偷走的情况。当地人视农历二月十九、六月十九和九月十九为菩萨的生日，每到这些日子，前往灵关庙烧香拜佛的人就会比常日里更多。庙中人声鼎沸，燃放的烟花爆竹声在山下凉亭古街上便可听见。

庆阳坝民间信仰还融合了较多道教信仰，人们将公共仪式托付给以道士为核心的神职人员，由他们在求雨仪式和人生仪礼中扮演重要角色或连接人与神的世界。黄老先生是庆阳坝早些时候一个远近闻名的道士，在我们登福寿山的路途中，颜老向我们讲起黄老先生的故事：

> 姓黄那家就是道士，被称为"黄老先生"。黄老先生的儿子叫黄八先生，黄八先生的儿子叫黄武先生。我们看见过黄武先生，他的儿子叫黄松柏。黄松柏比我们大十几岁，与我们打过交道。

> 黄老先生有法力。传说他在庆阳坝干旱得不得了的时候，去打洞求雨，带四个徒弟一起去。黄老先生要进洞的时候，把草鞋放在门口。给徒弟们讲："如果看见草鞋打架了就敲锣鼓"。等他进去了，那几个徒弟看草鞋打架看痴了，忘记打锣鼓了。黄老先生在里面和洞里的老婆婆斗法，老婆婆旁边放了个水桶。老婆婆问他为什么要

---

① 访谈对象：颜某林；访谈人：谭萌；访谈地点：登福寿山的途中；访谈时间：2018 年 7 月 15 日。

② 访谈对象：余某槐；访谈人：谭萌；访谈地点：余某槐家；访谈时间：2019 年 11 月 18 日。

从后门来，他说："我不知道哪里是前门，哪里是后门。"黄老先生讲不赢了，就用带着的牛角在水桶里舀水了往外跑，把水带出来让天下雨。后面的洪水就轰轰地涨了来淹他，他最后变成鸭子才逃出来。所以，他没有弄成功就是因为徒弟没有打锣鼓。他们还给死去的人办仪式，一般小户人家的仪式是"开路"，大户人家办的仪式是"拜灯"，即用清油点的灯放在棺材上，每个法师端一盏灯，端十盏灯。再大户的人家就做道场。那个黄老先生的老屋就在那个包包上（颜老指着对面的山坡上两栋房子中较为破旧古老的一栋说）。①

有关黄老先生的传说流传至今，但随着科学知识在乡村的普及和民众受教育程度的提高，集体性的求雨仪式现在已很少见。王某友也讲述了有关黄老先生求雨的传说，并强调："他们道法深，从洞里面借得出来粮食，那怎么可能呢？这是神话！"② 然而，丧葬仪式作为众多民俗中稳定性较强的类型之一，至今仍保留了请道士"打绕棺"的习俗，意在为亡者引路。而且，丧葬仪式中"唱夜歌"的习俗也反映了道教思想，夜歌开台要邀请五方、十大古人和二十八宿。

黄老先生的故事一方面体现了道士在人们日常生活和社区结构中充当的重要角色，另一方面"打洞求雨"的案例也再现了以农耕为基础的社会中人们与自然和谐相处的渴望。以雨水和河水为主，雨水神灵崇拜在土家族聚居区广为流传，很多地方集中体现为龙王崇拜。但是，在庆阳坝众多有关黄老先生故事的异文中，没有人提到"龙王"等更为常见的神话或传说形象，而是以"老婆婆"代表雨水神灵。黄老先生之所以要去进洞，是因为人们相信主宰雨水的老婆婆居住在洞中。天气干旱是老婆婆玩忽职守所致，所以需要有道行的道士进去劝说或与老婆婆理论，请老婆婆降雨。打洞求雨的仪式通常与祭礼和巫术相结合，集中展现人们对于自然的敬畏以及对把控自然的渴望。

---

① 访谈对象：颜某林；访谈人：谭萌；访谈地点：登福寿山途中；访谈时间：2018 年 7 月 15 日。

② 访谈对象：王某友；访谈人：谭萌；访谈地点：王某友家；访谈时间：2019 年 11 月 16 日。

与水相对应，火也是土家族聚居区较为普遍的崇拜对象，具有辟邪和祈福的功能。火在庆阳坝人的民间信仰系统中，一方面是崇拜的对象，以每年正月十五的点路烛为代表；另一方面是禁忌的对象，以房屋结构中的火塘间为代表。无论是路烛，还是火塘间，在民俗生活中都具有通神功能，是祭祀祖先、辟邪祈福中必不可少的因素。在新灵关庙的神祇雕像被要求移除时，当地老人没有选择将其砸碎或贩卖至其他地方，而是用火焚烧雕像。颜老将此解释为："我们就把菩萨烧了。那谁敢砸呀？烧了菩萨就升天了！"① 同时，根据巫术相似律的逻辑，火所具备的照明和焚物功能使其也蕴含消灭黑暗、驱除邪恶的意义；它燃烧所带来的光亮和热量也成为催人进步和胜利的象征。火塘间作为家庭空间，则在凝聚家庭成员和增进家族情感方面有较大的作用。

"万物有灵"的观念促使庆阳坝人相信"善恶有报，天道轮回"，以此反省并规范自己的日常行为，也用以解释社会事件、释怀集体记忆中的伤痛。20世纪60年代至70年代，庆阳坝的文物古迹遭到了大量的破坏，民众一方面为这些文物的失去感到遗憾，另一方面也发展出一套民间话语，以解释事件发生的必然性，把宏观环境的困境转化为个人或家庭的不作为。以颜氏川字坟的被毁为例，部分民众将其归咎于颜氏家族对待穷人的不友善，从而为其提供了民间阐释：

颜家的坟为什么埋在这个地方？这是请风水先生看了的。当时，颜家那个老板还没有死，就对风水先生讲："你只要给我看管好地，我给你养起（供吃供住）。"那个先生那时候还没有成家，颜家老板给他养起，但他是个瞎子。后来，颜家屋里却要他"舂碓打磨"。舂碓就是过去的稻谷要舂，用舂碓，要用磨子推。打磨就是推灰面或者打稻谷，要把它推出来。这时候，风水先生之前带过的一个徒弟从庆阳坝过路，说："我还有个师父在这里，我要去看下！"看到他师父的遭遇后，他就设了一计，目的是什么呢？他讲："你把我师父不当人，

① 访谈对象：颜某林；访谈人：谭萌；访谈地点：登福寿山途中；访谈时间：2018年7月15日。

你讲你养我师父，却还要他在这里舂碓打磨，如何如何……"他就是对这个事情不满，他就和他师父睡一张床，在床上讲的话就比较大声，说："可惜咯！这个坟啊，要是还挪点点向（转一点方向）啊，几好嘞（该多好呀）！"老板就恰恰听到了这句话，其实是他们设的计谋。老板把坟的面向变了，风水也就变差了，证明那个坟不得久存。所以，就把这个坟给他抄了嘛！那些石头就弄到后面的街修梯田了。①

从整体上看，庆阳坝人的民间信仰体系复杂，包含的内容之广和形式之多彰显出老百姓面对生命苦难的乐观态度和期盼未来的美好愿望，其民俗信仰实践则再现了庆阳坝地处古老交通要道和基层市场中心的特征。具体而言，庆阳坝的民间信仰有以下几个方面的特征：

首先，庆阳坝民间信仰具有多样性和混融性的特征。这种混融性呈现出与武陵山区民间信仰相似的特征，即"各民族在较为封闭的自然生态环境和落后的社会历史背景之下，内部交流较之周边其他民族更为频繁，与周边其他民族的交流主要是与汉族文化互动不断，在平时生活的潜移默化中，各民族吸收、融入了其他民族的民间信仰内容，并且最终形成本民族的民间信仰形式"②。一方面，佛教、道教或基督教等宗教信仰并未在当地形成较为完善的体系；另一方面，土家族地区的梯玛信仰或图腾崇拜也未在庆阳坝得以体现，这与其作为古道驿站和集市中心的开放性和流通性相关。逶迤的大山阻碍了外来宗教成体系地进入，延伸的河流和道路却带来了"菩萨"和"道士"，形成了许愿祈福、烧香拜佛的文化习惯，儒释道之间的差异与矛盾在人们的实践中相互和解。"万物有灵"的观念贯穿于民众的日常生活中，人们通过口头讲述、身体实践和维护信仰场所等行为呈现并传承信仰观念。

其次，以庆阳坝为中心的民间信仰空间体系与庆阳坝集市交易的核

---

① 访谈对象：王某友；访谈人：谭萌；访谈地点：王某友家；访谈时间：2019 年 11 月 16 日。

② 谭志满：《民间信仰与武陵地区社会发展研究》，中国社会科学出版社 2019 年版，第 178 页。

心辐射范围有所重合。庆阳坝周边的盛家坝、芭蕉、土黄坪、水田坝和老寨溪等地的民众既是庆阳坝集市贸易的活跃分子，也是以庆阳坝为中心的信仰圈的积极实践者。然而，庆阳坝民间信仰的影响力不囿于集市交易圈，还包括沙道沟、高罗、李家河以及来凤县、恩施城区，甚至居住在更远地区的民众都曾听闻过有关庆阳坝灵关庙和黄老先生的传说。一方面，庆阳坝是其交易圈的中心，吸引周边民众来此实践信仰活动，扩展了庆阳坝信仰仪式的影响力；另一方面，庆阳坝也是其他交易圈和信仰圈的边缘地带，保留并融合了不同地区信仰的特色，丰富了其内容和形式。这种亦中心亦边缘的位置阻碍了某一种宗教信仰独大的可能性，使得不同类型的信仰可以在此生长，从而丰富了其信仰系统。

再次，庆阳坝的民间信仰和中国众多地区的民间信仰在本质上具有相似的特征，即人们对"灵应"的追求。灵关庙和黄老先生吸引庆阳坝和周边村落居民关注的原因之一在于其"灵应"。剑桥大学中国民间信仰研究学者周越（Adam Yuet Chau）指出，中国民间信仰或宗教与西方宗教的最大不同在于，教义等具有规范性质的信条并不是中国民间信仰的重点，相反，中国人将"实践"民间信仰（doing popular religion）作为第一要义，如举行庙会、仪式等，而"灵应"则成为人们坚持并重复实践某种宗教或信仰的动力。[1] 相比于精神，中国民间信仰更关乎身体，且注重其效用。"灵应"这一界定最初来源于人们的尝试，而"灵应"作为一座庙宇或某一宗教实践的特征则仰仗于熟人社会中一传百、百传千的口头传说。无论是"拜菩萨"，还是"请道士"，这些与民间信仰密切相关的生活实践都是庆阳坝人民俗生活的重要组成部分，而它们在历史中也随时代变迁而遭遇着不同的命运。官方对民间信仰态度的变化，虽然在不同时期为这些活动贴上了不同的标签，但今天的庆阳坝人仍用他们的口头讲述和身体姿态向我们展示着古老仪式和神圣传统。从中，不难看出庆阳坝民间信仰的悠久性和持续性，而能够维系这种长久性的原因则与中国民间信仰的日常嵌入性和生活实用感相关。

---

① Adam Yuet Chau, *Miraculous Response: Doing Popular Religion in Contemporary China*, Stanford: Stanford University Press, 2005.

最后，庆阳坝民间信仰实践是在集市交易基础上形成的日常生活的折射。一方面，民间信仰场所通过传说和碑文等形式与庆阳坝集市空间内的其他意象相结合，神灵的生活方式也与集市交易密切相关。民间传说虽然有一定的母题，但更多的是根据其特殊的生活环境和讲述语境而形成的，有关灵关庙的传说是在庆阳坝集市语境下生成的。在庆阳坝及周边村落的民众中至今流传着与灵关庙相关的传说和故事，这些传说以"灵"为核心，包含集市文化的特征，也用来解释当地的文化事象，形成了独特的地方性知识。另一方面，人们在祈福中对财富的强调与庆阳坝人在乡村集市中的中心位置和经商为主要生计方式的社会环境与生活模式相关。笔者在与村民一同前往庙宇时，多次听到人们祈祷"愿我明年发财呀""保佑我明年打牌多赢呀"等内容。2017 年，灵关庙重建后，因为与国家政策不相符，新庙宇中的三尊菩萨雕像被烧毁。但在灵关庙没有神祇供奉的期间，人们将一尊高约二十厘米的财神爷放置在神台上，以便供奉和祈祷。

现在，我们再回过头去思考当地人所说的，"我们这里没有宗教，都是民间信仰和传统文化"。这种话语既是人们在经历过历史激荡之后对民间信仰的辩证定义，也彰显出人们将民间信仰融入日常生活实践中的重要意义。对于庆阳坝人来说，他们的神灵崇拜和辟邪祈福没有文字的记录或经书的指导，而是内化于日常生活的方方面面。从家居结构到节庆仪式，从民间传说到集体记忆，人们将天人合一、敬畏自然的生活理念融入信仰观念中，将美好愿望寄托于神灵庇护，也将地理历史塑造的过去融入现在，并成为未来可以加以利用的文化。不同类型的信仰观念在人们的实践中相互融合，在民众行为规范、村落团结与建设中各行其是、各司其职、和谐共处，成为庆阳坝人民俗生活的重要组成部分。

综上所述，从物质民俗到精神民俗，从节庆仪式到民间文艺，文化的交流促成了庆阳坝地方民俗体系的完善。作为基层市场的中心，庆阳坝吸引并接纳其他文化进入当地，在与当地自然生态环境、民众生活"惯习"、民俗风格的互动和涵化中，生成地方性知识，在人群的流动中形成以庆阳坝为中心的文化圈；然而，文化圈的重叠性和边界的模糊性使得庆阳坝也处于众多文化圈的边缘，从而接触和保留了很多传统的文化形态，展现着"礼失求诸野"中民俗的生成过程。

第三节   人群的交往：集市中的人际关系与情感网络

民俗关系的形成以民众的交流互动为基础，是区域民俗意义之网。历史上，驿站交通和集市贸易既是庆阳坝人群的流动性所在，也是当地人社会结构和情感网络的稳定性所在。一方面，因政治、军事和经济等多种原因迁移至庆阳坝的族群，裹挟着"原乡"的风俗习惯，在相互交融中塑造新的家园，成为庆阳坝区域发展的重要力量；另一方面，物品交换也反作用于人的流动，集市交易圈一定意义上限定了人口流动的边界，形成了以集市为中心的人际关系。边界的形成意味着边界内的人成为相对独立的统一体，他们之间的交换不局限于物质，也包含了人的互动，形成了较为固定的婚姻圈，从而增强了民众间的情感交流。

一   从移民到"本地人"的身份认同

经济贸易、交通运输和政治制度等方面的变化给庆阳坝带来了大量的外来人口，塑造了庆阳坝的人口结构。从移民到"本地人"，庆阳坝民众中有关"本地人"和"外乡人"的区分日臻形成，并成为庆阳坝社会结构和人员交流的基础。

民俗学家艾米·舒曼（Amy Shuman）认为"本地"一词既模糊又具有争议，它不是既定且纯粹的概念，而是融合了意识形态、社会阶级和文化区隔等在内的综合性理念。[①] 民众对本地人的界定以时间和空间为标准，却不囿于对"本真"和"原始"的一味探索。与其他村落相比，庆阳坝所具有的古道驿站功能加强了人口的流动性，所谓"土著"家庭较

---

① Amy Shuman, "Dismantling Local Culture", *Western Folklore*, Vol. 52, No. 2/4, 1993, pp. 345 – 364.

少，很少有千百年来"生于斯长于斯"的家族。因此，庆阳坝的"本地人"概念与时间相关，指在庆阳坝地区生活较长时间的人，但不拘泥于时间上的追根溯源。可以说，庆阳坝现在被人们认定的"本地人"实际上很大一部分是我们所说的早期移民。特别是生活在凉亭古街上的人，他们多从外地迁入，凭借优异的地理位置实现生产和再生产，将这片陌生的土地变得熟悉，成为他们所拥有的生存和生活空间，"家园"和"故土"由此产生。集市交易中心和古道交通中转站等与经济相关的资本成为生活在凉亭古街上外来移民身份构建的基础，文化资本和社会资本也应运而生，在磨合与协调中共同塑造了他们"本地人"的身份和形象。当前，庆阳坝数量上占多数的姓氏有尹氏、张氏、曾氏、余氏和刘氏，但较有影响力的家族是颜氏、李氏、余氏、侯氏和曾氏。[①]

　　颜氏是庆阳坝最有名的富商之一，于清朝中叶自湖南迁入。据《颜氏族谱》记载，现居庆阳坝的颜氏家族是颜真卿的后代。因颜家进入庆阳坝的时间较早，在人烟稀少的庆阳坝"指手为界"，拥有大量土地，并以办酒厂、开机房起家。随着需求和效益的不断扩大，颜氏家族从家庭小规模织机厂发展成有一定规模的大型机厂，并开设分厂，商业经营范畴十分广泛。当原始资本的积累达到一定水平后，颜氏家族开始购买田地、建造房屋，并以此拓展附属经济，促进再生产的进行。颜氏家族财产丰厚，20世纪50年代前的很长一段时间，凉亭古街一半的房产归颜家所有。颜氏家族在发展自家经济的同时，也为当地百姓提供了参与生产的机会。颜家酒厂和机房的劳动力包括从四川、湖南和湖北等地区来的移民。颜氏家族在庆阳坝的威信较高，很多有关庆阳坝的故事都与颜氏家族有关。一方面，颜氏家族注重教育，鼓励家族成员参与政治生活，其中颜道泽是秀才、颜永善是拔贡生。现庆阳坝小学是原颜氏私塾的所在地，据当地人介绍，颜氏私塾建造得十分壮观，是三层"走马转角楼"：

---

① 参见宣恩县政协文史资料委员会编：《宣恩文史资料》第11辑，鄂恩内图字2008年第001号。

　　现在学校的地方原来是个"走马转角楼"，意思就是二层楼上跑得（了）马，那个屋可以跑个统统穿，马从一层楼跑到二层楼去。我们都看到过，那个学校好乖哦！他那个木房子因为年久失修，斜了，最后拆了。好可惜哦！三层！木房！规模很大！可以装几百个学生呢！①

　　直至 20 世纪 70 年代颜氏私塾拆除前，其一直作为庆阳坝初级教育的机构发挥作用，桂花、洗草坝、石坝、水田坝等村落的学生都到此处来读书。颜氏家族的祖坟是另一处在年纪较长的庆阳坝人心中的重要记忆。颜家祖坟位于平坝的正中央，是用精心打磨过的石头垒砌成的"川字坟"，内置石桌石凳，供人休息游玩。人们常感叹其规模宏伟、制作精良：

　　　　那个碑，走在那个路上，擦了照得起人影子，你讲啊！是个什么概念？就讲可以反光，照得起人影！所以，就是讲那个地方是个珍地啊！六七十年代的时候，他们把坟拆开了看，人还没有变色！我给你讲，这就是神话！②

　　余氏是书香门第，官宦之家，在余作辉的带领下于嘉庆末年由宣恩晓关二台坪迁入，投靠余求麟。余氏迁入庆阳坝时，颜氏家族已在当地占有大量的土地。因此，余氏发家时从颜氏手中购入一部分土地和产业，并以此为基础发展起自己的家族产业。茶叶种植和买卖是余氏的主要贸易。余今朝重视教育，是施南府科考的文科主考官，并在当地开设免费的学馆教化土民。余氏对庆阳坝生活水平提升和公共设施建设等方面作出了较为突出的贡献，《余氏家谱》记载了余氏家族在庆阳坝遭遇自然灾害时为当地民众争取利益的经历。

---

　　① 访谈对象：王某友；访谈人：谭萌；访谈地点：王某友家；访谈时间：2019 年 11 月 16 日。
　　② 访谈对象：王某友；访谈人：谭萌；访谈地点：王某友家；访谈时间：2019 年 11 月 16 日。

　　李氏是医药世家，其中最为有名的当数李官绪，庆阳坝的老人们亲切地称他为"李佬儿"，李氏对当地医疗事业的发展产生了较大的影响。李官绪主要经营中草药，采摘当地的野生植物或捕获动物，经挑选、烘干、研磨和熬煮等多道程序，制成外敷或内服的药物。这种医疗方式是对千百年来中国传统医药技法的积累和创新，并融合了武陵民族地区特有的动植物和医疗方式。在没有现代医疗支持的时候，这些方式满足了庆阳坝人医疗卫生的需求，从预防瘟疫和治疗疾病的方面维护了当地民众生活的稳定。李官绪的服务范围不局限于庆阳坝村内的居民，很多庆阳坝周边村落的人也慕名来请李官绪诊断并医治。据龚老回忆，李官绪的药房大约开办于清光绪末年至民国年间，曾参加过"中医师公会"，在全县也有一定声望。药铺门前立有一块"遵古炮制"的招牌，生意很是兴隆。频繁的人员流动在兴盛医疗生意的同时，也进一步使得李官绪声名远扬，扩大了李氏家族的影响力。

　　侯氏是继李氏之后庆阳坝当地有名的医药世家，其先祖师承李官绪，以中草药疗法闻名。侯氏家族的行医史从清末开始，在凉亭古街上居住并开设药坊。其中，侯吉清承接李官绪的衣钵，于1956年前后组织成立中医联合诊所，最后转办为集体医生，成为当代宣恩境内的名医之一。侯氏后人现在虽不居住在庆阳坝，但他们继承了祖辈的医疗传统，任职于恩施州各大医院，在当地依然享有较高的声誉。侯氏家族还收藏了大量民族地区的医药资料，包括《医学萃精》《医方集解》《洞天奥旨》《审视瑶函》和《医方类聚》等。

　　曾氏一族过去以贩盐为生，是庆阳坝作为川盐古道驿站的有力证明。曾氏老宅的位置十分优越，位于凉亭街南端靠关庙的入口处，是来往行人和骡马的必经之地。凭借其家庭住址的优越位置，曾氏家族通过喂养骡马等生意，满足骡马大道和川盐古道沿途旅客的需求，积累了较为丰厚的资金，并喂养牲畜、种植茶树，将其作为土特产参与集市的交换中。

　　除此之外，从湖南益阳迁入的尹氏和从湖南常德武陵迁入的欧阳氏（包括阳氏）也是庆阳坝移民的组成部分。

　　人们迁入庆阳坝的原因多样、过程具有持续性。明清时期，在奉旨移民、求生移民和经商移民的共同作用下，两广地区的民众以递进的方式向四川盆地迁移，补救了因战乱等原因造成的蜀地荒芜。湖广地区人口的迁移引起了更大范围的人口移动，东部平原地区的人们呈渐进性迁入湖广地区。就恩施地区而言，江西移民是当地历史移民进程的主要群体部分，并在之后的地区发展中发挥了较为重要的作用。处于鄂西腹地的庆阳坝也参与到这一历史叙事中，一方面，中国东南地区的人们迁入这一地区；另一方面，周边地区人口的迁入推动近距离的人口迁移。几乎与此同一时期，"改土归流"的大力推进，进一步打开了西南少数民族地区的大门，不同民族和地区之间的观念冲突和文化阻隔得以化解，人口移动从身体维度拓展至思想维度。宏观政策为人口的合法流动奠定了基础，而人们对定居点的选择则展现出一定的能动性，这种自主选择成为理解庆阳坝移民的重要角度。

在庆阳坝众多的迁移动机和定居原因中，有两点值得关注。庆阳坝所具有的交通优势和经商价值成为人们在庆阳坝流动并在此定居的主要原因。激增的人口和有限的土地之间的不平衡导致很多外来移民不拥有耕作土地，或土地面积极少，于是经商成为多数庆阳坝早期移民的谋生之道。商业对庆阳坝整个地区的重要性也同样体现在这些民众的身上。以颜氏、余氏、欧阳氏和曾氏等家族为例，他们多在移民潮中进入武陵腹地，借助庆阳坝地区良好的商业环境和自身的技艺或经营理念发展起家族产业。

移民组成了我们今天所看到的庆阳坝"本地人"的重要部分，但还有一些比移民在庆阳坝生活了更久的人。从时间和空间的角度来说，他们同样是"本地人"；但是，在实际的讲述中，他们却是"透明的"或"不可见的"。例如较颜氏、欧阳氏和李氏在人口数量上有一定优势的刘氏、谭氏和陈氏，他们在庆阳坝居住的时长更久，《施南府志》中曾记载了宋代谭汝珏、谭世凤和谭子从等人的信息，但他们在当地社会中的影响力却不如前面几个姓氏。这种情况的出现进一步说明了庆阳坝"本地人"所形成的身份认同和人们所占有的资本密切相关。纵然颜氏、余氏、曾氏和侯氏等家族在庆阳坝生产和生活时间较另外一些人相对更短，但他们对庆阳坝的贡献之大使得他们相比于那些并未生活在庆阳古街上的民众更具有"可见性"。这种在经济和地理资本上的优势使古街上的早期移民在村落的文化记忆、形象塑造和村落故事的讲述中都占据了有利位置，成为当前庆阳坝民俗生活重构和文化形象塑造中的主体，也成为外来观光者眼中的"本地人"，从而进一步巩固了他们的社会地位。

二　"我们"与"乡下人"的社会结构

克里斯塔勒曾指出经济活动的空间永远处于非均衡状态①，以此衍生的民众生活空间也是如此。集市交易在民众日常生活时空节奏中的重要性决定了集市空间的社会意蕴，当地人对自身和他人的认同，与个人所居之处同集市中心的物理距离呈正相关，并形成了"我们"和"乡下人"的身份区分。

在探讨这种身份区分产生的原因和具备的意义之前，我们首先要明确是哪些人在使用这套话语体系，并以此展开对这种话语背后含义的解析。笔者第一次注意到"我们"和"乡下人"的说法是在凉亭古街西侧的平房，一位三十余岁的妇女在介绍其周围房屋的历史和用途时，说"我们本来就住在这里，他们是从乡下来的"②。之后，在与其他居住在凉亭古街及其较近地带房屋的人的交流中积累了更多相似的叙述。经过比较其他众多的类似叙述，并在进行更加深入的询问后得知，所谓的"我们"多是指居住在庆阳坝"罄"上的居民，特别是生活在集市交易空间的人；而"他们"则是从庆阳坝非"罄"的地区搬迁过来的居民，也就是在地理上隐匿于山沟里的"乡下人"。

"我们"和"乡下人"的话语区分包含了两方面的信息。首先，这种给人群贴上不同标签的目的在于区分自己与他人的不同。"我们"和"乡下人"虽不如"城里人"和"乡下人"这组二元概念绝对，但其替代性话语实际上是"我们"和"他们"的对立。民众没有使用"城里人"和"乡下人"的表述，一个很重要的原因是这里的"我们"在大

---

① ［德］沃尔特·克里斯塔勒：《德国南部中心地原理》，常正文、王兴中等译，商务印书馆 2017 年版。

② 访谈对象：谭某；访谈人：谭萌；访谈地点：凉亭古街西侧的平房；访谈时间：2018年 7 月 20 日。

众概念中本就不属于城市里的人。无论庆阳坝的行政级别和范畴如何变迁，截至调查结束时，其人口、经济和政治等指标并未达到城市的标准。生活在"磬"上的庆阳坝人对于这一理念也十分清晰且自省。因此，他们并没有将自己标榜为"城里人"这个代表特定范畴的术语。"我们"这一话语的模糊性是其问题化的开始，也使得这个词具有了更大的张力。

其次，"我们"和"乡下人"的区分不是平衡天平的两端，更不是苹果和梨的简单物质分类范畴，而是包含了社会文化等更加深刻的含义。一般来说，生活在"磬"上的人务农的时间更少，参与集市交易的频率更加频繁，其所需的生活物资几乎全部来源于乡村集市；生活在山沟里的人则离集市交易场所较远，务农的时间相对较多，与集市的关联较前者更弱。根据布迪厄（Pierre Bourdieu）的观点，区分的目的和结果通常包括两种，一个是排除他人，另一个则是凝聚自己所在的团体并建立或巩固认同。① 由于地理空间所包含的话语权威不是均衡分布的，因此在庆阳坝的语境里，凉亭街的中心位置决定了其他地区的外围位置，进而决定了在其他地区生活的人们的社会地位。开放的环境和发达的经济，使得距古街近的地方的人更具有优势和自信心。在这一群体的视角下，居住在其他地区的人们在经济、政治和社会发展等方面处于劣势地位，成为"乡下人"。所谓"乡下人"，通常与落后、贫穷和封闭等属性相连。

因此，"我们"和"乡下人"的界限由占有社会资本优势的群体划定，它不仅是一种地理空间上的区隔，更是在社会意义和文化心态上的区分，折射出因集市交易而在共同生活圈中形成的中心与外围区分。民众社会声誉的树立依赖于地理空间，而地理空间意义的形成又仰仗于人们的实践。两者相辅相成，共同搭建了庆阳坝人的日常生活交往与交流的网络，也为其民俗生活实践及关系的形成奠定了基础。

---

① Pierre Bourdieu, *Distinction*: *A Social Critique of the Judgment of Taste*, Abringdon: Routledge, 1984.

三　婚嫁观念影响下的集市婚姻圈

作为人们的共同生活圈，乡村集市也一定程度上决定了民众的流动方向和情感网络。充斥着个人情感选择和家庭资源交换的婚姻最能体现人们的生活如何受到流动的影响，同时又促成一种因婚姻而形成的新的人口流动，形成了集市婚姻圈。

所谓婚姻圈，指某一社会群体配婚对象的来源范围，描述的是影响择偶规律和结构的重要"指标"[①]。因婚姻而产生的人口流动既是物理空间意义上的流动，也是社会空间中不同阶层的流动。马克思和恩格斯通过对家庭、私有制和国家历史范畴的考察，将家庭视为多层次社会关系的总和[②]。婚姻关乎男女情爱，但就社会上的大多数婚姻关系而言，它们的形成不仅仅是个人的选择，更是两个家庭乃至不同政权之间关系的互动和联盟的形成。正如韦斯特马克（Edward A. Westermarck）的观点，配偶选择自私有制产生那一刻起，就不是纯自由的，而是一个深受社会政治、经济、文化等诸多社会因素以及家长意志、家族利益等家庭因素束缚的复杂过程。[③] 通婚所带来的人口流动因家庭的稳定而具有持续性，对配偶的选择则对流动地理范围和社会阶层的两端均产生较为深刻的影响。换言之，婚姻圈本身是一个人口流动的范畴，这一范畴的形成建立在已有的社会关系之上，并因婚姻所具有的再生产潜力而巩固、瓦解或重建社会关系网。

在庆阳坝这一个案中，男女婚姻关系的确立受到婚恋观和以集市交易为基础的人际交流圈的影响。就婚恋观而言，众多有关婚姻关系的研究认为婚姻是资源交换的一种方式，庆阳坝民众也将婚姻作为自我财产更大化的手段之一，认为婚姻关系和资源交换的关系密不可分。宣恩歌谣《家里无钱难拢来》反映了当地人的婚恋观：

---

① 周皓、李丁：《我国不同省份婚姻圈概况及其历史变化——将人口学引入婚姻圈的研究》，《开放时代》2009 年第 7 期。

② 谭鹤婧：《马克思恩格斯家庭思想的基本内涵研究》，《东北大学学报（社会科学版）》2015 年第 6 期。

③ 梁海艳：《中国流动人口通婚地域选择——理论与实践》，中国社会科学出版社 2016 年版，第 6 页。

家里无钱难拢来①

女：人家栽菜你不栽，

　　你爱人家吃菜薹。

　　人家讨妻你不讨，

　　你爱人家娃儿爱。

男：人家栽菜我在栽，

　　我的土瘦不冲薹。

　　人家讨妻我在讨，

　　家里无钱难拢来。

　　婚姻关系与资源交换之间微妙而互恰的紧密关系使得通婚行为本身与经济、政治和文化等社会因素密不可分，也导致以婚姻为目的的人口流动具有方向性和规律性。日本学者冈田在对中国台湾地区的婚姻、市场和信仰进行调查研究后，认为此三者之间存在相互交叉的关系；施坚雅对中国乡村基层市场的研究也表明基层市场交易圈和婚姻圈相互重叠，莫里斯·弗里德曼也基本同意这一说法。但是，杜赞奇根据 1940 年至 1942 年满铁的相关资料认为婚姻圈与文化圈的关系较经济圈更加密切。由于庆阳坝及其周边地区文化差异不大，且明末清初的"改土归流"加强了汉族和当地少数民族的交流，庆阳坝境内各民族通婚所受的限制较小，婚姻圈与文化圈的互嵌关系不明显，但受集市交易圈的影响较大，且其关系随时代变迁而变化。

　　首先，在改革开放之前相当长的一段时间里，庆阳坝的交易圈和婚姻圈是包含与被包含的关系。目前生活在庆阳坝的四十岁以上的居民，无论男女，配偶基本上都来自庆阳坝周边地区，以黄坪、盛家坝、土黄坪和芭蕉等村的居民为主。因为早期的婚姻多产生于熟人之间，因此交易圈作为人们平时人际交往最频繁的范畴，也自然成为人们选择配偶、认识配偶并最终确定配偶的人际圈。"媒妁之言"通常都是发生在有一定

---

　　① 讲唱者：隋川清；搜集者：向香海；搜集地点：宣恩县珠山镇；搜集时间：1987 年 2 月 19 日（歌谣采集者非调查对象，故保留原名）。

"中间人"的关系网络中。

其次，庆阳坝通常是通婚的流入地，这一点值得将其与更为普遍的通婚情况进行比较研究。中国从夫居的传统导致女方进入男方家庭所处的社区是一件相对平常的事情，但男方入赘进入女方家庭所处的社区则在大多数地区较鲜见。根据庆阳坝的婚恋观，婚姻是一个资源交换和分配的过程，配偶家庭是资源交换的两个端点。男方流入女方家庭并定居于女方家庭所处的社区，一般有两种情况：一是女方家庭所处的地区有足够的吸引力让男方进入，并能够给男方提供实现生产和生活的有利条件；二是女方家庭所处的社会地位高于男方家庭。两者在婚姻关系形成的过程中共同发挥作用。在庆阳坝，特别是在凉亭古街上，男方入赘女方家庭的情况较多，男方一般来自周边黄坪、土黄坪、老寨溪等地。例如，王叔本是黄坪人，因婚姻迁移至庆阳坝；刘叔的女婿也因婚姻迁至庆阳坝。但是，庆阳坝人仍保留了父系的继承传统，不要求其后代要随女方姓。庆阳坝作为基层市场的角色，使其成为周边人际交往的中心，至少在经济和社会地位上占有优势。这吸引了更多的流入人口，并由此产生了婚姻关系。

改革开放后，随着人口向城市的转移，原本在庆阳坝周边范围较小的婚姻圈被打破，婚姻圈的范畴呈现出扩大的趋势。在国家发展的背景下，人口的远距离流动成为可能，原本相对封闭的婚姻圈被打破，从内地到沿海，从农村到城市，人们为追求更好的生产生活条件而迁徙，庆阳坝的婚姻圈也得以拓展。但是，受到福利制度、家庭结构和城乡关系等方面的影响，"养儿防老"的观念仍存在，在很多有多个孩子的家庭中，总有一个孩子生活在父母身边，或者居住在离父母不远的地方。而在这一部分迁出的人中，女性因婚姻迁出的可能性更大。谢叔表示："我们这里以前出去的少，以前硬是不允许出去打工，没有经济和政策支持。现在，好多外地人过来结婚了的。以前结婚基本是娶本地的女孩子，现在的女孩子总是出去，好多男孩子就没有谈到。"①

---

① 访谈对象：谢某发；访谈人：谭萌；访谈地点：谢某发家；访谈时间：2018 年 7 月 14 日。

　　因此，婚姻具有资源交换和情感交流的双重属性，既产生了较为稳定的婚姻圈，又在婚姻圈的基础上增进了不同地区民众的亲密关系。因婚姻恋爱产生的具有持续性和稳定性的人口流动和互动，对于个人生活习惯和习俗的相互交流，以及其所携带的不同文化之间互动的影响是明显的。对于庆阳坝来说，作为流入地，一方面，很多外来文化涌入，丰富并影响了当地文化；另一方面，庆阳坝和外来文化也在相互碰撞和融合中产生新的文化现象，从而共同构建了庆阳坝人的民俗生活。婚姻关系的确立也有助于社会结构的稳定、巩固原有的因商品交易而形成的圈层关系，正如曹端波等人所言："婚姻制度不单单关乎个体家庭，同时还是族群维系的纽带，族群政治社会的基础，婚姻中关于女性的交换，地域空间、市场圈和以婚姻制度为基础的政治制度是构成族群的必备要素。"①

小　结

　　庆阳坝民俗知识是民俗事象和民俗关系的总和，其生成依托于因古道和集市而产生的人群流动。就民俗的空间体系而言，经济交易圈内的民众在推拉力作用下流动，形成了以庆阳坝集市为中心的文化交流圈和情感交际圈，不同圈层之间相互影响，塑造了庆阳坝民俗生活的全貌。就民俗的生成机制而言，物的功能性、民俗的融合性和人群的流动性是它们融入地方社会文化体系的基础，对更好生活的追求推动生活智慧向民俗知识、外来文化向内生民俗以及个人和家庭向共同体的转变，流动、接触、涵化和融合是地方性知识和关系生成的过程。就地方民俗的作用而言，历史上形成的文化事象、民俗情感和社会结构以适应当地民众生活实践的形式沉淀下来，成为庆阳坝人集体记忆的核心内容，是集市转型期人们进行民俗生活构建的文化和精神基础。

---

　　①　曹端波、邢稞、张光红：《族群与边界的研究综述》，《山东农业工程学院学报》2016 年第 7 期。

第 五 章

集市转型与民俗生活变迁

市场与社会的互嵌关系导致其中任何一方发生变化时，另外一方也随之变迁。改革开放后，中国现代化的进程加速，从国家层面不断深入到地方，从理论层面延伸至实践层面，百姓生活的方方面面均受到了影响，新传统不断冲击旧传统。作为经济结构的基本单元，农村基层市场处于中国经济现代化建设和政治社会主义建设的重要位置，现代化转型对集市及其延续了千百年的民俗生活都产生了不容忽视的影响。在此过程中，庆阳坝基层市场延续至今，但是其在表现形式、时空框架和社会功能等方面都发生了变化。在经济与文化互嵌的视野中，聚焦 20 世纪 70 年代末以来庆阳坝在现代化加速背景下发生的转型展开论述，有助于揭示从"集市的民俗"到"民俗的集市"的变迁原因、路径及存续方式。

第一节　生活方式当代变迁的背景及表现

周星曾指出改革开放以来的生活革命导致了人们日常生活的持续变迁和重构，新的"都市型生活方式"正在全面范围内迅速普及①。对于庆阳坝民众来说，他们正处于现代化和城镇化建设的过渡期：一方面，科技昌明时代前的传统和优势渐趋式微；另一方面，新的政治、经济和社会模式正在建立。当前乡村集市的遭遇是庆阳坝现代化和城镇化建设的

① 周星：《"生活革命"与中国民俗学的方向》，《民俗研究》2017 年第 1 期。

表现形式，与民俗生活变迁也密切相关。

一　盐棉贸易与古道式微

　　因川盐运输和棉花转运驿站而繁荣的庆阳坝集市随着盐花大道和骡马大道的衰败失去了原初的动力和功能。作为"中国腹地的生命线"，川盐古道的式微对包括庆阳坝在内的古道沿线驿站产生了较大的影响。一方面，物资和人群的线性流动模式发生变化，影响古道沿线各地各民族的生活及村镇存续状态；另一方面，古道式微与物质生产、运输和交易方式的转变相关，是现代科技、政策和社会变迁的一个缩影。

　　第一，川盐古道的式微与盐产地的衰败相关。在川盐的历史沿革中，民间流传着"国强则川盐弱，国难则川盐兴"的说法。以庆阳坝所在的"酉水运输线"为例，其产盐地主要包括云安盐场、宁厂盐场、郁山盐场和涂井盐场等。这几处盐场沿三峡而建，共同特点是以天然的卤水为原料，通过蒸馏的方式获取盐晶体。这种采盐方法在早期科学技术不发达的时期能够较好地利用大自然的馈赠，获取人们生产生活所需要的盐。但是，这种方法对卤水的利用率相对较低，即使20世纪70年代真空制盐法得以推广，川东盐业得到较为快速的发展，卤水提盐的制盐方式依然面临考验：一方面，卤水作为天然原料，同一产盐地的卤水有限，"一泉流白玉，万里走黄金"难以持续；另一方面，随着人口的增长，原本的生产效益难以满足人们的需求，日益进步的科学技术取代了之前的生产方式，依托于古盐井的产盐地逐渐衰落或转移。庆阳坝所在盐道上所依托的产盐地，现在基本成了古镇，原来使用的盐井变成了废井。以位于汤溪河畔的"千年盐都"云安镇（今属重庆市云阳县）为例，鼎盛时期有超过500口盐井，但是之后由于卤水改道、卤水变淡或山洪浸灌等因素而被废弃，仅剩白兔井。随着重庆市万州区高峰浓卤成为该地盐场的主要原料，白兔井被废弃，云安盐场也最终因亏损严重关闭。由此，云安2000多年的盐业也淡出了历史。另外，位于重庆市巫溪县城北的宁厂从战国周慎靓王五年（公元前316年）开始熬盐，一度在四川盐业总产量中占到20%，清康熙乾隆年间达到鼎盛时期，共有336个盐灶。在湖北的盐业运销中，大宁盐场仅次于云阳的云安盐场，排名第二；但该场也于 1992 年停产关闭。①

　　第二，川盐古道的变迁和国家盐法制度相关，正所谓"国家正赋之外，充军国之用，惟盐法、关税、钱法而已"②。首先，国家为维持食盐供应的平衡以及保证地方治安的和谐稳定，通过"有形的手"的调配掌握井盐、海盐等不同种类食盐的供应和销售。川盐古道沿线驿站的形成与国家所规定的盐经销地密切相关，驿站的正当性必须得到国家政策及制度法规的认可。1949 年之后，中华人民共和国相继颁布相关盐业管理条例，明确了食用盐和工业用盐的区别。20 世纪 50 年代前后的盐业经销主要包括三种方式，即国营盐业公司、供销社合作社和私营盐商；随着 20 世纪 70 年代末改革开放的进行，国家逐渐在经济运行中放松其控制。1990 年 2 月，《盐业管理条例》于国务院第五十四次常务会议通过，并于当年 3 月开始试行。随着盐生产技术的改进和生产效率的大幅提升，食盐的供应已大于需求，过去为防止"抢盐"而制定的区域限制和隔离政策基本不适用。因此，1996 年 5 月，《食盐专营办法》延续过去对食盐定点生产和批发的管理制度，取消了食盐产、运、销等环节的计划管理，将制定食盐价格的权力交给市场，也就意味着食盐产业正式进入到现代经济市场的竞争中。2017 年，修订后的《食盐专营办法》颁布，《盐业管理条例》就此废止。其次，"川盐济楚"的历史背景是江淮一带的海盐无法供给荆楚地区，随着国家局势的稳定以及海盐产量的大幅增长，川盐在中国盐业生产中的份额逐渐下降。1988 年至 1989 年，海盐获得大丰收，全国盐业出现了产大于销的局面③。市场竞争更为激烈，民众对川盐的需求渐趋下降，进一步加速了传统制盐区的衰落。伴随着盐业经济的决定性因素及管理权力从政治政策到市场规则、从中央到地方的改变，川盐古道原本在国家政治话语中的地位遭遇危机。与此同时，市场经济框架下对新技术、高效率和低成本等利益最大化的追求进一步促进了四

---

①　重庆市文化遗产研究院、重庆文化遗产保护中心主编：《渝东盐业史志辑稿》，科学出版社 2019 年版。

②　（清）贺长龄等编：《清经世文编》卷 53《鼓铸议》，中华书局 1992 年版，第 1311 页。

③　李福德：《艰苦奋斗五十载　川盐历史续新篇——建国后四川盐业 50 年的光辉历程》，《中国井矿盐》1999 年第 5 期。

川及三峡地区古盐井的衰败，最终导致了川盐古道物质基础的历史性断裂。

　　第三，盐业运输线路和方式的改变减弱了川盐古道的流动性。随着产盐地和经销盐的地方的增多，长距离的盐业运输不再具有竞争力；而交通技术的进步，也使得原来靠盐夫驮盐的方式不再具有必要性。满黎和杨亭通过对冷水老街上唐永禄、李明双和王家乡娄子坪刘园的访谈，回顾了川盐古道（巴盐古道）上盐夫的兴衰史，指出："20世纪40年代后，背盐退出历史舞台，这个庞大的背夫群体即刻从历史上消失，在职业转向中分别投身入伍、回家种地，或转投其他行业继续做背力职业，或挑起了走乡串村的小货郎担。自此，随着那些运盐背夫的年老和去世，背夫连同那些背盐的历史一起逐渐被社会淡忘，盐道也湮没在了丛林之中成为被遗忘的历史文化。"[1] 与两位学者描述的情形相似，曾经在庆阳坝来往的盐夫们也随着盐道的衰落而转业，盐夫成为人们记忆中的一种职业——"现在不运盐哒，没得哪个走这个路，路看都看不到了"[2]；而与盐道衰落相伴随的，还有棉花生产规模的扩大、贩卖方式的转变和运输通道的变迁。曾经的盐花古道在传递了一代又一代的物资和文化后，逐渐失去了其原有的功能，在地区经济发展和联通中的作用也逐渐减弱。

　　因此，在现代化背景下，生产技术的提升改变了盐和棉的生产方式，也提升了生产效率，过去盐棉短缺的窘迫得到缓解；川盐古道服务的盐棉原产地在现代生产生活方式中竞争力下降，逐渐在现代经济发展中失去了话语权，进而被淘汰；国家在社会主义建设和现代化建设中的一系列政策与重大工程进一步加速了以物资运输为功能的古道驿站的衰落。曾经因为这些古道而生的"背夫"们也逐渐淡出历史舞台，实践主体的消失促成了其道路意义的丧失。而且古道上的很多人类聚居地，也因为三峡等工程的建设和河道的改变等原因而落没，无人问津的古道连建筑实体也被淹没于山川河水中。川盐古道给庆阳坝带去了繁华，但当古道

---

　　① 满黎、杨亭：《消失的背夫：对巴盐古道盐运主体的人类学考察》，《四川理工学院学报（社会科学版）》2014年第2期。

　　② 访谈对象：谢某发；访谈人：谭萌；访谈地点：谢某发家，访谈时间：2018年7月14日。

衰落时，它原有的繁华和功能也随之式微。但相比于其他的很多驿站，庆阳坝是幸运的，因为它被保存下来了，而这种保存则得益于当地民众作为主体的实践力量。

二　基础设施与流通之变

现代运输方式的兴起及通信技术的不断革新是庆阳坝社会发展的一把双刃剑，在便利庆阳坝人的生活的同时，降低了庆阳坝集市的物资和讯息集散功能。对于庆阳坝集市和当地民众来说，现代交通的发展对其影响可分为两个阶段：第一个阶段是从1949年至20世纪70年代改革开放前，公路网的延伸和普及使道路逐渐开放，促进了庆阳坝与其他地区的交流，集市贸易也因此迎来了一个高峰；第二个阶段是改革开放之后，随着桥梁建设、隧道穿凿等基础设施建造技术的日益革新，道路及航线建设对直线性、高速性和便捷性的追求则将一些地方从现代快速交通网中剥离出来；而人们对多种交通方式的选择，又影响各类路线的实际使用价值，从而颠覆了过去物资和人员的流通方式。

从交通路线来看，川盐古道作为历史上川湘鄂地区流通的主要通道，奠定了近代川鄂公路、川湘公路和川黔公路的雏形①。沿线的重要驿站和码头也成为后来国家及地方道路或航线设计时的重要途经地和中转站。庆阳坝所处的地理位置是自川入鄂的中间点，在高速公路还没有兴起的时候，承担了大量道路流通的功能。晚清时期，宣恩县境内的运输靠陆路，以人工肩挑和马匹背驮为主要方式。据《宣恩县志》统计，清咸丰八年（1858年），宣恩县开辟驿道五条。主要是宣恩县城至来凤县峡口寨，全长94.0千米；宣恩县城至畲刀沟（今沙道沟），全长65.0千米；宣恩县县城至恩施市于溪，全长22.5千米；宣恩县县城至恩施市东乡，全长28.0千米；宣恩县县城至咸丰县果坝，全长40.0千米，形成了以宣恩县县城为中心的、向四周辐射的道路交通网，便利人们出行。至晚清时期，宣恩县境内共有11条主要大道，其中有两条专门线路从庆阳坝辐

---

① 赵逵：《川盐古道上的传统聚落与建筑研究》，博士学位论文，华中科技大学，2007年，第35页。

射开去，连接庆阳坝与两河口和烂泥沟等地。庆阳坝—烂泥沟一线则经水田坝、凉风洞、核桃树、横坡、倒洞塘、凉风洞、桐子营、骡马洞、卧西坪、马鬃岭、观音桥、磨子沟、麻阳寨、亮洞坳、小河、车子口、凉风洞和川大河等地，全长 95.0 千米；两河口—庆阳坝一线经过沙道沟、高罗、板寨、东门关、茅坝塘、亮垭子、大店子、干沟塘、宣恩县城、椒园和水田坝，全长 105.0 千米。这两条线均是宣恩县内里程较长的道路，且经过的村庄数量居于所有道路的前列，是人口和物资流通较为频繁的跨区大道。除此之外，沙道沟—药铺一线也与庆阳坝相邻。众多的道路将庆阳坝纳入全县交通网中，并担当了交通枢纽的重要角色。当时的道路以泥土路面为主，陡坡处用石板铺筑成石梯，路宽约 2.0 米。

表 5-1　　　　　　　　　晚清时期宣恩县主要大道分布情况　　　　　（单位：千米）

线路	经过地点	里程	线路	经过地点	里程
两河口—庆阳坝	沙道沟、高罗、板寨、东门关、茅坝塘、亮垭子、大店子、干沟塘、宣恩县城、椒园、水田坝	105.0	宣恩县城—石心河	莲花坝、三河沟、响水沟、杨泗桥、板场、芋荷坪、大河坝、万寨、向家村、芷药坪	40.5
庆阳坝—烂泥沟	水田坝、凉风洞、核桃树、横坡、倒洞塘、桐子营、骡马洞、卧西坪、马鬃岭、观音桥、磨子沟、麻阳寨、亮洞坳、小河、车子口、凉风洞、川大河	95.0	宣恩县城—桐子营	粑粑坳、岩堡、大拱桥、纸坊沟、三尖坳、覃家坪	22.5
			万寨—长潭河	大明山、中间河、杉木树、仙女塘、梨子坪	28.5
宣恩县城—雪落寨	七里桥、狮子关、崖坳、水井湾、白果、洗马坪、大界、药铺、坛子洞、大垭、寨叶、曲家垭	95.0	沙道沟—药铺	水田坝、踩水埠、官严、芦茅湾、骡子湾、头道水	45.0
宣恩县城—黄草坝	上湖塘、龙洞、倒洞塘、堰塘坪、大岩坝、晓关、张官	40.0	李家河—晓关	冉大河、利福田、板栗园、司城、上洞坪、尖山坪、姚家坪、坪地坝	57.0

续表

线路	经过地点	里程	线路	经过地点	里程
狮子关—椿木营	新路槽、唐家湾、五里碑、新四河、东乡、长潭河、风车口、两叉河、后河、滴水岩、下竹坪、上竹坪、内口溪、太阳山、瓦场坪、烂泥坝、草坪、段家湾、幺店子	62.5	高罗—忠堡	打人坨、麻阳寨、龙潭河、大坪、上洞坪、下洞坪	27.5

资料来源：湖北省宣恩县地方史志编纂委员会编：《宣恩县志》，武汉工业大学出版社 1995 年版，第 149 页。

　　较窄的路面于民国二十四年（1935 年）有了一定的改观。当时出于军事需求，政府修建巴石公路，连接巴东和咸丰石门坎，在宣恩县内全长 46.3 千米，是宣恩县境内首条公路。由于巴石公路是鄂西入川的公路要道，宣恩县在湖南、湖北和四川三省交通中的重要位置得以继续保持。同一时期，湖北省省道椒石线修建竣工，起于椒园，止于卡门，全程 38.0 千米，路面宽 3.6—6.0 米。抗日战争时期，随着湖北省省政府由武汉西迁，鄂西境内人口大增，交通需求随之增加，另外 3 条公路在此时修建起来①。

　　1949 年之后，随着筑路技术的提高和经济条件的改善，公路局和交通局等部门开始投资修建更多的道路。20 世纪 50 年代至 70 年代修建的道路基本保持了原有的路线，在之前的基础上衍生出更多分支，形成较为健全的全县道路网。施坚雅曾指出："中国现代交通网的扩展意味着到 1958 年时，它的所有城市、大部分中心市镇，以及相当比例的中间市镇事实上都被高效的交通与工业城市联结到了一起。"②1963 年 12 月，国道 209 宣恩境内段竣工，起于抱木垭，止于岩板铺，全程 96.0 千米，路面

---

　　①　湖北省宣恩县地方史志编纂委员会编：《宣恩县志》，武汉工业大学出版社 1995 年版，第 151—152 页。

　　②　［美］施坚雅：《中国农村的市场和社会结构》，史建云、徐秀丽译，中国社会科学出版社 1998 年版，第 131 页。

最宽处可达 7.0 米。该道路成为宣恩县与外界联通的重要道路。20 世纪 70 年代，一系列县道和乡道修建起来，共有 19 条道路于 1980 年前竣工投入使用。其中，椒庆线以县自筹和以工代赈的方式于 1974 年 2 月开工，历时 9 个月后竣工，连接椒园和庆阳坝，全程约 9.4 千米。这条道路是现在椒园和庆阳坝通道的雏形，经扩宽和维修后成为乡道005 的一部分，一直沿用至今。

改革开放之后，宣恩县的道路交通逐渐完善，而宣恩县所依托的恩施州交通运输则几乎发生了翻天覆地的变化。从宣恩县境内来说，20 世纪 80 年代基本建立起包括国道、省道、县道、乡道和专用道在内的较为健全的公路体系，各乡道路通达量基本满足出行。从恩施州的交通状况来说，航空线路、铁路线以及高速公路线的进入改变了物资和人员的流通方式，不同地区之间的连接方式也发生了改变，以铁路、航空、高速公路和水运为核心的立体交通网络逐渐形成。鄂西南地区崎岖而复杂的地形，导致建造道路的难度远大于规划航线，这也是恩施地区通民航早于通铁路的原因之一。1993 年，恩施许家坪机场投入使用；2006 年第一阶段扩建完成，可起降大型飞机；2010 年再次扩建，成为 4C 级机场，吞吐量及航线进一步扩大，机票价格也随之有所下降。而真正使鄂西地区改变与外界联通状况的事件则是 2009 年沪渝高速公路和 2010 年宜万铁路的全线通车。铁道和高速公路所带来的人口流动和经济契机为恩施地区旅游业的发展带来了前所未有的机遇，促进了境内产业结构的调整。2014 年，恩来（恩施—来凤）高速、恩黔（恩施—黔江）高速通车，宣恩县、来凤县和咸丰县均有高速公路相通。之后，利万（利川—万州）高速、建恩（建始—恩施）高速、宣鹤（宣恩—鹤峰）高速等道路的陆续修建和通车，使高速几乎可触达恩施八大县市，并进一步连通其他省市。

高速公路的修建在加速庆阳坝人流动性的同时，也在一定程度上造成了现代社会中庆阳坝的"封闭性"。一方面，道路网的逐渐完善和运输速度的急剧提升，打破了大山的阻隔，扩展了人们的流动范围和交际圈；另一方面，高速道路的时空张缩效应和区隔效应则导致中心城市吸纳能力的逐渐增强，而非高速公路的到达点则会被边缘化。[1] 高速公路仅有少数出口连接沿线区域，其"地理区隔效应"放大了"中间消除效应"[2]，将原本较为分散的人流和物流集中到某些重要节点上，而对于其他的地方则少有关注。对于庆阳坝来说，条条现代道路的形成使其从交通枢纽变成交通线路的末端。无论是 209 国道，还是安来高速，其宣恩境内的站点均是椒园集镇。同时，道路的修建和改变与区位资源的分布以及民族国家的建设都密切相关，道路所带来的优势可能改变一个地区在各方面的发展。如同过去盐花古道给沿线驿站带来了辉煌时刻一样，当代道路的形成也使沿线站点拥有更多机会。只不过，现代道路的路线不再与古道重合，古道所具有的实用性和功能性逐渐消失，沿线驿站的辉煌也不可与过去相提并论。

从当地人的交通运输方式来说，交通工具的多样性促使人们的选择愈发多样，而人们对于速度、舒适感和便捷性等因素的追求也塑造了其选择的倾向。在讨论庆阳坝古道驿站时，我们所提及的盐夫实际上就是当时人们以双脚作为交通工具出行的标志。虽然自清末以来，汽车就已经进入中国，但其不菲的价格使普通家庭望而却步，拥有私家汽车对于生活在武陵山区的大多数民众来说是件不可思议的事情。一方面，随着鄂西地区公路设施的逐渐完善，长途货运基本不再依靠人力；另一方面，人口的增长，使得对物资的需求增大，人力运输难以满足人们的需求。湖北省运输公司恩施分公司设立了专门的车队进行货物运输，负责将宣恩县所需的物资运到椒园转运站，并将土特产从椒园转运出去。这种变化是 20 世纪 50 年代以来庆阳坝丧失货运中转站地位的初步表现。

对于普通百姓来说，个人出行方式的第一次大变革源于 20 世纪 70 年代自行车在民众中的流行。20 世纪 80 年代，中国成为世界上自行车数量最多的国家，有"永久""凤凰""红旗""金狮""飞鸽"等自行车品牌。其中，"永久"牌自行车是嫁娶中受人青睐的物件。而这一时期，恩

---

[1]　周大鸣：《道路研究的意义与途径》，《吉林师范大学学报（人文社会科学版）》2019 年第 4 期。

[2]　周大鸣、廖越：《聚落与交通："路学"视域下中国城乡社会结构变迁》，《广东社会科学》2018 年第 1 期。

施州及宣恩县的客运体系也初具规模，基本形成了以宣恩县城为中心向
四周扩散的客运线路，与其公路网络相匹配。据统计，1985 年，宣恩县
有 7 个州级站点、12 个县级站点。其中，椒园是 4 条路线的重要停靠点。
就客运票价来说，平均每千米约 3 分钱，当时鸡蛋每斤 1 角钱。由此可
见，大部分人可以承担乘坐公共客车的费用。

表 5 - 2   1985 年宣恩县客运线路及班次

站别	起止站	班次 （班/日）	里程 （千米）	票价 （元）	宣恩境内主要停靠点
州站	宣恩—恩施	3	45	1.30	椒园
州站	宣恩—来凤	1	90	2.60	茅坝塘、高罗、王家坪、李家河
州站	宣恩—咸丰	1	75	2.20	椒园、倒洞塘、晓关
州站	宣恩—沙道	1	65	2.00	干沟塘、茅坝塘、板寮、高罗
州站	宣恩—洗马坪	1	35	1.00	干沟塘、狮子关、凉风台
州站	沙道—来凤	2	32	0.90	王家坪、李家河
州站	沙道—鹤峰	2	65	2.00	布袋溪、雪落寨
县站	宣恩—万寨	2	30	0.90	板场
县站	宣恩—长潭河	2	34	1.10	干沟塘、狮子关、凉风台、东乡
县站	宣恩—来凤	2	90	2.60	茅坝塘、高罗、王家坪、李家河
县站	宣恩—恩施	2	45	1.30	椒园
县站	宣恩—椿木营	1	197	5.80	高罗、沙道、雪落寨
县站	宣恩—中间河	1	62	2.00	狮子关、东乡、万岭山、诺西
县站	宣恩—李家河	1	72	2.20	茅坝塘、板寮、高罗、王家坪
县站	宣恩—沙坪	1	91	2.80	茅坝塘、高罗、沙道、官庄
县站	宣恩—板栗园	1	71	2.20	板寮、高罗、下坝、水塘
县站	宣恩—桐子营	1	30	0.90	椒园、倒洞塘、堰塘坪
县站	宣恩—晓关	2	32	0.90	椒园、倒洞坪、堰塘坪
县站	宣恩—庆阳坝	1	28	0.80	椒园、龙井

资料来源：湖北省宣恩县地方史志编纂委员会编：《宣恩县志》，武汉工业大学出版社 1995
年版，第 158 页。

目前，"村村通"将各村与上一级村镇相连。以庆阳坝为例，每天有10余趟班车来往于庆阳坝和椒园及宣恩县城，笔者调研期间全程票价为8元。从村村通到州级客运，再到高铁客运及航空运输，人们可以较为自由地往返于乡村和都市。随着人们经济水平的提高和生活条件的改善，很多家庭购置了私家车，自驾出行成为一时的风尚。而选择一种交通工具，也就意味着选择了一种交通路线和生活方式。土路不再是人们出行的第一选择，即使庆阳坝依然有通往恩施芭蕉、盛家坝等地的道路，但人们倾向于选择道路条件更好的路线和更为舒适的交通工具。

对于庆阳坝集市来说，现代交通的发展削弱了它在交通网络中的重要地位，货物和人员集散功能由此下降，其周边村落交通便利性的增强使得庆阳坝的地位在此消彼长中渐趋衰弱；民众出行方式的改变导致过去在土路交通上形成的集市交易圈发生变化，核心市场区域中的一些村庄因与其他集市有更加便利的车路交通而脱离了庆阳坝集市这一中心；如周大鸣所指出的，工业社会中道路会导致"城乡连接方式扁平化"[1]，以椒园集镇为代表的中间市场规模不断拓展，过去自上而下的串联式联结方式不再是首要选择，乡村基层市场的需求减少，除了小件商品，人们更愿意直接去中间集镇或中心集镇购物。

从货物及信息的流通方式来看，与现代交通运输一起变革的还有现代通信技术。互联网的发展、乡村网络基础设施的建设以及中国邮递系统的完善，使网络购物不再是都市人的专利，也成为乡村人日常购物的选择之一。截至2024年，庆阳坝80%以上的家庭安装了无线网，手机成为生活中必不可少的工具。通信技术的不断升级改变了人们获取信息和彼此联系的方式，购物方式也随之改变。笔者调研期间，庆阳坝村内有一处中国邮政站点，可接收所有通过邮政传递的信件和包裹；而其他的快递公司站点则只能到达椒园，村民们需驱车前去拿取。网络平台上商品的种类更多、价格较低，对民众来说更具吸引力，庆阳坝集市的线下购物方式在一定程度上受到线上购物方式的冲击。

---

[1]　周大鸣：《道路研究的意义与途径》，《吉林师范大学学报（人文社会科学版）》2019年第4期。

　　与此同时，数字电视和移动电话等电子设备的进入也改变了民众获取信息的渠道，丰富了人们休闲娱乐的方式。很多新的民俗形式通过网络进入庆阳坝人的生活，网络流行歌曲和民间歌谣共生，"抖音"热门广场舞和传统"打连厢"并存，"王者荣耀"和"和平精英"等手机游戏受到年轻人的喜爱，"开心消消乐""手机麻将"等游戏则受到中年人的喜爱，而手机终端上"微信"等聊天软件、"抖音""快手"等短视频软件成为人们平日交流、记录和分享生活的平台，看电视、玩手机在人们休息时间中占比较大。

　　因此，20 世纪 70 年代末以来，包括道路交通和通信技术在内的现代基础设施的迅猛发展，改变了人员、物资和信息流动的渠道，也革新了人们的出行方式和购物方式，由此导致了庆阳坝集市经济功能的渐趋衰弱；而电子设备等现代技术的日新月异则导致了当地人民俗生活的变化，依托于集市空间的休闲娱乐活动在民众生活中的重要性逐渐减弱，庆阳坝集市公共空间的文化功能有所式微，庆阳坝集市所在区域的城乡关系以及与周边村落的社会关系也随之发生了变化。

三　城镇化与生活变革

　　经济学家斯蒂格利茨（Joseph Eugene Stiglitz）曾预言，深刻影响 21 世纪人类发展的两大课题将是中国的城市化和美国的高科技发展[①]。中国在人口数量、城乡差异、城乡户籍制度以及社会发展阶段上与欧美国家存在差异，这使得中国在过去几十年中所经历的过程更多地被称为"城镇化"，而非"城市化"。[②] 对于中国乡村来说，城镇化是一个复杂的社会过程，包括人口和活动向城市的集中、非城市景观的转化以及城市生

---

　　① 转引自吴良镛、吴唯佳、武廷海《论世界与中国城市化的大趋势和江苏省城市化道路》，《科技导报》2003 年第 9 期。

　　② 李强、陈宇琳和刘精明在《中国城镇化"推进模式"研究》中指出，"城镇化"与费孝通先生在《大城市小城镇》中所分析的中国社会结构相一致，即在北京、上海、广州、武汉等大型城市之外，那些不属于城市级别的县城或建制镇等城镇居民点也是吸纳农村人口的重要场所。

活方式、文化类型及价值观念的生成和拓展。①

　　20 世纪 80 年代中期以来，波兰尼所言的"大转型"成为中国社会经济的变迁路径，市场逻辑渗透入农村、农业和农民中，乡村集市在经济体系和社会结构中的位置也发生变化。一方面，集市在国家建构中的政治动员功能基本被悬置；另一方面，集市内部的力量逐渐多元化，并形成了不同利益群体的分裂与合作，集市所具有的多样功能得以释放。② 具体而言，与欧美国家以市场动力为主的城市化推进模式相比，中国的城镇化更依赖政府在行政政策方面的主导，由此导致了农村市场模式与行政管理区域之间渐趋错位。1949 年之前，农村的社会结构与基层市场所形成的社区体系相吻合，随后国家在社会主义建设过程中对工业、农业、商业进行改造，这一过程对乡村基层市场的影响与当前乡村集市所遭遇的困境和转型不无相关。1949 年之后的一段时间，供销合作社等社会主义改造实践，将原本活跃有序的基层市场逐渐推向"朴素的统一"。这种情况到 1978 年家庭联产承包责任制的实行得以改善，沉寂已久的庆阳坝集市迎来了重新崛起的春天，而这一时期也正伴随着中国现代化和城镇化建设的发展。20 世纪 70 年代末的改革开放以来，市场经济成为社会主义再分配制度调节的杠杆，原本较为保守的经济理念和社会制度逐渐放开，"让一部分人先富起来"的浪潮拉开了东部城市与西部城市以及城市和农村之间的差距，城市中所蕴含的生存机会催生着人们对城市的美好幻想；而 20 世纪 90 年代，政府主导下进行的大规模经济开发区建设和城市改造则进一步将中国的城镇化推向高潮。

　　庆阳坝集市在中国改革开放和城镇化建设的初级阶段取得了长足的进步，成为集市历史中的辉煌时刻；但更加方便和快捷的人口流动使得城市与都市之间的距离不再那么遥远，进入城镇寻求更多晋升机会和改善生活品质的愿望变得具有可操作性。随着东部沿海城市的发展，庞大的劳动力市场需要更多从内地涌入的务工人员，他们相对低廉的劳动力

---

　　① 　John Friedmann, *Regional Development Policcy：A Case Study of Venezul*, Massachusetts：MIT Press, 1966.
　　② 　雷鸣：《乡村变革与社会主义实践的空间政治——论中国当代小说的"集市"叙述》，《内蒙古社会科学（汉文版）》2019 年第 1 期。

价格获得了工厂的青睐。而在农村，很多人也曾在一段时间里认为在城市里工作的人"高人一等"，特别是未结婚的年轻男女更加渴望成为"进城"打工人群中的一员。美国学者韩启澜（Emily Honig）对上海地区的女性纺织工人进行的研究阐明了非城市女性进入沿海地带工作的原因、模式和形式，指出务工者的职业选择与心理需求关系较大，进入城市工作成为一种"时髦"的表现形式①。农民工对本乡社会关系的忠诚则促使早一批的务工人员带着下一批"老乡"进入他们所在的城市，"熟人社会"的特质始终陪伴着这些从乡土流向工业和现代城市的人。大量人口的进城务工直接导致了村内常住人口数量的下降，老人、妇女和儿童在常居人口中的比重则大幅上升。人口的减少降低了乡村对集市的需求量，也就削弱了集市的活力。

城镇化不只是"自上而下"的外部因素的改善，还伴随着人们思想观念的变化。民众对城市生活的想象渗透进日常实践中，从家居结构到村落景观，从饮食起居到医疗保健，当地人经历了一段时间对城市模式的照搬硬套。一些人给过去的干栏式木质房屋装上铝合金门窗，或修建水泥平房，凉亭古街上的建筑混融了传统与现代风格；房屋按照客厅、卧室、卫生间、厨房和餐厅的格局布局，火塘间消失，前铺后居的民居结构被改变。与此同时，村民的消费观念也发生了变化，影响着庆阳坝集市的交易内容和经济功能。以集市上的理发店为例，经营者都是五十岁以上的人，他们能用老式的方法修剪出一些较为简单的发型；但当人们追求都市人的时尚潮流时，庆阳坝集市理发师的吹剪技艺则无能为力，他们的审美标准也和很多年轻人的观念不符。因此，一些年龄不大且要求较高的民众在可选择的情况下不会在乡村集市上的店里消费，于是庆阳坝集市上理发店生意日渐惨淡，只有一些居住在附近的年龄较大的人前去消费。这种现象也适用于服饰店和鞋店等与时尚相关的店铺。而且，现代思维逻辑下产生的对"大地方"的信赖，让过去曾是人们生活中心的庆阳坝基层市场失去了魅力。以医疗健康为例，农村卫生所和城镇医

---

① Emily Honig, *Sisters and Strangers*, *Women in the Shanghai Cotton Mills*, *1919 – 1949*, Stanford: Stanford University Press, 1986.

院的救治能力相对较弱，有条件的人家稍有不适，便前往宣恩县医院或恩施市里的州级或市级医院就诊。

因此，城镇化进程伴随着政治生活、市场制度和社会动力的变化，是社会上层建筑改变和个人主体实践的共同结果，其最明显的表现形式是人口向城镇或城市的迁移。这一过程也与交通、通信、技术等领域的变迁密切相连，深刻影响了现代社会的人们。庆阳坝的人在这城镇化的过程中抑或流向远方，抑或努力守住自己的一方田地，但无论如何，他们的生活都与宏大的国家叙事相关。

综上所述，现代化给整个社会带来的技术变革、经济发展和社会变迁深深影响着庆阳坝在20世纪70年代之后的发展。盐花古道的式微、现代交通的发展和城镇化进程的加速并非相互独立，而是彼此纠缠，成为庆阳集市转型和民俗生活变迁的背景和动因。但是现代道路的缺位，从另外一个方面又减慢了庆阳坝城镇化的步伐，使得其传统在瞬息万变的现代社会中仍保有余温，让今天我们依然可以从中解读其历史。可以说，庆阳坝集市的转型是在社会变迁的过渡阶段的必然选择。

第二节　生活方式当代变迁对集市时空的影响

以实现区域经济交换为主要目的的集市是国家经济建设和社会建设中的重要环节。在现代化背景下，庆阳坝集市没有如施坚雅预言的那样逐渐消失，也没有成长为中间市场，仍保持基层市场的角色在经济体系中发挥作用，但人们生活方式的变迁导致其在时间安排和空间布置上发生了一定的变化。

一　集市时间的延续与缩减

集市周期与国家政策规划、民众经济行为、文化观念和生活方式相互作用。过去，庆阳坝民众的日常生活以在中国传统历法上形成的农耕和集市周期为框架，集市时间是民众生活节奏形成的主要根据；现代化转型中，民众日常生活的时间标尺逐渐多样化，日常活动类型增加，影响着人们参与集市交易及交往的时间，从而推动了集市时间的变迁。

就庆阳坝集市时间变迁的特征而言，其共时上的协调性和历时上的稳定性依然成立。截至 2024 年，庆阳坝集市的周期依然保留了 1980 年以来的规律，即以农历每旬逢二、五、八为开市日。但是，当前庆阳坝集市的开市时长较 20 世纪 80 年代至 90 年代初有所缩减。具体而言，因庆阳坝集市开市而带来的生活节奏和时间安排有所变化。20 世纪 80 年代至 90 年代，庆阳坝集市迎来了发展的高潮时刻，人们天不亮就来赶集，在集市上购物、会友、休闲和娱乐，一直到傍晚时分才散去；但进入 21 世纪以来，庆阳坝集市的开市时间已经从一天缩短至半天。2018 年 7 月至 8 月，2019 年 11 月至 12 月，笔者在庆阳坝调研的过程中，集市一般早上五点半左右开始，到上午十一点左右行商们的货物就已基本卖完，坐商们也基本开到十二点多就关门，一天的赶集就此结束。除了少数在古街上有亲戚朋友的赶场人会在他人家里停留片刻，大多赶集的人采购完所需的物资后便离开了。因此，开市日的下午和闭市日几乎没有不同。

就庆阳坝集市时间变迁的意义而言，其彰显了地方产业转型、城镇化建设和现代化转型中庆阳坝集市在客流量和繁华程度等方面的变化，以及其在塑造民众生活节奏中地位的嬗变。首先，开市时长是衡量集市繁华和活跃程度的标准之一，庆阳坝集市时长自 20 世纪 90 年代以来的缩减，一定程度上反映出当地基层市场客流量的减少和热闹程度的降低。川盐古道的衰落和现代交通的发展分散了原本在庆阳坝集市聚散的货物和人员，当地市场所具备的重要物资分配功能下降，渐趋增多的外出务工人群则进一步削减了集市的客流数量。同时，过去以集市为中心的日常生活节奏感也有所松弛。对于参与庆阳坝集市交易的民众来说，集市在他们的生活时间安排中虽然延续了过去的规律性，但对其生活的影响程度有所下降。

其次，传统文化事象的流失和人们生活娱乐方式的改变，导致庆阳坝集市过去所具有的休闲娱乐功能不再凸显。一方面，20 世纪 60 年代至 70 年代，中国在政治、经济和文化方面的变革致使很多地区的历史文物被损毁、文化传承人被打压，传统文化的传承遭遇断裂的困境。与庆阳坝集市中心地位相辅相成的信仰实践、南剧演唱和岁时节庆等在这一阶段被取消，颜氏"川字坟"、千年桂花树和很多家族的老宅被损毁。另一方面，20世纪90年代以来民众休闲娱乐方式渐趋多样化和私密化，减弱了庆阳坝集市作为村民公共空间的功能。王叔的叙述能够较为全面地反映20世纪90年代末以来庆阳坝集市多重功能的削减及其对集市时间的影响："过去赶场可以赶一天，我81年（1981年）、82年（1982年）来的时候，赶场都要赶一天到黑，过去老年人讲点蜡烛都还要赶场。另外，庆阳坝留得住人是因为过去庆阳坝有唱南剧的、有玩牌的，所以茶马古道和骡马古道是相关联的。所以才留得住人……人们流连忘返的原因是这里凉快，不存在热要开空调。有那么些娱乐，所以留得住人。现在，麻将和斗地主等娱乐活动逐渐普及，也就没有什么人总是待在街上了。"①因此，赶场时长的缩短伴随着集市交易空间社会功能的降低，来往人群的较短停留也相应地减少了人们互相交流的机会，从而使得集市空间中信息的汇聚和释放功能下降。

最后，乡村产业转型和城镇化建设改变了交易圈内居民的人口结构，进而影响了集市实践者的生活时间结构，导致开市时长的缩减。每年4月至10月是采茶季，为避免中午采茶太过炎热，人们一般早上和下午上坡采茶。因此，开市日，人们早早地到集市采购完生活所需后便上山干活了。随着村落里青年外出务工的增多，村内成员多以老年人和小孩为主，一个家庭中照顾小孩的人员有限。一般来说，老人早上趁小孩起床前到集市赶场，赶完场后回家给小孩做早餐、照顾小孩。由此，逐步加快的生活节奏要求庆阳坝民众在集市尽快结束采购，以便展开之后的活动。

由此可见，庆阳坝集市集期的延续和开市时长的缩减是政治、经济、文化和日常生活等方面共同作用的结果。一方面，改革开放以来，国家在所有制制度和乡村市场政策上的波动和调整较小，乡村集市的基本形态得以维持，集市周期因此而延续；另一方面，集市规模的缩小、经济和娱乐功能的式微以及民众生活节奏的变迁导致了集市开市时长的缩减。

---

① 访谈对象：王某友；访谈人：谭萌；访谈地点：王某友家；访谈时间：2018年7月15日。

这一静一动更凸显了集市生活在时间上的稳定性、适应性和协调性等特征。

二　集市空间的腾挪与置换

20 世纪 70 年代以来，庆阳坝集市空间的变迁既包括交易场所的变化，也包括以集市为中心的交易圈以及附属公共服务空间的转移。民众的日常生活在物质空间、经济空间、社会空间、文化空间和生态空间的交互作用中展开，民俗知识也因其所依托场域的变迁而变化。

就庆阳坝集市交易空间的变迁而言，1949 年后由于国家在社会经济管理方面政策的改变，其交易空间随着集市整体的变化而变化。20 世纪中叶，国家对粮食等主要生活消费品进行"统购统销"，加之社会主义改造与人民公社建立，"个体化"经营被取消，将村落里的物资、人员和生产集中于专门的区域。这一时期，以个体户为主的凉亭古街所进行的集市交易活动一度被取缔。随着大食堂、新工厂的建立，庆阳坝的贸易交流中心转移到村落西侧的平房内，凉亭古街上只有极少的家庭进行较为隐蔽的生产或销售。改革开放后，家庭联产承包责任制将人们从集体化的生产生活中解放出来，确立了以家庭为核心的生产生活机制，人们渐渐回归到自己的商铺或农田。庆阳坝人凭借当时逐渐开放的交通网络和过去留下的经贸传统，在原有的商贸空间里，以家屋前厅为店，凉亭古街作为集市交易中心的角色得以恢复，也是在这一时期，凉亭古街所具有的经济功能和社会功能得以重建。时至今日，虽然村落的其他地方也有个别家庭开了店铺，但每逢开市日人们来赶集时，仍以凉亭古街为主，且凉亭桥以北的平坦公路地段也逐渐成为赶集的空间。

就庆阳坝集市的市场区域而言，自经历过 20 世纪八九十年代的二度辉煌之后，庆阳坝基层市场的核心交易圈呈现出缩减的趋势，但外围交易圈呈现出扩大的趋势。近年来，随着庆阳坝人流动范围的拓展、社会媒体对庆阳坝集市的介绍和宣传以及乡村旅游的发展，庆阳坝集市名声远扬，一些生活在宣恩县城、恩施、宜昌和武汉等更远地方的民众慕名在开市日前来观赏或购物；但是，与过去相对稳定的商贸交流圈相比，现代化转型背景下的庆阳坝集市作为基层市场吸纳和中转人流与物资的能力受到限制且有所下降。城乡结构从串联式向并联式的转变几乎与各级市场互动关系的改变在同一时期发生。过去，庆阳坝集市所辐射的范畴是以串联式的方式与庆阳坝相连，庆阳坝是其辐射范围内的人们进行贸易活动必要的中介。但是，随着交通的发展，串联式的连接方式变为并联式，人们可以轻易地前往上级市场进行商品的选购。这种情况不仅出现在庆阳坝集市，在河北定州同样存在："农村的产品市场已经外移至区域的中心城市甚至更遥远的地方，中心镇的市集不再是重要的货物集散地"①，"集市不再是农产品的集散地和余缺调剂的场所，而在更大程度已经成为外部商品向农村销售的'流动商场'"②。同时，以集市为中心的人群和物资流动方向更加多元，原本依托于古道的线性交往规律性减弱，间断性增强。

　　原本庆阳坝集市中的买卖者向椒园、宣恩和恩施等上级市场转移。施坚雅认为交易人从基层市场向上级市场流动有三个原因：一是农民对优惠价格的追求；二是道路交通的改善减轻了村庄与中间市场间的距离阻力；三是较高层次市场的专业分工较为明确，市场服务体系更加完善。③ 很多有关基层市场的分析以参与市场交易活动的农民均为理性经济人为基础，即买卖双方均追求利益最大化，而市场管理者则追求目标决策最优化。作为对于人类经济行为的基本假设，理性经济人的角度对分析人们向上层市场的流动具有借鉴意义，能够解释在现代化背景下包括庆阳坝集市在内的基层市场经济功能的衰落以及椒园集镇向现代贸易中心的发展趋势。但是，理性经济人的理论难以解释庆阳坝集市的当代存续状态及原因。在城镇化背景下，庆阳坝村所出现的空心化和老龄化现象，使得村中居住的多为老人、妇女和孩童。对于他们而言，集市仍然是补充日常生活物资的重要场所，也是他们在村落中谋求生计和建立关

---

　　① 陆益龙：《从乡村集市变迁透视农村市场发展——以河北定州庙会为例》，《江海学刊》2012 年第 3 期。

　　② 奂平清：《华北乡村集市变迁、社会转型与乡村建设——以定县（州）实地研究为例》，《社会建设》2016 年第 5 期。

　　③ ［美］施坚雅：《中国农村的市场和社会结构》，史建云、徐秀丽译，中国社会科学出版社 1998 年版，第 49—50 页。

系的一种方式。尽管集市上的物资已无法完全满足他们生活的需求，但是中国乡村的代际关系和养老育儿模式，使得中年一代成为连接城乡的纽带。很多时候，老人们在集市上无法购买到的物品，都是由他们的儿女在其他市场购买后送回来。在这个意义上，集市作为人们补充生活物资的渠道之一，持续发挥它们的经济价值，并以此维系了其存续。

就庆阳坝集市空间的功能而言，作为集民居和商业场所于一体的凉亭古街，其在村落布局和民众生活中的功能有所变化。进入 21 世纪以来，更多民众从山间沟壑向"磬"上迁徙，"磬"上的民居数量增多，导致庆阳坝的居住点从"一家独大"变成"三足鼎立"。随着家庭人口数量的增多，凉亭古街上房屋因其面积有限，家居优势逐渐丧失；且由于不同地段在交通、房屋条件和基础设施配套上的区别，民众有了更多的选择。就庆阳坝村落内的道路而言，80% 以上的家户已有水泥路相通，这意味着村落里几乎家家户户都可以驾驶车辆到家门口，方便了人们的出行。但是，对于生活在凉亭古街的人来说，河道将他们与道路隔开，只能把车辆停放在古街入口处或风雨桥入口处。与道路直通家门口的人户相比，凉亭古街的便利性相对较弱。同时，随着村委会、卫生所和学校等机构的搬移，庆阳坝的公共行政和服务空间与集市的经济空间相分离，集市功能的复合性逐渐解体。

就庆阳坝集市空间的社会意义而言，以集市为核心的人际关系结构一定程度上得以延续，正式公共空间和非正式公共空间的脱离标志着村内不同主体话语权力的变迁。在社会学空间研究中，正式空间和非正式空间是两种理想状态。根据曹海林对村落公共空间的划分，因集市而产生的空间可被认为是非正式公共空间，因村落行政嵌入而兴的空间可被认为是正式公共空间。① 后者的型构动力主要源于外部，前者则来自村落内部的传统、习惯与现实需求，它的形成及其中所展开的各类活动均受村庄地方性知识及村民生存理性选择的支配，具有浓重的民间色彩。对

---

① 曹海林：《乡村社会变迁中的村落公共空间——以苏北窑村为例考察村庄秩序重构的一项经验研究》，《中国农村观察》2005 年第 6 期。

于庆阳坝人来说，当村落里发挥主要功能的场所都集中于一处时，正式公共空间和非正式公共空间之间的分隔并不明显。但是，随着两者的分离，村委会所在的行政区域作为村落的正式公共空间而存在，以凉亭古街为中心的集市建筑群则属于非正式公共空间，两种空间在社会地位上的不对等反映出现代化转型和乡村建设中村落主体性高于集市主体性的状况。

因此，庆阳坝目前的村落空间从集中向分散变迁，其权利和社会关系也从紧密向分散变动。社会关系变得更加多元和复杂，不同群体的利益争夺成为乡村建设中必须面对和解决的问题。

综上所述，20 世纪 70 年代以来，随着庆阳坝人生活方式的变迁，庆阳坝集市时空在延续传统的基础上，不断变迁和重构，呈现了乡土社会和基层市场在现代化背景下的变化趋势。时间和空间的工具性和社会性定义了集市时空在民众日常生活中的角色和地位，其变化与民众生活变迁同频共振，是集市转型和民俗生活变迁的时空框架。

第三节　集市功能的当代转型

基层市场是中国农村现代化转型的重要推力，其在地方经济发展、社区秩序构建和区域民俗生成中的重要性决定了集市的转型关系到民众生活的方方面面。一方面，庆阳坝人继续生活于集市传统中，通过利用集市传统促进地方发展和改善自身生活；另一方面，民众在经济建设、遗产保护与和谐社会建设中的努力又维系了以"赶场"为核心的集市实践的延续，推动了庆阳坝集市经济功能的现代化转型和文化—象征功能的当代凸显。

一　从茶叶到"茶业"：集市经济模式的嬗变

20 世纪 90 年代及其之前的很长一段时间里，庆阳坝集市都是作为物资中转站和交通枢纽的角色在城乡和地方经济建设中发挥作用。但是，现代高速公路绕开庆阳坝之后，庆阳坝集市的人员与物资流通量的减少，使得其经济功能渐趋下降，推动了当地小商贩、小作坊和小规模交易模式向专业化、产业化和工业化生产机构的转型。这是现代社会对基层市场经济发展的要求。

庆阳坝集市经济功能的下降导致依托于集市贸易的生产生活和社会秩序遭遇困难。首先，对于很多家庭，特别是居住在凉亭古街上的居民来说，过去依靠给来往商人提供住宿和饮食的谋生手段已不能再成为家庭收入的主要来源。其次，集市经济功能的下降造成了社会的不稳定。由于一些人没有固定的工作，有效劳作对人们生活节奏的制约较少，村落里出现了一些无所事事的人。因此，无论是对于个人还是社区来说，如何合理安置从集市里释放出来的劳动力，使大多数人有合适的工作岗位，不仅是提高地方经济收入、改善民众生活的需求，也是维护社会秩序的必要手段。

作为庆阳坝集市早期发展中的三大重要物资之一，茶是庆阳坝本地生产的物资，也是庆阳坝地方经济的特色所在。在现代化转型中，庆阳坝集市经济模式以"茶业"为核心，改变以往的种植和产业结构，尽量避免"小农经济"的弊端，将乡村集市融入国家乃至国际经济贸易网络中。就茶叶的种植模式而言，20世纪80年代前基本是茶粮间种，茶田不集中且种植不成规模。但1986年后，宣恩县茶叶生产技术提升，确立了全面推进茶叶产业化的目标。后来，在"一村一品"乡村建设的倡导下，各村镇因地制宜地进行村落特色经济建设。以椒园镇为例，黄坪村以种植黄金梨为主要产业，包括庆阳坝、水田坝等在内的村落则以茶叶为主要经济作物。2006年，在整体规划下，庆阳坝将所有的农田改为茶田，原本坝上的水稻田放水，专门用于种植茶树，仅有少数土地留作玉米、土豆等粮食作物种植。与此同时，宣恩县决定将茶叶经济作为振兴乡村经济的主要途径之一，确立了以市场为主导、由政府引导和多方合作共建的整体发展路线。

这一时期，庆阳坝茶叶品种逐步确立，由政府统一规划，从福建引入"福云6号"和"福鼎"等品种的茶树苗，并种植本地的"鄂茶10号"和"鄂茶1号"。"外地茶比本地茶产量高，（福云）6号产量最高。

所以，老百姓喜欢它。"① 凭借庆阳坝集市在过去所积累的人流量和红茶生产的基础，当地政府于 2012 年将村落东侧建造的道路打造成"红茶一条街"，这一举措在当时给庆阳坝带去了较好的效益，"从庆阳坝销售出去的红茶每年达到 600 多万斤，一到逢场，卖红茶的人要压断街，交通堵塞，红茶交易不得了"②。但是，这种情形未能延续太长时间。随着茶叶制作技艺的进步，茶叶种类不断丰富，市场上对红茶的需求逐年下降，庆阳坝所生产红茶的销量因此减少，"红茶一条街"也不复存在。

2014 年至 2016 年，人们生产绿茶、红茶和黑茶等多种茶叶，未能在村落中形成较为统一的茶叶类型。而此时，与庆阳坝相邻的水田坝则已确定了以白茶种植为核心的茶叶产业，并经过十余年的发展，水田坝的茶叶生产与生态和文化旅游相结合，成为村落经济和人们生活改善的支撑点。应该如何更好地利用茶叶致富成为庆阳坝人思考的问题。

2017 年是庆阳坝茶叶种植和生产的转折点。肖某军凭借其多年从事茶叶生意的敏锐洞察力和与外界交流积累的丰富经验，曾多次建议在庆阳坝引进黑茶工艺，以解决茶叶收购周期短、价格低等问题。2017 年，该建议被采纳，庆阳坝于 2017 年 1 月召开黑茶加工工艺培训会。当地茶商联系湖南安化一带的茶叶收购商，建立了由庆阳坝种植、生产，湖南安化茶厂收购、包装和销售的产业链。通过把庆阳坝的茶叶销往湖南及更远的地区，以庆阳坝为源头的安化黑茶生产网络得以建立。这一变革极大地提高了茶农们的收入，据刘叔的回忆，2017 年茶叶种植和加工给村里增加了约 80 万元的收入。

"茶业"生产模式的确立将原本较为分散的小商贩和运茶帮结合起来，促使他们成为有规模、有分工和专业化的生产者或经销者，实现了农民的现代化转型。一些公私合营的茶叶专业合作社或公司在庆阳坝成

---

① 访谈对象：刘某儒；访谈人：谭萌；访谈地点：乡里乡亲农家乐；访谈时间：2019 年 11 月 1 日。

② 访谈对象：刘某儒；访谈人：谭萌；访谈地点：乡里乡亲超市；访谈时间：2018 年 7 月 16 日。

立，促进了庆阳坝茶树种植、茶叶生产和销售产业链的完善。根据2018 年的统计，村内茶树种植面积达 2260 亩，茶叶加工厂 12 家。截至 2020 年 1 月，庆阳坝的茶叶专业合作社和公司增加至 18 家。随着精准扶贫和乡村振兴战略的实施，国家和地方对个人种植和生产茶叶给予了更大的扶持，向茶农免费提供茶树修剪机、茶叶杀青机、茶叶炒（烘）干机和茶叶揉捻机等机器，99 户精准扶贫对象种植茶树，面积共计 420 亩。由此，茶叶在庆阳坝现代化转型对在地方经济提升、社会秩序稳定及乡村和谐发展等方面都发挥了不容忽视的作用。

因此，在庆阳坝集市流通的众多物资中，当川盐和棉花难以给庆阳坝带来经济收入时，茶成为集市转型和经济发展的主要依托物。从各家各户种植的茶树到村落集体生产的类型统一的茶叶，再到远销湖南、山西乃至海外的"茶业"，茶在庆阳坝经济复兴中成为主要支撑。人们的日常生活也因采茶、种茶和卖茶而发生变化。可以说，从茶叶到"茶业"的转变是庆阳坝集市经济模式现代化转型的集中呈现，带动了当地农民生产方式的变化，拓展了集市生产的辐射面。

二　从经济枢纽到文化符号：集市文化功能的异化

尹建东和吕付华在对近年来中国云南边境集市的转型进行研究后，认为云南边境集市功能的现代转型存在置换现象，即虽然集市的传统经济功能渐趋减弱，但集市的社会文化功能不断增强，且在社会交往、文化消遣等方面的作用愈发显著。[①] 虽然庆阳坝集市所在的区域不如云南边境地区文化差异性大，但庆阳坝集市空间本就是一个多功能的社会空间，具有经济贸易、休闲娱乐、文化实践和社会交往等多重功能，庆阳坝人的集体记忆因集市而变得美好且丰盈。

首先，虽然人们休闲娱乐方式已然改变，且庆阳坝村落里建有了新的广场和娱乐场所，但是集市时空依然是当地人重要的文化实践场域。无论是岁时节庆、戏曲表演，还是祭祀游行，凉亭古街及其附属建筑风

[①] 尹建东、吕付华：《传统延续与现代转型：当代中国边境集市结构功能变迁研究——以云南为中心的考察》，《云南师范大学学报（哲学社会科学版）》2018 年第 4 期。

雨桥和戏楼等仍是庆阳坝村举行大型活动的所在地。其夏日遮阳、雨天避雨的建筑特色促使其作为大型活动核心场域而在人们的日常生活和民俗生活中发挥作用。

其次，集市时空是当代人的记忆载体和精神寄托。对于村落里的留守人员来说，庆阳坝集市是他们寄托思绪的场域；对于在外务工的人们来说，庆阳坝集市则是他们乡愁的另一端。当地人在讲述庆阳坝历史时，通常将集市作为庆阳坝区域文化和历史沿革的重点。庆阳坝集市塑造了当地人集体记忆的主要框架，关于集市的回忆总是展现着过去庆阳坝人繁荣昌盛的生活经历和在社会关系网络中所占据的优势地位。而且，人们常常将现在与过去对比，在讲述当今苦难的时候，为过去蒙上充满魅力的神秘面纱。哈布瓦赫（Maurice Halbwachs）曾在其有关记忆的研究中，指出人的记忆通常有美化过去的现象。[1] 记忆的特性和讲述的选择性不断凸显着庆阳坝集市的其他功能，如经济中心作用、休闲娱乐和社区整合功能。

再次，作为庆阳坝集市交易场所，凉亭古街的建筑实体延续至今，于 2008 年被公布为"省级文物保护单位"；凭借以古街为文化空间的集市传统，庆阳坝村于 2010 年入选"中国历史文化名村"名录，于 2012 年入选"中国传统村落"名录。古街从民众生产生活和商品交易的场所成为庆阳坝村的一张名片，并被抽象为吸引外来游客的文化符号，其文化—象征功能得以凸显。文化—象征功能的凸显在乡村集市从经济枢纽向文化符号的转型及村落建设中都发挥了重要作用。与一般意义上的文化功能不同，文化—象征功能与象征人类学的研究视角相关，是一种"虽然也关注人类文化的各种具体表现形式，但把文化视为一种能够传递信息和表达观念的象征体系，从主位和客位相结合的角度，来研究不同社会中各种文化象征符号所包含的多重意义"[2]。这是现代化转型中庆阳坝集市空间于当地人新增的意义。现代背景下有关传统文

---

① ［法］莫里斯·哈布瓦赫：《论集体记忆》，毕然、郭金华译，上海人民出版社 2002 年版。

② 瞿明安：《论象征的基本特征》，《民族研究》2007 年第 5 期。

化保护、遗产申报及传承和民俗旅游的发展，将集市从单纯的文化事象变为资源，并激发了其转化为资本的潜能。当地人抓住这一历史机遇，在集市时空的基础上挖掘和发明"传统"，营造庆阳坝以"集市"和"古道驿站"为核心的社区氛围，以吸引游客，促进当地经济发展。为此，人们保持并按照"想象的传统"修缮古街，尽量营造出对"土家商贸活化石"的幻想。集市中一些标志性的、彰显历史悠久的记号也得以保存，如"庆阳客栈"的牌匾、从地里挖掘出来的关庙修建功德碑等均被保留。集市作为庆阳坝的特色已经从日常生活走向了民俗展演，成为关于文化传统和地域特色的象征符号，是当地人向外展示自我的工具之一。

最后，对于生活在庆阳坝或参与集市交易的人们来说，当集市成为一种符号时，也就成为他们群体身份塑造的方式。集市作为人们的交际场所，彼此间的联系在此建立，且集市空间中对"我们"和"他们"的区分曾在庆阳坝的社会关系结构中充当了重要角色。人们在"摆古"中口耳相传的故事则使集市作为一种民俗物被传递，有关集市的记忆因此保留且成为人们共享的过去。如乌丙安先生所言，信息的传送塑造了人们的民俗性格和充满民俗信息的世界，由此培养和增强了人们的民俗归属感。[①] 集市时空和历史作为象征物的特征依然在人们的身份构建中发挥了较大的作用，增强了民众的文化认同感。

因此，随着现代化和城镇化建设进程的加快，庆阳坝集市所具有的经济枢纽作用无法同日而语，但其作为集体记忆的重要组成部分持续在民众中发挥其文化功能，且随着近年来国际社会对传统文化的逐渐重视和民俗旅游的兴起，其文化—象征功能凸显，庆阳坝集市时空所具备的贸易功能渐趋让步于文化传承和传播功能。

三　从"赶场"到"聚会"：集市实践意义的变迁

杨懋春指出农民消费需求的增长以及传统的惯性促使民众依然去集

---

①　乌丙安：《走进民俗的象征世界——民俗符号论》，《江苏社会科学》2000 年第 3 期。

市交易，因而基层市场不会因民众向上级市场的流动而消失。① 庆阳坝民众逢二、五、八赶场的传统持续至今，既展现了转型期乡村集市在农村经济交换中功能的延续，也与当前集市时空意蕴的转变相关，这一实践活动被赋予了新的内涵。

首先，庆阳坝集市仍是周边民众获取基础物资和信息，并进行基本商业活动的场域，庆阳坝集市的经济功能和社会声誉意义依然存在。一方面，集市买卖能满足交易圈内民众的基本生活需求，理发匠谢叔说道："我们这里的经济很薄弱，做生意就是把命吊着，不得饿死。在街上就是比在乡里要好一点点，没那么苦。"② 而且，虽然开市日集市的客流量不如以往，但由集市周期所造就的"集体性狂欢"依然存在。开市时间的缩减使得开市日和闭市日凉亭古街热闹程度的对比更加明显，人们常常说"现在衰完了，过节人还多一点，冷场像死了人的"③。另一方面，因民俗传统而产生的物资需求为庆阳坝集市经济功能的延续提供了可能，民众发挥自身能动性，调适庆阳坝集市在转型期遭遇的困境。以裁缝铺曹老为例，早年靠给人们制作日常着装而在当地享有盛誉，吸引了方圆几里的顾客前来定做衣服。后来，曹老的裁缝店主营寿衣等为亡者准备的随身品，包括寿衣、枕头、被子和帽子等。与寿衣制作相似的还有蜡烛、香纸等行业的持续。由于丧葬仪式、节庆民俗及信仰观念的延续，这些产品因其包含的人文关怀和文化传统而延续，成为集市交易中的重要组成部分，民俗生活对集市贸易的反哺得以体现。

其次，"赶场"这一实践活动所具备的休闲娱乐、交朋会友和信息交流的功能凸显了其在民众生活中"聚会"的作用，维系了集市时空作为社会空间所具备的特殊意义。现代化背景下，随着农村社会城镇化进程的加速，中国传统社会的"家—国"情怀以及近代社会的"单

---

① 杨懋春：《一个中国村庄：山东台头》，张雄、沈炜、秦美珠译，江苏人民出版社2001年版，第237页。

② 访谈对象：谢某发；访谈人：谭萌；访谈地点：谢某发家；访谈时间：2018年7月14日。

③ 访谈对象：谢某发；访谈人：谭萌；访谈地点：谢某发家；访谈时间：2018年7月14日。

位—国家"关系都在逐渐向个人中心主义的行为方式靠拢。日渐发达的通信使人们可以通过手机终端联系位于不同地点的人，但网络世界和即时沟通的发展带来的则是见面频率的减少。对于农村社会来说，人与人之间的黏合性也在逐渐减弱。这与中国小农经济下延续了几千年的团结观念相悖，对于正处在城乡转型过渡期的农村人来说，一方面，他们渴望都市生活；另一方面，他们也期盼能够拉近与他人的关系，"见面了再商量"的传统在人们的观念中延续。基于集市周期在人们日常生活中塑造的节奏感，人们通过赶场的方式相互聚集，不论平时见面与否，在赶场时开门的早餐店里、在蔬果摊前，无论是商家还是顾客，都彼此问候、相互交谈。集市时空所具备的信息交流、增进关系和团结社区的功能依然存在。民众的社会关系与家庭有关，更与集市交流有关，人们过去在集市上积累的信用和人气，仍然是他们今天与他人交流的资本。同时，集市充当了城乡之间社会文化枢纽的角色，吸引着很多在外务工短暂返乡的青年人的停留①。每逢寒暑假，外出读书和务工的青年回乡后，总要"到街上去逛逛"。一方面，参加集市活动可以消除他们返乡时期的"无聊"；另一方面，"赶场"也是他们童年时期的记忆，是他们慰藉乡愁的一种方式。

另外，对于居住在宣恩县城、恩施市区或者其他城镇的人来说，他们来庆阳坝赶场则与其消费观和生活观的改变相关。随着人们饮食观念从"吃得饱"到"吃得好"再到"吃得健康"的转变，一部分民众把在农村集贸市场购买食物作为"有机生活"的表现形式之一。在调研中，两位从恩施到庆阳坝集市赶场的人告诉笔者："这里的东西都是老百姓自己种的，猪也是他们自己养的，没有添加剂，吃起来放心！"②还有一些人则是出于猎奇心理，想来感受"赶场"的热闹氛围，顺便购买一些小吃和地方特产。于他们而言，"赶场"是与自然接近、与乡里人打交道和满足好奇心的实践过程。

---

① 尹建东、吕付华：《传统延续与现代转型：当代中国边境集市结构功能变迁研究——以云南为中心的考察》，《云南师范大学学报（哲学社会科学版）》2018年第4期。

② 访谈对象：在庆阳坝赶场的顾客；访谈人：谭萌；访谈地点：凉亭古街；访谈时间：2018年6月15日。

因此，作为转型期庆阳坝民众参与集市实践的主要形式，"赶场"不仅是当地人参与集市物资交换的方式，也是实现人情互动和情感交流的途径之一，还是都市人满足其健康生活追求的手段，成为人们之间的定期"聚会"。这一实践活动维系了集市的经济功能，也凸显了集市在城乡结构转变和维护地方秩序中的重要作用。

综上所述，面对庆阳坝集市在现代化进程中面临的困境，当地民众通过其实践推动集市经济功能和文化意义的现代转型，使集市持续在民众生活中发挥作用。对于当地民众而言，其依托于集市时空展开经济生产、日常生活和民俗实践的传统得以延续；而集市经济功能的式微和文化—象征功能的凸显，则形成了"集市中的民俗"向"民俗中的集市"的现代转型趋势。

小　结

现代化背景下，随着科学技术的进步、道路交通的改造、通信方式的升级和中国农村城镇化进程的加快，人们的衣、食、住、行等方式均发生了翻天覆地的变化，人群的流动频率更高、范围更广。新的民俗事象不断进入当地人的生活中，促进民俗生活内容和形式的不断革新，乡村集市的经济中心地位、政治联通功能和文化生成作用逐渐削弱。如果说过去是集市型构了人们的日常生活和民俗谱系，如今则是人们的生活实践定义了集市的意义，以集市为依托的传统民俗事象被赋予新的内涵，其文化—象征功能逐渐凸显。庆阳坝人的生活在传统延续和现代转型中进行，集市与村落、农村与城镇以及过去与现在关系的平衡因民众实践得以维系。

第 六 章

集市转型中的民俗生活重构逻辑

民俗学不应只是发掘国家民族地位的工具①，也应是关注现代社会之科技充斥的生活世界的一门经验文化之学②。生产生活方式的改变致使一些民俗事象发展、变异或消亡，也促成了新民俗的发生。与过去庆阳坝集市中的民俗生成不同，当前庆阳坝民俗知识的生产脱离了传统民俗的社会语境，是民众为促进集市转型有意识的民俗构建活动，民俗生活呈现出展演性增强的特征，"传统化"和"民俗主义"等现象频出。正处于新旧因素并存、交织和碰撞转型期的庆阳坝集市，面临着多元利益群体、价值观念和话语权威相互纠葛并矛盾冲突不断等情况。分析集市转型期社会结构中不同主体和乡村社会发展两种话语，可以再现庆阳坝集市转型过程中民俗生活构建的表现形式、内在冲突及调适方式。从中，我们可看到民众在集市转型中的能动性及其民俗生活重构的逻辑，从而理解集市和民俗生活关系的当代表述方式。

第一节　集市转型中民俗生活重构的实践者

处于转型期的庆阳坝集市面临着现代社会分工细化、结构异质化③和

---

① ［美］丹·本－阿莫斯：《科技世界中的民间文化·序言》，《西方民俗学译论集》，李扬译，中国海洋大学出版社2003年版，第94—98页。
② 周星：《"生活革命"与中国民俗学的方向》，《民俗研究》2017年第1期。
③ ［法］埃米尔·涂尔干：《社会分工论》，渠东译，生活·读书·新知三联书店2000年版。

民众流动性渐趋频繁等境遇，过去以"熟人社会"为基础的乡土生活开始瓦解，而以集市为中心的社会秩序也逐渐弱化。民俗生活构建的多元主体悉数登场，包括正式的政治权力代表、非正式的民间生活代表、交流互融中的"凝视者"，他们在身份资本的逻辑引导下展开民俗生活重构实践。

一　正式的政治权力代表

庆阳坝存在以村民委员会为代表的正式权力组织和以集市共同生活圈成员为代表的非正式权力组织，两者在地方秩序的构建中发挥了重要作用。地方行政管理人员作为官方话语的代言人，在国家和地方权力的互动中发挥了重要作用，他们虽数量在总人口中占比较小，但对村内事务的决策权较大。

根据当代中国的基层治理架构，庆阳坝村落里与正式权力相关的实践主体既包括村民委员会成员，也包括从乡镇党委政府或其他部门调派来的工作人员。该村实行"两委一肩挑"制度，即村党支部书记兼任村委会主任，另有两名委员则分别担任当地老年协会理事会理事长和常务理事长等职务。在笔者调研期间，随着"精准扶贫"等相关乡村建设国家战略的实施，庆阳坝权力机构中还有驻村"第一书记"等人员。

中国的政治权力网络以串联式的、从上而下的方式连接，这种方式在市场关系和城乡关系逐渐向并联式转变的过程中依然较为稳固，由此造成了经济结构和政治结构变迁的不完全同步。村民委员会是地方最基础的治理和管理机构，以实现村民自我管理、教育和服务为目的。对于庆阳坝村委会成员来说，他们既是政策措施的传达者和执行者，也是村落普通百姓的代言人和集体权益的维护者。村落内部政治权力实践者的双重身份和责任成为他们在日常生活和民俗复兴活动中行动逻辑的基础。

作为地方社会结构中的一员，大多数正式权力空间的代言人生于斯，长于斯，与庆阳坝的普通群众享有同样的成长语境和集体记忆。2018年，村民委员会成员的平均年龄为45岁，除村委会主任曾离开庆阳坝学习之外，其他人大多数时间都在庆阳坝生活。而在2018年换届之前，村民委员会成员的年龄都在 50 岁以上，他们经历并见证了庆阳坝集市近年来的变迁。因此，就文化身份而言，他们和普通的庆阳坝人是同一群体，甚至有时因其文化自觉性和自省性更强，而比其他人更加重视和了解有关庆阳坝的历史文化。这也成为很多研究者进入乡村进行田野调查时首先会联系当地管理机构的人员进行访谈的原因之一。

在社会快速变迁的阶段，村委会成员与普通民众间也难以避免地产生了一些隔阂。侯红霞在分析中国转型期村庄权力的冲突和调适时，指出责任强而权能弱的乡镇政府为完成上级任务，只能不断向下延伸行政责任，以便找到自己的"腿"，由此造成了村民委员会的行政化和村干部的"官僚化"，疏远村干部和民众的关系，进而削弱乡村社会的自组织化。① 在庆阳坝，虽然村委会成员和普通民众具有同样的文化背景，但他们作为国家法律在地方施行的遵守者和监督者，有必要对村落内部不合乎法律的行为进行管理与处置。而民间社会某些约定俗成的规则和国家现代法律之间的微妙关系使得他们的工作具有一定的困难。他们有必须推动的项目，也有一些必须组织的活动，在此过程中，他们与非正式空间参与者的矛盾和冲突也逐渐产生。

因此，庆阳坝集市转型中民俗生活重构实践主体中代表政治权力的人员数量不多，但具有较强的话语权。从文化角度来说，他们和当地人是同一群体，都对本地文化有较强的责任感；从社会角度来说，他们又在政治权力上具有比普通群众更高一级的地位。他们既要对各级部门负责也要对当地民众负责的双重身份成为他们在民俗重构中的逻辑基础，而他们职能的发挥则直接影响着国家权力和地方社会之间连接和互动的方式及结果。

二　非正式的民间生活代表

庆阳坝集市公共生活圈内的普通村民形成了社区里非正式但十分有力量的群体。这个群体具有凝聚性强和行动力强等特征，但也是一个异质性较强的群体，性别、年龄、住所和经历等因素都可能导致他们在民

---

① 侯红霞：《转型期村庄权力秩序的冲突与调适》，《沧桑》2009 年第 2 期。

俗重构中实践逻辑的差异。

　　就性别而言，男女在相互协作中共同实践其日常生活并构建民俗生活，但是两者在话语权威上有一定差异。在社会转型期，随着大量男性青壮年外出务工，依然生活在村里的女性在乡村振兴和文化传承等活动中的角色凸显出来。一方面，女性在文化传统代际传承中发挥了中流砥柱的作用。受传统观念的影响，男女两性分别属于公私领域，女性与后代的相处时长和亲密程度使她们在民俗事象的家庭传承中占据主导地位。那些她们在火塘边讲述的传说故事和田间地头吟唱的歌谣促进了民俗知识和记忆的代代相传。另一方面，性别特征与"他者"凝视的交互作用，激发了村落中留守妇女在民俗复兴和乡村旅游发展中的潜力。梁丽霞和李伟峰曾在其研究中指出："在发展民俗旅游的背景下，女性东道主成为旅游地民俗文化传承的主体。"① 在庆阳坝，大多数参与传统舞蹈、乐器表演和仪式烹饪的人都是女性。

　　然而，女性在民俗传承与重构实践中的重要作用并不意味着其较男性具有更强的话语权威。在庆阳坝民俗生活重构的过程中，女性虽然在一些基础技能的训练上占据了相当分量，但在此过程中，男性的主导性地位却是不容忽视的。历史上，男性在教育、工作和对外交流等方面拥有的有利条件使他们成为事件中的"可见者"。在村落重大事件的决策和组织中，男性展现出了更强的话语权威。特别是在民间信仰或有关生命仪式的实践中，男性处于主导位置，而男性的讲述和选择在村落中通常更具有"可信性"。另外，一些男性"走南闯北"的经历在丰富其个人阅历的同时，也让他们有更多的故事可讲，从而在村落和集市文化的对外展示中掌握了话语权威。民俗学者刘惠萍对民间故事讲述传统的研究展现了男性在非物质文化遗产代表性传承人评选等方面的优势。② 因此，两性均在民俗生活重构中发挥了作用，但相对而言，男性处于主导位置，女性是具体的操作者和后勤保障人员。

----

　　① 梁丽霞、李伟峰：《民俗旅游语境中女性东道主与民俗传承》，《民俗研究》2015 年第2 期。

　　② 根据 2018 年 5 月 21 日刘惠萍教授在中央民族大学举办的《族群性别与讲述活动——以花莲的客家讲述人为例》讲座内容整理所得。

　　就年龄而言，年老者和青壮年在阅历、精力和社会地位等方面有所差异。一方面，年老者因其在庆阳坝生活的时间较长，成为记忆的储存者和讲述者，他们的亲身经历和个人记忆是挖掘历史、抢救遗产和保护传统可依赖的资料。截至 2019 年 11 月，庆阳坝村健在的 1960 年之前出生的人有 361 名，其中最年老者已有 95 岁。在访谈中，当村里的青年人无法讲述更多庆阳坝历史的故事时，他们常常会说："问我我是找不到哈数（不知道什么）……摆古（讲故事）都没有哪个摆了……只有邵黑佬儿晓得（知道）。"① 另外，以集市为基础的社会秩序维系了年老者的社会威望，包括颜某林、余某槐和邵某英等在内的年老者在村落矛盾的协调中发挥了重要作用。因此，年龄带给年长者的历史记忆、人生阅历和社会威信使他们在民俗复兴中发挥力量。另一方面，青壮年的体力和精力都较为充沛，且对新鲜事物有较强的接受力，现代交通和通信技术加强了他们日常生活的流动性，也提升了他们思考方式的创新性。在网络时代，他们从外界接收的信息以"短、平、快"为特征，改变着他们对过去的认识。虽然与年老者相比，青壮年对庆阳坝的历史了解相对较少，但一些在外工作过一段时间后回到家乡的人却因其城市经验和经济资本在村落中赢得了人气。

　　不同年龄阶段的人在相互承认对方优势的同时，也伴随着一些因话语权威的竞争而产生的冲突。拥有记忆和讲述过去能力的年老者在民俗传承的范畴内占据了主导地位；但是，在现实的村落发展中，年老者却处于双重无奈的境地。在这种情况下，年老者在经济话语和社会地位上的失语，激发他们更好地利用记忆，将其作为资本以获得社区威望，正如哈布瓦赫所言："在我们的社会里，老人也受到尊敬，因为他们阅历丰富，拥有许多记忆。正是这种功能给了他们现在得到的唯一声望，他们怎能不刻意地努力履行这一功能呢？"② 而这一功能发挥的结果之一是丰富了村落整体的传说和故事，为民俗生活的重构奠定了基础。

---

　　① 邵黑佬儿即邵某英，2018 年笔者采访他时，他已 88 岁。

　　② ［法］莫里斯·哈布瓦赫：《论集体记忆》，毕然、郭金华译，上海人民出版社 2002 年版，第 132 页。

就居住位置而言，空间的社会意义形塑了人们的交际关系，影响着居住在不同区域的民众参与民俗生活重构实践的积极性。前文叙述了庆阳坝集市的空间秩序及其在转型期的变迁，凉亭古街所具备的历史底蕴和文化内涵使其成为文物保护、文化复兴以及开展大型活动的中心场所。因此，居住在凉亭古街上的人是受到各类保护或建设活动影响最大的群体，他们参与文化复兴活动的积极性和深入程度对活动的开展有较强的干预。与此同时，历史过程造就的凉亭古街居民在村落社会地位上的优越感，增强了他们了解并保护历史文化的责任感。大多数能够讲述庆阳坝历史故事和逸闻趣事的人都居住或曾经居住在古街上。与居住在其他地方人的相比，居住在古街上的人更有积极性，也更愿意在地区文化空间的营造和复兴中贡献其财力、体力和精力。因此，居住位置在村落中所造成的身份效应成为从空间维度理解人们参与村落活动的逻辑基础，它影响着人们之间的相互交流，也决定了人们在民俗生活重构中的角色。

三　交流互融中的"凝视者"

村庄并非一个自给自足的单位①，庆阳坝自成为古道驿站以来就吸引并接纳大量从其他地区迁移过来的移民和商客，历史上的交流互动赋予了庆阳坝人开放包容的心态。在庆阳坝集市转型的过程中，更加多元的外界力量进入当地，并在不同的场域中担任了重要的角色。基于庆阳坝与外界沟通而形成的实践主体以有组织的企业机构、摄影爱好者、游客或研究团队为主，与过去因经济贸易、生活流离或婚姻嫁娶等原因进入庆阳坝的外来力量相比，前者的进入更具有引领性和传播性。

企业主体在庆阳坝经济转型和发展的过程中发挥了较为重要的作用。在庆阳坝从茶叶向"茶业"经济模式的转型中，外地茶叶公司进驻庆阳坝，完善了当地茶叶加工制作产业链，而远在湖南、江西、山东等地的茶叶公司则从品牌打造和销售渠道等方面强化了庆阳坝作为茶叶生产基地的功能。在"精准扶贫"国家战略的引导下，乡村企业和产业的建设壮大了劳动力市场，解决了部分村民无工作无报酬的困难。在对庆阳坝

---

①　费孝通：《江村经济——中国农民的生活》，商务印书馆 2001 年版，第 10 页。

进行援助或扶持的企业几乎都是营利性企业，没有非营利性组织。企业成员所具有的商业性质意味着其对于经济利益有强烈诉求，由此形成的企业主体和村民之间的矛盾也成为在转型建设中不得不面临的问题。

文化爱好者、摄影爱好者和媒体人在庆阳坝集市的文化挖掘、记录和宣传中发挥其自身优势。宣恩县摄影协会、武汉摄影协会等组织的成员以及各级媒体的工作人员经常来庆阳坝采风，借助专业的设备和技术，用影像记录他们在乡间捕捉的精彩瞬间，并将这些资料发布到网络社交平台上供大家欣赏点赞，扩大了庆阳坝的影响力，吸引更多的游客、摄影爱好者或文化爱好者前来观赏；媒体人则以报道和宣传当地传统文化为主要目标，向受众展现具有民族特色和历史底蕴的庆阳古街。一方面，他们走南闯北的丰富经历赋予他们较为开阔的眼界，能够为庆阳坝的建设出谋划策，而以他们为发起者在当地举办的活动丰富了民众的民俗生活，激发民众参与民俗生活构建的积极性；另一方面，作为"他者"，摄影爱好者和媒体人的介入有时是刻意的。为了创作更好的摄影作品，部分摄影爱好者使用烟雾等专业道具营造气氛，或一遍又一遍地要求当地人重复某一动作，或定格于某一动作进行摆拍。调查中，一位以卖熟食为主要职业的中年女性讲起之前摄影爱好者拍摄她烹饪过程的经历时，说道："宣恩摄影家协会在这里住起了拍，要我蒸社饭，现去泡米，现去打蒿子，炒干、蒸熟了，他坐在这里，慢慢弄。"①

从事学术研究的人虽然在庆阳坝外来人员的数量比例上不占优势，但是学术研究者本身携带的社会资本却使他们成为一个特殊且重要的群体。这种社会资本源于学术研究者的教育资本、经济资本和社会影响力，他们对项目、政策及其效应的观察与评估，可为政府、企业和社会组织等多元主体提供建议，进而影响有关集市转型的理念和行动。目前，对庆阳坝的研究主要集中于建筑学、人类学、社会学和民俗学等学科。庆阳坝凉亭古街的发掘、保护和修缮与华中科技大学建筑学教授张良皋的研究有密不可分的关系，而庆阳坝"土家商贸活化石"的称号也源自张

---

① 访谈对象：谢姓熟食店老板；访谈人：谭萌；访谈地点：谢姓熟食店；访谈时间：2018年7月14日。

良皋。张良皋对武陵山区建筑的研究推动该区域很多文物的保护和旅游业的开发，因文化遗产而带来的经济效应成为很多地方在建设特色村寨或发展民俗旅游时的依托。因此，庆阳坝人在讲起凉亭古街近年来的故事时，时常提到张良皋先生，并表示十分感谢他的帮助。2016年，椒园镇人民政府和原湖北民族学院（于2018年更名为湖北民族大学）签订战略合作协议，将庆阳坝村和水田坝村作为民族文化传承创新和社会治理研究基地，几乎每年都有湖北民族大学的师生前往庆阳坝进行调研，居住在凉亭古街上的大多数人对前来调研的学生或老师并不陌生。但由于这些调研者的停留时间较短，通常与较为固定的人群打交道，如村委会成员或住在凉亭古街上的几位老人。因此，对于村里很多不居住在古街上的人来说，研究者仍是一个较难理解的概念。他们常常将研究者与记者、上级部门派来的检查人员或扶贫专干相混淆，与研究者对话时自我保护意识较强。①

　　游客是因集市转型而来的一个特殊群体，是庆阳坝推动旅游业发展的结果，流动性较强。夏季是庆阳坝旅游业一年中较为繁忙的时间段，来自武汉、宜昌、重庆和长沙等地的游客到恩施避暑。受限于庆阳坝的基础设施建设和住宿接待能力，游客一般居住在与庆阳坝相邻的水田坝或其他地区，在专业旅行团的带领下，在开市日来游览庆阳坝。恩施州境内的人们通常选择自驾游，在清明前后来到庆阳坝，游玩并购买茶叶。

　　尽管目前媒体人、学术研究者和游客并不属于庆阳坝的常住人口，甚至因其停留时间较短，也无法归入"流动人口"的统计范畴。但是，他们的到来或者说人们对这一类型群体到来的渴望，在当前庆阳坝民俗生活构建中发挥了重要的作用，而这种作用的发挥与这一类型群体本身的特性密切相关。无论是民俗旅游对"体验性"的强调，还是媒体调查和学术研究对"田野调查"和"主客位"转化的强调，都不能否认对于庆阳坝人来说，游客、媒体人和研究人员仍具有"他者"的属性，

---

　　① 笔者在初期进入田野地时，虽说明了自己的身份是学生，前来了解和学习当地的民俗，但仍有很多人认为笔者是记者或上级部门派来的工作人员，问我能否帮他们解决土地纠纷等问题；还有人认为笔者是一家商铺老板的儿媳妇。

"他者的凝视"成为当地人解释、呈现和构建其生活状态、文化形态和民俗生活的基础。瓦伦·L. 史密斯（Valene L. Smith）将现代旅游作为一种"帝国主义"形式，阐释了旅游业发展对当地文化变迁的影响："在旅游地区，旅游的影响源于新的社会文化现实从外部引入。这种现实是当地居民及其社会体系必须去适应的，它相当于外来的、短暂居住的休闲阶层及伴之而来的目标和期望。对于这种现实，东道主进行的社会适应主要发生在不同群体或社会以及不同阶层之间。为应付外来游客而进行的旅游接待准备毫无例外地要涉及一个服务阶层，而这个阶层的首要任务就是应对来自其他群体或社会的陌生人。"① 这一点在庆阳坝村民的日常交流中体现得较为明显，人们常说"把路修好才会有更多的游客来"或"从外地来的游客没有体验过这些东西，感到新鲜，我们应该保持这种特性"。由此可见，游客这一群体已经被内化为当地人在进行文化展演或村落建设时幻想的"服务对象"，在提高村民参与传统文化保护与重建的积极性以及提升对本村落的自豪感和自信心方面产生了积极影响。

游客、媒体人和研究者与庆阳坝本地人面对面的交流通常是萍水相逢，较少产生更加深刻的人际关系。但是，游客对庆阳坝内部人际关系的影响却是不容忽视的。由于人们对旅游经济的重视，游客成为影响他们在旅游市场中获取多少利润的关键。从外地进入庆阳坝消费的群体成为当地商家相互争夺的对象，彼此间竞争的紧张关系因"第三者"的到来而激化，内部原本相对稳定而平和的关系被打破。除却经济利益，还有一部分人争夺解释自己生活和地方传统的话语权。学术研究者和媒体工作者既是故事的倾听者，也是对外宣传庆阳坝优势和阐释庆阳坝传统的潜在主体。在面对这一主体时，生活在庆阳坝的人乐于讲述，并因各自的身份和利益追求发出不同的声音。在此意义上，学术研究者和媒体工作者的到来其实是给处于不同位置和关系点上的人们提供了一个发泄口，成为地方关系的放大镜。

---

① ［美］瓦伦·L. 史密斯：《东道主与游客——旅游人类学研究》，张晓萍、何昌邑等译，云南大学出版社 2002 年版，第 43—44 页。

因此，在庆阳坝集市功能转型以及民俗生活重建的过程中，外来力量一方面根据其自身在经济、教育和人际交流方面的优势，为庆阳坝人提供包括财力和智力等方面在内的外部支援；另一方面，外来力量的"他者"身份也使其成为庆阳坝人观察、协商和想象的对象，在与当地人的互动中激发着庆阳坝人的积极性，从而成为乡村社会内部不同主体行为逻辑的影响因素之一。

综上所述，在庆阳坝集市转型过程中，乡村社会内部以及城乡互动中的主体呈现出多元化和复杂化的趋势。无论是代表政治权力的行政干部，还是代表地方权威的"民俗精英"，抑或代表都市幻想的游客，都在庆阳坝民俗生活重构中发挥着彼此相异却又相互联系的作用。① 不同主体在利益群体和社会立场上的差异导致他们在相互合作中可能产生冲突和矛盾，从而导致交际网络的紧张。但是，不论主体的数量如何增加，生活在庆阳坝的人始终是民俗生活最核心的主体，一方面，村落和集市的变化直接影响着他们的生活；另一方面，当地民众也是多元主体实践逻辑的落脚点，外部力量通过内化入当地人的实践中发挥作用。

第二节　集市转型中民俗生活重构的实践过程

社会学家孙立平曾指出实践性过程是理解中国社会转型特点的切入口。② 庆阳坝集市转型过程中民俗生活构建逻辑依托于不同事件显现出来：一方面，民众修复以凉亭古街为核心的集市建筑群，复兴吹打乐、南剧等民间文艺，尽量还原传统的本来模样；另一方面，当地人重建灵

---

① 陈泳超认为，"民俗精英"指的是"在特定地方民俗事项中具有明显的话语权和支配力，并且实际引领着该项民俗的整合与变异走向的个人及其组合"。汤晓青指出，他们实质上是"在一定区域内的民俗活动中，有名声、有影响力的参与者，以及可以与地方权力机构进行有效沟通的民俗活动采纳者"。参见陈泳超《规范传说——民俗精英的文艺理论与实践》，《文化遗产》2014年第6期；汤晓青《非物质文化遗产保护与传承中地方民俗精英的地位与作用》，《文化遗产研究》2014年第1期。

② 孙立平：《社会转型：发展社会学的新议题》，《社会学研究》2005年第1期。

关庙，创造"路烛节"等节庆仪式，发明传统，构建新的集体记忆。民俗知识在"复兴传统"和"发明传统"二元话语的作用下不断生产，庆阳坝人的民俗生活也因此具有了对内实践和对外展演的双重特征。

一　延续乡愁：古街建筑群的修复

集市是庆阳坝民俗谱系的生长点，以凉亭古街为中心的交易场所也是当地重要的文化空间。保护和修缮物质空间和建筑实体是庆阳坝人延续集市民俗和"赶场"传统的基础。

集市空间的修复是一次"自上而下"的实践。2007年4月，庆阳坝凉亭古街被公布为宣恩县县级文物保护单位，2008年3月，被列为湖北省省级文物保护单位，获得专用款项用于古街建筑群的仿古式修复，由专业的项目执行单位施工，有系统且较为完善的法律政策指导和规范的文物保护、修缮和利用措施。古街维修和保护工作的复杂性意味着它是一项需要社会多个机构合作的工作，椒园镇成立了专门的凉亭古街抢救性维修和保护领导小组，将包括椒园镇供电所、村镇服务中心、土管所、水务中心、派出所和文化中心等在内的多个部门联合起来，共同参与文物的修护工作。

集市空间的修复以对古街建筑外观的"复古式"改造为主。就居民楼房而言，项目施行者将被民众自发改造成石砖结构的房屋外层钉上红桐油色杉木，改铝合金门窗为统一定制的木门窗，替换屋顶已破损的瓦片，加固残留的吊脚楼。就道路而言，项目组把古街及其和乡村公路连接的道路全部用青石板铺设或筑成台阶。就古街内的装饰而言，凉亭古街内侧悬挂统一的黄色灯笼，在古街显眼处悬挂"盐花大道""千年古道大隘口"和"骡马大道"等牌匾，每户家门口张贴对联。

集市空间的修复兼顾对古街相关附属建筑的重修，是对其文化空间的整体性营造。根据《庆阳古街景区修建性详细规划》的要求，古建筑的修复与农村产业结构调整、新农村建设、民族文化的挖掘和传承相结合，从基础设施、经济发展、特色民居保护、文化保护、特色产业培育和民族团结进步等六个方面进行村落文化的整体性营造。因此，除了古街主街道及其居住楼房，项目组还对古街入口处的关庙戏楼和古街与乡村公路连接的数座桥梁进行修复和重建。新修建的仿古戏楼呈吊脚楼形制，穿堂式结构，二层戏台向前凸出。二层由扶梯连接地面，共三个房间，用于设备储存、演员候场和日常排练。戏楼的背面则是关庙入口，由青灰色石板垒砌而成，屋檐呈徽式建筑的设计。戏楼与沿河道路的高低落差使得在关庙与地面之间筑造了几级台阶，并在关庙入口两侧放置两个石狮。按照凉亭古街建筑群修复的图纸，项目组还计划在戏楼前修建广场，广场地面中心处设白虎图腾的装饰，而广场的一侧建停车场，另一侧建造文化展示区，用以展示包括"川盐古道"等与庆阳坝有关的历史文化，并将广场、古街和茶田相连，打造茶叶文化体验区，从而实现拉动村落旅游经济和茶叶经济共同发展的目标。

椒园镇政府和庆阳坝村委会还致力于改善庆阳坝的生态环境，提高民众生活的舒适度。在"退耕还林"政策的引导下，当地人在原本的荒山和耕种土地上种植树木，森林覆盖率逐渐上升。另外，为改善村落建筑的布局并减小河水上涨给农田和民居带来的损害，项目组进行了河流改道工程。改道之后的河流不仅缓解了原本河流的防洪压力，而且通过升高河道、修建围栏等方式，提高了河道的安全性。村内安排专门人员负责清理河道，保证了河流的清洁。

从凉亭古街被列为文物保护单位到庆阳坝村进入中国传统村落名单的过程，意味着这种"自上而下"式的传统延续从单纯的对物质文化的保护逐渐向整体性的历史文化传承转变，从以集市空间为单一支点的民俗重构走向了以集市为核心的村落生态环境和文化环境的营造。对于生活在凉亭古街上的人们来说，这种变化一定程度上满足了他们改善生活条件的要求，在田野调查中，很多人表示"现在我们这个河干净多了，人住着也舒服了"。但是，当居住场所被纳入国家文物管理体系后，这些房屋的管理和修缮权从个人和家庭的手中转移到官方机构的手中，个人难以根据自身喜好对房屋外观进行改造。家居楼房本身所具有的私人空间属性和当前作为文物的公共空间属性成为人们在日常生活实践中面临的难题。

纵然在对庆阳坝凉亭古街建筑群进行修复时，其目标是"修旧如旧"，但"何为旧？"却是一个在古街重建中不得不面临的问题。对于上级管理部门来说，他们试图用仿古式的建筑模拟并恢复过去庆阳坝集市建筑的模样，因此对房屋的外部进行包装，消除那些人们自行加入的现代因素。但是，这也剥离了传统房屋所具有的异质性特征，整齐划一地规划和装饰出来的"旧"是一种对过去的想象，包裹着人们的复古情怀。2019 年 11 月，当一位小时候经常来庆阳坝赶场的年轻人谈起庆阳古街改造的事情时，他说："当我听说庆阳古街要重新修复的时候，本是一心欢喜，但等我再次前来看的时候却大失所望，心想'完了，这下毁了'。"① 他的感叹不禁引起了在座的其他当地人的唏嘘，感叹"庆阳坝硬是被败完了"。这种"败完了"的评判主要是基于整改过的庆阳古街建筑被统一化和同一化，个性特征消失。

然而，对于生活在凉亭古街和庆阳坝的人来说，修复后的集市空间也是一种"新"。一方面，那些用木板钉制的墙壁和青石板铺成的道路是新的，日常生活被置于备受关注的文物保护单位中也是新的体验；另一方面，对集市空间建筑的修缮和保护既是在延续人们的民俗生活空间，恢复庆阳坝集市所具有的功能，也为人们在转型期实践和构建新的民俗生活创造了场所。人们可以充分利用这个空间，创造、实践和参与到新的民俗生活中。

因此，保护和修复以凉亭古街为核心的集市空间，是对庆阳坝悠久历史和丰厚文化的延续和积累，也是唤起庆阳坝人乡愁的一种方式，用物质建筑的形式留住了人们的社会记忆。即使在这个过程中存在着私人空间和公共空间、复古情怀和现代思维、传统文化的异质性和工业科技同质性等冲突，但因为庆阳坝人依然生活在这个地方，古街的功能得以延续，而正是这种生机勃勃的"烟火气"没有让庆阳坝如很多其他的川盐古道驿站那样被现代化进步的脚步所抛弃。可以说，集市是庆阳坝民俗谱系的中心，而集市空间的再造则为人们重构其民俗生活奠定了基础。

二　找寻"乡根"：灵关庙的重建

自 20 世纪 80 年代以来，原已沉寂的传统文化，特别是信仰实践又回

---

① 访谈对象：王某钧；访谈人：谭萌；访谈地点：戏楼；访谈时间：2019 年 11 月 24 日。

归到人们的生活中。庆阳坝民众通过重新修建灵关庙，复原庆阳坝民间信仰的实践场所，推动村内精神文明的"寻根之旅"。

灵关庙的重建是一次在乡村"民俗精英"倡导下的"自下而上"的实践。2014年前后，以颜老和余老等人为代表的7人组成了议事小组，专门就修缮灵关庙进行讨论和组织。2015年，在议事小组的倡议下，部分村民自发筹集善款，上山清理道路、修建庙宇、购买雕像，一位杨姓中年人还把家族老宅的木板捐赠出来用作庙宇的建筑材料。新修的庙宇坐西南，朝东北，与山下的关庙相对。新庙实际上是用木板搭建而成的棚子，长约12米，宽约5米，高约5米，四柱三间。庙中置4张桌子，其中两张用以供奉神仙雕像；右侧的一间则悬挂一只大鼓。庙前有一块百余平方米的场坝，安置了水泥筑成的烧香点蜡台和鞭炮池，且场坝一侧保留了原来留下的旧庙遗墙，而在场坝尽头有一座凉亭，内悬铜钟一鼎。庙宇修好后，议事小组使用善款在网络上购置三尊一米多高的雕像。据颜老介绍，这三尊雕像由一个从四川过来经商的老板推荐，为"西方三圣"，即大势至菩萨、阿弥陀佛及观世音菩萨。

2017年，议事小组选定吉日吹锣打鼓将菩萨雕像和铜钟送上山顶。据说，活动当日热闹非凡，随行的队伍浩浩荡荡，福寿山上的喧嚣在古街上便可听到。颜老说起人们搬运雕像和铜钟上庙宇的场景时，不断感叹修庙过程中所受的神灵庇佑："晓得（知道）哪来的力气？想都不敢想！把钟抬上去之后，有的人肩膀肿起好高，几天动不得！但是我们从修路、修庙以来，没说哪一个人手上碰出点血。上去收拾屋的时候，下点毛毛雪，没有哪个敢上去。你喊哪个上去？都是那么大年纪，怕出问题。我就先上去了。结果都没有事，没有哪个摔倒！"① 随着庙宇修建的完成，上福寿山烧香祈福的人增多，很多人即使不去上香，也将其作为登高歇凉的好去处，往来行人逐渐增多。

但是，灵关庙重建前并未获得民宗局等相关部门的批准，民众的自发行为和官方的明文规定、普通群众的意愿和村委会成员的责任之间产

---

① 访谈对象：颜某林；访谈人：谭萌；访谈地点：登福寿山途中；访谈时间：2018年7月15日。

图 6 - 1　重新修建的灵关庙

资料来源：作者拍摄。

生了矛盾。一方面，相关部门要求庆阳坝村委会对村民进行管理，折毁庙宇；另一方面，当地人把灵关庙的修建视为自己对地方发展的贡献，不接受相关部门的提议。颜老表示修建灵关庙"是老百姓的心愿，也不是封建迷信……这个庙也是庆阳坝的历史，不可分割……是在传承村里的优秀传统，不能让年轻人忘本，也可以让外面来玩的人有个去处"①。蔡老也认为灵关庙的修建是传统文化保护和村落发展的途径之一："开始他们都打击，说是给我们信神的人修的。我说哪里需要给我们修路啊？这是你们自己的收益！"②

经过数月的协商，相关部门提出了一个双方均有妥协的方式：以发

① 访谈对象：颜某林；访谈人：谭萌；访谈地点：登福寿山途中；访谈时间：2018 年 7 月 15 日。

② 访谈对象：蔡某芝；访谈人：谭萌；访谈地点：蔡某芝家；访谈时间：2018 年 7 月 14 日。

展旅游为名，把灵关庙作为庆阳坝村的旅游景点，民宗局拨款用以修建上山的道路，但前提是当地人把三尊雕像移除。由此，议事小组的成员将三尊雕像烧毁，仅在庙内保留一尊约 15 厘米高的财神爷雕像，并在庙后方搭建了简易厕所，以方便上山游玩的人。没有神灵雕像的灵关庙依然吸引了众多乡民，它既是人们登高后的歇凉观景之处，也是他们祈福还愿的重要场所。当 2018 年笔者再次登上福寿山时，灵关庙的烛台和供桌上并没有太多灰尘，而从桌上的蜡油和香灰来看，上去烧香的人仍然不少。插香的盆已经有些烧裂，另一个承装香火的盆也已经烧坏。在与人们的交谈中，他们流露出对灵关庙旧庙摧毁及新庙菩萨被移的不舍，希望能在庙里供奉神像。

于是，2018 年农历六月十九日，当地人认为菩萨的生日是这天，议事小组把两尊高约 30 厘米的观世音菩萨和关公雕像放置在灵关庙内。此次送雕像上山没有敲锣打鼓，也没有大范围通知，全靠村民间口耳相传。上山的队伍约有 35 人，平均年龄约 50 岁，除了倡导者和搬运雕像的人之外，参与者以女性为主。大家带着蜡烛、香和鞭炮等祈福必需品，待菩萨雕像放置好后，烧香作揖、鸣钟响鞭。一个 15 岁的男孩受其爷爷委托上山祈福，带着一把香、几十根蜡烛和一串鞭炮在其他人的指引下进行祈福活动。

灵关庙的重修过程呈现了当前民间信仰的生存逻辑。灵关庙的重建最初是一次"自下而上"的自发活动，但因为庙宇的特殊性质，其保留和维护则是多元主体相互调适和协商的结果。

第一，在灵关庙被废弃的几十年里，流传于民间的有关灵关庙的传说为其重建提供了文化基础。传说随着讲述者的改变和时间的流逝发生变迁，层出不穷的异文有几个共同的要素：灵关庙十分灵验，能够起到保佑的作用；灵关庙在过去民众的日常生活和精神世界中占据重要的作用；民众希望重建灵关庙。人们在讲述中强调灵关庙是实践民间风俗的场所，并不断强调它是庆阳坝的传统文物，凸显其作为代表性文化事象的地位。

第二，灵关庙的重建是人们在庆阳坝传统民俗知识网络中选择的结果。与灵关庙传说同时讲述的还有关于百年金桂树、戏楼、颜家"川字

坟"等历史遗迹的故事，这些文物几乎与灵关庙同时期被毁坏，庆阳坝
民众虽为这些文物的破坏和消失而惋惜，但百年金桂树已不可寻，戏楼
的区域已纳入文物保护的区域，不可擅自修建；"川字坟"则早已变成茶
园，不留遗迹。因此，只有灵关庙既符合重塑庆阳坝文化的诉求，又具
有重建的可操作性。

　　第三，随着庆阳坝地区交通的改善、产业结构的调整，人们经济收
入日益提高，民众生活条件逐渐改善，物质生活需求渐趋满足，有财力
和精力参与劳作之外的活动。灵关庙被损坏的数十年间虽然民众有修复
的愿望，但没有修复的能力。因此，从灵关庙的历史沿革来看，民俗生
活的重构不仅需要有可以借用的民俗文化，还须以一定的物质条件为
基础。

　　第四，民间信仰在民众精神文明生活中的重要地位给灵关庙的重修奠
定了群众基础。庆阳坝在社会转型过程中优势的式微，过去的中心位置
和如今的逐渐边缘化加重了人们心中的落差；庆阳坝民间信仰中对"红
火"的追求，进一步促使他们以重建信仰空间的方式祈愿庆阳坝能够恢
复往日的繁华与兴盛。另外，庆阳坝灵关庙重建的主要参与者是非正式
权力空间中的成员，而非政府或外来商业力量。在善款的筹集和道路、
庙宇的修建中，当地人展现出了较高的积极性。蔡老回忆大家一起修路
时的场景时说："我们以前去修福寿山的路，我们就一路都唱，笑死人。
他们搞得饿了，就说蔡佬儿唱歌。屋里那些人讲去就去了，又不要哪个
催！"[1]参与灵关庙修建的民众为自己的实践感到骄傲，十分享受这一过
程，其文化自觉性也得以挖掘。

　　因此，以民众为主体的民俗生活重构扎根于民间，有较强的群众基
础，重塑庆阳坝的中心地位是他们实践的目标，而对自身文化的认同与
自豪则是他们实践的动力。

三　展演民俗：地方戏曲的复兴

　　与其他民俗事象相比，民间戏曲的特殊性在于它不仅融入人们的日

---

① 访谈对象：蔡某芝；访谈人：谭萌；访谈地点：蔡某芝家；访谈时间：2018 年 7 月 14 日。

常生活中，是生活的体验；也具备艺术性和审美性，是典型的展演型民俗事象。随着非物质文化遗产保护工作的开展和人们物质生活的逐渐丰裕，一部分庆阳坝的文艺爱好者积极参与到文艺复兴的实践中，将带有地方特色和民族色彩的文艺事象搬上舞台。

庆阳坝地方戏曲的复兴以老一辈民间艺人带领中年文艺爱好者的形式开展，促成了传统文艺的社会传承。颜老、蔡老、曾老、殷老、曹老和王老等人为民间文艺的传承和复兴提供了知识来源。他们大多出生于20世纪30年代至50年代，见证了庆阳坝集市所容纳的丰富的文艺形式，也因此继承了包括南剧、山歌和吹打乐等在内的民间文艺类型。例如，蔡老是远近闻名的民间歌手，21世纪初期她常代表椒园镇去参加县里的唱歌比赛。王叔会吹唢呐、打锣鼓、唱挽歌、唱山歌等多种才艺，在他面积不大的家里，挂着各式各样的民间乐器；他还有一本已经被翻得有些陈旧的笔记本，上面密密麻麻地记载了山歌的歌词和一些在与别人交流中听到的关于庆阳坝历史文化的信息。他说，"我把这些都记在本子上，记不到了就看一下，免得有人来问，我又不知道"[①]。而殷老、曹老和颜老等人则是过去庆阳坝南剧表演的积极分子，殷老说："我们以前喜欢唱南剧，就用几条长板凳搭成台子，在古街上唱啊跳啊！"[②]

就实践内容而言，庆阳坝民间文艺复兴的内容主要包括吹打乐、唱南剧和打连厢等。自2018年起，王叔忧于庆阳坝村里会打锣鼓的人越来越少，倡导大家学习打锣鼓。几个住在凉亭古街及其周边的妇女组成了一个班子，王叔只要有空，每天晚上都带领大家练习。与此同时，庆阳坝村里还出现了一群以表演民间文艺为生的人，他们主要是以唱夜歌班子或吹打乐班子的形式出现。吹打乐班子过去出现于红白喜事中，随着出生礼、成年礼和婚礼仪式的简化或都市化，吹打乐出现在喜事中的频率逐渐减少；但是，葬礼仪式作为变迁较慢的仪式，其习俗也得以延续，庆阳坝及其周边地区的丧葬仪式中有孝子为亡人唱夜歌、为亡灵送行的

---

① 访谈对象：王某友；访谈人：谭萌；访谈地点：王某友家；访谈时间：2018年7月15日。

② 访谈对象：殷某登；访谈人：谭萌；访谈地点：殷某登家；访谈时间：2019年11月17日。

习俗，而响亮的唢呐声也是表达生者对亡者哀悼的表达方式之一。因此，唱夜歌和吹打乐班子在村落中逐渐增多，且彼此之间形成了竞争。

较其他的文艺体裁，南剧的恢复面临的困难较大，且经历了较长时间的酝酿。虽然恢复南剧是庆阳坝热爱文艺的人长久以来的心愿，但一直缺乏相应的契机，直至 2018 年才得以正式起步。2018 年 10 月，CCTV6 "脱贫攻坚星光行动"来到宣恩进行采访和宣传，颜老邀请曾某华演出南剧。

> 当时颜佬儿（颜老）邀请我的时候，我心里没得底，想着说这么多年都没搞过了。但也没得办法，我们不搞就更没得人搞了，我只好硬着头皮上了。我和颜佬儿两个人排练了一晚上，练了个《打渔救生》。第二天给他们一演，都拍手板儿说好，杜江说我们这个戏曲是经典，要保留，要传承！颜佬儿也就有信心了，说一定要把南剧这个东西传承下去，从那之后我们开始招人组成班子教他们唱。有一回我们演了，县里领导看到了，说我们把班子搞好了，还要给我配音响、给资金！①

得到了外界的肯定后，当地人坚定了复兴南剧的决心，组成了以曾老、颜老、殷老、杨姨、阳姨和张姨等人为主要成员的南剧团，这些人中除了庆阳坝本地人，还包括来自老寨溪村、土黄坪村和黄坪村等集市共同生活圈内的人。南剧团的成员除了在戏楼练习南剧唱腔、声段和伴奏乐曲外，还录制了颜老演唱南戏的片段，平时在家时反复聆听、练习。经过一段时间的练习，南剧团已经能够较为完整地演出《三娘教子》和《打渔救生》等剧目，每当庆阳坝有大型活动时，团队都会前去表演。除此之外，颜老和曾老等人还专门撰写了适合当下社会建设和庆阳坝语境的南剧唱本：

---

① 访谈对象：曾某华；访谈人：谭萌；访谈地点：戏楼；访谈时间；2019 年 11 月 17 日。

南剧清唱庆阳坝①

庆阳坝　好地方　和谐兴旺

山也清　水也秀　茶叶飘香

凉亭街　古建筑　非遗标榜

几百间　木结构　古色古香

三条街　十二巷　明亮通畅

日不晒　雨不淋　冬暖夏凉

石拱桥　木凉桥　横跨溪上

吊脚楼　杨柳堤　如同画廊

古戏楼　响锣鼓　南戏演唱

百家宴　路烛节　热闹辉煌

夕日前　贺老帅　常到街上

闹革命　在老街　安扎营房

现如今　众百姓　都把福享

富人民　好政策　全靠中央

习主席　党中央　为民着想

已脱贫　齐致富　共奔小康

吃不愁　穿不愁　神仙一样

党的恩　深似海　永世不忘

歌颂新时代②

新中国　新时代　大放光彩

共产党　做表率　公仆骨钙③

以党建　为统领　党把头带

以德治　为支撑　民安国泰

---

①　编创者：颜某林、曾某华；搜集人：谭萌；搜集地点：戏楼；搜集时间：2019 年 11 月 17 日。

②　编创者：颜某林、曾某华；搜集人：谭萌；搜集地点：戏楼；搜集时间：2019 年 11 月 17 日。

③　歌词为押韵将"骨干"唱为"骨钙"。

以自治 为基础 人民喝彩
以法治 为保障 幸福花开
……
……
……
中国梦 大步迈 壮观气派
改革路 求发展 永久不败
庆改革 齐喝彩 乐开心怀
各民族 一家亲 互敬互爱
同团结 共奋斗 共筑未来

图 6 - 2　庆阳坝南剧团在"古街民族大戏台"上演出

资料来源：作者拍摄。

就实践性质而言，当前庆阳坝开展的民间文艺活动不是简单地复制传统，而是对过去民俗生活的创造性复兴。所谓"复制"是依照原型进行的翻印或翻拍，这一表述不足以概括集市转型中庆阳坝人在民间文艺方面的实践。而"复兴"则意味着对现有状况的改善或强化，也指使某一事物重新变得流行、活跃和重要。人的能动性在"复兴"的过程中展现得淋漓尽致。当问起人们为什么要在劳作之余参加这些活动的时候，听到较多的回答是："这些都是我们的传统文化，我们要传承，要重新捡起来。"①"这是老辈子留给我们的财产，如果在我们手里毁了，那我们就是千古罪人了！"②

庆阳坝的民间文艺复兴不仅具有对外的展演性，也具有对内的生活性，嵌入民众的日常生活中。一方面，当地的文艺复兴活动与其日常生活的体验融为一体。参加吹打乐班子和南剧演唱班的几位妇女大多有较为充足的空闲时间，丈夫在外务工，儿女已经成年，参加文艺活动是她们打发时间和锻炼身体的方式之一。每天晚上吃过晚饭，她们先在仿古戏楼前的广场打连厢，然后练习吹打乐。杨姨和阳姨等人自己购买了长号、圆号和萨克斯等乐器，闲时便坐在古街上练习。另一方面，不论是对于村落中的"民俗精英"，还是在古街上练习各种文艺项目的妇女们，抑或在仪式活动上表演吹打乐或唱夜歌的人来说，实践民间文艺既是一种谋生手段，也是一种获得身份认同的方式。而且，他们对民间文艺的热爱和实践也促进了其他民俗事象的代际传承，杨姨表示："我姑娘结婚的时候，我们还陪十姊妹③的呢！别人都没得哪个搞了，我喜欢嘛，我就把她们喊到一起陪十姊妹。"④

对于民俗事象本身而言，有关民间文艺的复兴实践一定程度上打破了其原有的禁忌和限制。过去，丧葬仪式对女性的禁忌随着带有商业性质的表演班子的形成逐渐放松，在庆阳坝2018年8月的一场丧葬仪式上，当一支全部由女性组成的吹打乐班子出现时，主人家并未排斥，曾经是男性"专利"的吹打乐如今也有了女性的参与；而很长一段时间里被认为是

---

① 访谈对象：阳某珍；访谈人：谭萌；访谈地点：阳某珍家；访谈时间：2019年11月25日。

② 访谈对象：王某友；访谈人：谭萌；访谈地点：王某友家；访谈时间：2023年8月4日。

③ "十姊妹"为土家族传统哭嫁习俗的表现形式，以歌唱互道别离、传递祝福。

④ 访谈对象：杨某梅；访谈人：谭萌；访谈地点：杨某梅家；访谈时间：2019年11月20日。

"过时"的老年人或妇女"专利"的打连厢如今也受到更大范围民众的喜爱。"传统"与"落后""野蛮""愚昧"之间的捆绑关系逐渐瓦解，民俗生活对不同性别、不同年龄和不同地域及民族主体的接纳性呈现出增强的趋势，促使民俗生活本身在社会转型期有了新的内涵和外延。

因此，作为民俗生活中人们最容易理解和感受的对象，地方戏曲在庆阳坝集市转型过程中的变迁是对"传统"的复兴。文艺的复兴既是人们愉悦自我的一种方式，也是向他人展现"传统"的手段，庆阳坝的民俗生活在体验和展演中重构。

四　发明传统："路烛节"的创造

埃里克·霍布斯鲍姆（Eric Hobsbawm）指出人们发明传统的高峰时间是："当社会的迅速转型削弱甚或摧毁了那些与'旧'传统相适宜的社会模式，并产生了旧传统已不再能适应的新社会模式时；当这些旧传统和它们的机构载体与传播者不再具有充分的适应性和灵活性，或是已被消除时；总之，当需求方或供应方发生了相当大且迅速的变化时。在过去 200 年里，这些变化尤为明显，因此，有理由认为那些新传统的转瞬即逝的仪式化活动在这个时期里得到了集中表现。"① 庆阳坝人所面临的正是霍布斯鲍姆所言的社会迅速转型的阶段，除了对文化空间的重塑和古老传统的复兴，庆阳坝人也在"旧传统"的基础上，发明并创造了与现代生活相契合的仪式活动，彰显着传统在当代所具备的仪式感和象征意义。

端午节"包粽子"大赛和正月十五"路烛节"是庆阳坝人挖掘并发展具有民族特色和地域风情节庆的尝试。和中国许多地方一样，包粽子是庆阳坝一带端午节习俗的重要传统之一。2015 年端午节，在当地"民俗精英"的引领下，庆阳坝凉亭古街上举行了包粽子大赛。当天，来自庆阳坝村、水田坝村、土黄坪村和老寨溪村等 6 个村的队伍进行比赛，比赛时长为 30 分钟，以单位时间内包粽子的数量为评判标准。除了参赛

---

① ［英］埃里克·霍布斯鲍姆、特伦斯·兰杰编：《传统的发明》，顾杭、庞冠群译，译林出版社 2022 年版，第 5 页。

者，还有来自宣恩、恩施、宜昌和重庆等地的千余名游客把凉亭古街挤得水泄不通。虽然当初举办者希望把这个竞赛延续下去，但由于经费等问题包粽子大赛至今只举办过一次。然而，仅有的一次包粽子大赛已经成为人们关于端午节和凉亭古街记忆的重要一部分，每当问起村里举办过什么活动时，民众们都会提到2015年举办过的包粽子大赛："那年端午节包粽子好热闹哦！只怕用了百把斤米，就在这个街上，包的包，看的看！"①

图 6 – 3　2018 年庆阳坝"路烛节"之点路烛

资料来源：作者拍摄。

"路烛节"是以庆阳坝正月十五晚上的点路烛"送年"仪式为基础而形成的一个现代节庆。其想法最初由宣恩摄影家协会的成员提出，他们建议正月十五在庆阳坝凉亭古街上举办"百家宴"和"点路烛"的活动。后经与村内负责文化事务的相关人员的讨论，将其命名为"路烛节"，自

①　访谈对象：杨某梅；访谈人：谭萌；访谈地点：杨某梅家；访谈时间：2018 年 7 月 14 日。

2015 年举办第一届以来，截至调研结束时已举办四届。

　　"路烛节"庆祝活动丰富多样，是多种民俗事象拼凑的结果，包括舞龙舞狮、文艺表演、百家宴、点路烛、登福寿山祈福和旗袍秀等。以2018 年庆阳坝举行的路烛节为例，按照时间线索梳理一天的活动，可展开节庆仪式的画卷。正月十五通常是庆阳坝集市农历年的第一个开市日，当天庆阳坝人从一早便开始忙碌起来。坐商和行商上午 6 点左右出摊；上午 8 点左右，前来赶集的民众在古街上购买生活必需品，并到古街的桥头买些纸钱、红烛和香，以便家里祭祖和晚上点烛使用。因为古街是这一天所有活动举办的核心区域，因此人们需尽快收了摊。上午 11 点左右，摊位摆在地上的行商们散去，玩龙灯的人来到古街上，从上街一直舞龙灯至下街，围观的人跟着舞龙的队伍从凉亭古街一直走到广场上。下午 1 点，戏楼上开始文艺表演，时长约一个半小时。表演队伍除了庆阳坝村里的文艺爱好者，还有来自宣恩县文艺歌舞团和恩施州文艺歌舞团的专业演员。因为当天下雨，人们专门在广场上搭建了塑料棚，供观众避雨；还有一些人则站在广场一侧楼房的屋檐下观看。与此同时，一部分人登福寿山祈福。下午 4 点左右，人们在古街上有序地摆放圆桌和菜品，"百家宴"就此开始。"百家宴"菜品是民众提前协商后决定好的，包括合渣、腊猪蹄火锅和另外 8 个炒菜；有的家庭还会做一些特色菜，如社饭等。人们自行拿取餐具后，像吃自助餐一样每桌进行品尝。虽然每一桌的菜品一样，但不同家庭饮食习惯的差异也渗透在菜品中，让食用者从头到尾都有不同的感受。吃过晚饭后，人们把桌子和餐具收回各家，古街渐渐安静下来。下午 6 点，人们开始上街点路烛，古街两侧、风雨桥上、关庙门前和乡村道路上，几乎每一个人们经过的地方都被点上了蜡烛。人们点烛祈福，而古街里因烛光而营造的独特时空则为文化展示提供了场所。庆阳坝及其周边村落的女性组成了一支旗袍队，身着旗袍在古街上游行，其行进路线基本和早上舞龙舞狮队伍的路线重合。大约晚上 10 点，街上的蜡烛渐渐燃完，古街上玩耍的人也相继散去。古街上的居民整理完活动留下的残余物后，也纷纷回归各自家中。

　　"路烛节"在现代时间体系中创造了一个特殊的时空，是庆阳坝人民俗生活中的新节日，为集市空间赋予了新的内涵。在这个时空里，空间的物质边界和抽象边界被打破、消弭，社会结构处于混沌的阈限阶段，不同身份的人都能参与到这场狂欢中。作为"新传统"的"路烛节"并不是人们凭空对其民俗生活的重构，而是在延续、复兴和借取"旧传统"的基础上创造性地发明，构成了与现代时间安排相符的过渡仪式。

首先，对于庆阳坝人来说，路烛节依然保留了"送年"本身的文化内涵和社会意义。"路烛节"虽然增加了很多展演性的活动，但庆阳坝人依然会在这一天去给祖先的坟点香，且一些人还会登上福寿山祈福，人神共娱、纪念祖先和祈祷风调雨顺等节庆内容依旧传承。

其次，从"点路烛"到"路烛节"，流传已久的习俗为今天的节日赋予了历史文化意义。这也是为何在询问村里人路烛节从何时开始举办时，一些人回答"一直都有"，而另一些人则明确表示路烛节是从 2015 年开始举办第一届的。从自发地在家门口、路边和亲人坟前点灯送神灵，到今天集"百家宴"、舞龙灯、走旗袍秀和放孔明灯等有组织的庆祝活动于一体的节庆仪式，"点路烛"这一传统的延续模糊了传统节庆和现代节日之间的界限，而正是这种模糊造就了传统的发明。正如霍布斯鲍姆所言，传统的发明不以传统消失为前提。①

最后，在城镇化背景下，人们与土地之间的关系逐渐解绑，节庆与农耕社会的自在联系也渐趋减弱。但是，正月十五在中国大传统中所具备的时间节点含义，使得有关它的习俗和节庆气息依然保留着。正月十五一般是学生寒假的最后一天，也是村里很多外出务工的人过年在家休息的最后一天②，路烛节为他们在离开家前提供了一个家人团聚、村落庆祝的机会，也是开始新一年工作、学习的标志；对于很多生活在都市里的人来说，元宵节是他们生活调节的重要部分，他们渴望在这一天与家人团聚或感受到节日的气氛。村里人的节日感和都市人追求的仪式感不期而遇，让远道而来的游客和庆阳坝人在路烛节里相遇，进一步突出了正月十五在一年的循环往复中的重要地位。

---

① ［英］埃里克·霍布斯鲍姆、特伦斯·兰杰编：《传统的发明》，顾杭、庞冠群译，译林出版社 2022 年版，第 1—5 页。

② 外出务工的青壮年大多把自己的孩子留在家里，一般陪伴孩子度过寒假之后才启程去外地工作。

　　就路烛节的功能而言，路烛节所创造的民俗生活新时空与庆阳坝人的日常生活相互勾连，以民众日常生活的秩序为基础，但又在节庆仪式中彼此竞争与合作，而在面对外来观光者时，节庆仪式所具有的展演维度则进一步加强了村落的凝聚力。路烛节的时空是集中呈现庆阳坝村落习俗和庆阳坝人合作意识的场域，无论是参与活动的人员分工，还是节目和食材的准备，都是根据人们日常生活所积累的人际关系和习惯的方式来决定。以"百家宴"为例，虽然菜品的原材料相对固定，但如何烹饪、烹饪出什么味道则是考验一个家庭烹饪技艺和体现家庭日常饮食习惯的机会。因此，大多数人都会在"百家宴"的准备过程中格外用心，若是能做出一些有新意的菜品便会得到人们的好评。另外，在文艺表演中，当地的表演班子和外来的表演班子彼此合作，共同为观众呈现视听盛宴。本地的表演班子尽自己所能将演出做好，以免被外来的专业团队比下去。同时，过去祭祀活动对未成年人和女性的排斥在这个现代节日中逐渐减弱。相反，女性成为仪式中后勤准备和文艺表演的主力军，孩子则是晚上点路烛的主要成员。各群体在日常生活中产生的紧张关系在这场集体狂欢中得以松弛，人们都是"红火"的实践者、"热闹"的享受者和村落形象的维护者。白天，人们热情招待远道而来的观光客；晚上，待观光客走后，他们自觉将街道上因仪式活动产生的遗留物和垃圾处理掉，维护凉亭古街的清洁。

　　所以，对于社区来说，路烛节是社区成员向心力所在、凝聚力所在，也同样是竞技场所在，正是仪式所具有的多样性才加强了路烛节作为象征符号的张力。与葛兰言（Marcel Granet）的论述相似，节庆仪式使得地方共同体的成员进入了一个亲密关系的时空中，集团内部的壁垒暂时被超越，在相互配合中形成有机团结；这种团结与持久的确切感和不断重复的伙伴感不同，更为复杂，将日常生活中原本对立的要素都联结起来。① 李海云提出了"有底线的竞争"这一概念，认为在节庆仪式层面形

---

　　① ［法］葛兰言：《古代中国的节庆与歌谣》，赵丙祥、张宏明译，广西师范大学出版社2005 年版，第 171 页。

成的竞争对日常生活中"有底线的竞争"的乡土伦理具有促进作用①。路烛节时空是一场夸富宴，也是礼物的流动场域，人们在此合作，也在此竞争，社区的情感亦在此得以加强。

就路烛节和庆阳坝集市的关系而言，两者相辅相成，强化了彼此的文化—象征意义，传统与现代在人们的实践中得以自洽。路烛节依附于庆阳坝集市空间，同时也给集市空间赋予了新的意义和功能，民俗节庆是重塑社会集体性和整体性的途径之一。无论是对于庆阳坝本地人，还是对于外来观光者来说，路烛节都成为他们的身体体验过程。在正月十五这一天，本地人烹饪食材、表演文艺、点烛祈福，他们用过去的文化经验为新的节庆时空进行文化展示，创造新民俗，外来观光者用相机记录表演、用脚步丈量古街、用味觉品尝美味，他们为本地人的民俗实践增加了新的观众，并改变着他们的行为方式。不同主体的身体体验在庆阳坝构建了一个具有文化传承和文化展示功能的新空间；而这一空间以凉亭古街为中心，与集市交易空间吻合。日常生活和民俗传统被揉入节庆仪式中，如一个个碎片拼凑起路烛节的完整模样。与此同时，路烛节的举行为庆阳坝集市空间增添了新的记忆点，成为人们集市记忆的一部分，并变成故事流传于人们的口头叙事中："现在要是通知搞'百家宴'，这个街上人就多，你看第一届搞'百家宴'的时候，这个街上的人真的是多得黑（吓）人啊，挤都挤不进去。我这个屋里人都坐满了的。"② 由此可见，路烛节是人们的创造性实践，因特殊的时空而彰显出其背后的文化底蕴和传统背景，并转化为有关庆阳坝传统的象征符号。

因此，节庆仪式的创造让集市转型中庆阳坝人的民俗生活拥有了高光时刻。首先，岁时节庆本就是民俗生活的组成部分，是民俗生活的重构中的主要表现形式；其次，这些新创造的节庆仪式所具备的社会功能有助于它在当代让人们产生更多的记忆，延续和传承过去的传统，加强社区的凝聚力；最后，节庆仪式也是乡村旅游发展中的重要一环，具有

---

① 李海云：《空间、边界与地方民俗传统——潍北东永安村人地关系考察》，《民族艺术》2019 年第 5 期。

② 访谈对象：谢某发；访谈人：谭萌；访谈地点：谢某发家；访谈时间：2018 年 7 月14 日。

地方特色和民族色彩的仪式集中展现人们民俗生活的样貌，吸引更多人前来。虽然现代节日在一些文化研究者看来是没有了灵韵的复制品①，但在庆阳坝的案例中，节日的传统要素和现代生活相互作用，既使传统存在于现实生活中，又与过去的文化记忆关联②，并被赋予了新的意义。

综上所述，庆阳坝人以集市为核心，进行了物理空间再造、民间文艺复兴和节庆仪式的创造，不仅延续了集市空间在人们日常生活和民俗生活中的重要性，而且为转型期的集市空间赋予了新的意义。人们在日常生活的烟火气中创造出属于庆阳坝当代人的独特文化符号，他们所维护和构建的不仅是一砖一瓦，更是在构建着"记忆之场"。重构的民俗生活兼备日常生活的实践性和展示自我的功能。

第三节　集市转型中民俗生活重构的冲突与调适

民众在庆阳坝传统集市转型和民俗生活重构中的行动逻辑是"场域"和"惯习"共同作用的结果。从微观的角度来说，个人能动性受到自身身体条件、身份地位和家庭背景等因素的影响；从宏观的角度来说，人们的行动逻辑折射其面对国家大叙事和社会大环境变化时的反应。面对转型期的多元话语及主体间的冲突，庆阳坝民众通过发挥主观能动性进行调适，形成涂尔干所言的"有机团结"，在维护社区秩序、构建和谐社会和促进地方发展中寻求合适的路径。

一　冲突：在"现代性想象"与"留住乡愁"之间

城镇化进程中，民众的民俗生活在"现代性想象"和"留住乡愁"的纠葛中展开，两者背后所隐藏的社会内涵是民俗生活变迁和重构的冲突所在。彭兆荣曾在《论乡土中国的城镇化》中指出，城镇化建设和以

① 黄治国：《传统节日的现代性危机与日常生活批判》，《文化遗产》2018年第3期。
② 王丹：《传统节日研究的三个维度——基于文化记忆理论的视角》，《中国人民大学学报》2020年第1期。

"留住乡愁"为目标的保护乡土传统在文化趋向上相悖，前者侧重于动态变迁并指向未来，后者则侧重于静态保留并指向过去。①

在中国城镇化进程中，传统农村社区逐渐从乡土社会向都市社会转变，小农经济逐渐解体，与农耕生活相伴的"熟人社会"也向着独立个体的割裂性现代社交关系迈进。现代社会同质化、商业化的特征也在这一过程中融入农村民众的生活中。一方面，庆阳坝人推动集市经济的现代转型，将新的科学技术和思想理念应用到产业发展和地方建设中；另一方面，庆阳坝人也在对"现代性想象"的基础上，采借都市生活方式和风俗习惯为己用，以此代替其传统。例如，在凉亭古街进行整体修缮前，一些人在木制的古建筑旁用水泥铺设水池、把窗户换成玻璃和铝合金制成的新式窗户、将房屋内部结构改造成城市单元房的模样、建造开放式厨房以及在没有接通自来水的厕所里安装抽水式蹲厕，这些都是人们在城镇化过程中的趋近式行动。这些行动也从空间和时间的角度重新定义了人们的民俗生活，例如火塘间在房屋空间中的压缩，堂屋作为家庭祭祀场所功能的渐趋衰弱，家庭成员的私人空间逐渐分化。随着村里越来越多的人外出务工，他们把在城市里的生活体验带回村里，成为村民对"现代性想象"的典型代表。

如果说因城镇化而起的"现代性想象"是一种乡村变迁难以避免的趋势，那么"留住乡愁"则是在这种趋势下出现的吸引民众回归乡村、延续传统的策略。这一策略包含了人们的怀旧情绪和复古情怀，割裂了传统与现代，追寻所谓的"本真"和"源头"。庆阳坝民俗生活的重构过程也是他们"留住乡愁"的实践，一方面，对凉亭古街建筑群的修复遵循"修旧如旧"的原则，把水泥房屋用木板装饰成"古色古香"的文物；另一方面，挖掘和复兴已经消失于民众生活中的民俗传统，把集市中流动的商品与习俗"民俗化""形式化"和"仪式化"。

然而，无论是向前的"现代性想象"，还是向后的"留住乡愁"都嵌入到了庆阳坝人的日常生活和民俗生活中，理论的不可调和性在人们的

---

① 彭兆荣：《论乡土中国的城镇化》，《北方民族大学学报（哲学社会科学版）》2017 年第 1 期。

实践中被解决。在此过程中，乡村振兴战略作为一种自上而下的国家策略，在两种矛盾话语的调适中发挥了重要作用。一方面，传统与现代、保护与发展的话语在村落主体的实际行动中被调适；另一方面，在此实践中村落主体也寻求有效的方式来平衡上级与下级、国家与地方的关系。

2017 年，乡村振兴战略在党的十九大报告中提出；2018 年，《中共中央 国务院关于实施乡村振兴战略的意见》发布，乡村振兴战略在各地大力实施；当年 9 月，《乡村振兴战略规划（2018—2022 年）》发布。该战略规划是中国"三农"工作的延续和发展，根据"产业兴旺、生态宜居、乡风文明、治理有效、生活富裕"的总要求，制定了阶段性目标，并要求到 2050 年，全面实现农业强、农村美、农民富的乡村振兴目标。①党的二十大报告提出，全面推进乡村振兴。② 由此可见，乡村振兴不仅关注民众的经济水平，更关注民众的生活水平，从农业生产、自然环境、文化繁荣等各个方面为中国乡村生活发展勾勒了蓝图。乡村文化作为乡村社会的精神纽带，成为乡村振兴的重要内容，与建设"望得见山、看得见水、记得住乡愁"美丽乡村的愿望一脉相承。此外，继承并复兴村落的传统文化，是维护文化多样性的一种方式，与当前中国进行的非物质文化遗产保护、传统手工艺文化传承与保护等工程相呼应。更为重要的是，传统文化成为更好建设乡村经济、政治和改善人们生活条件的资源。

因此，在铺设现代道路以向现代化和都市生活靠拢的同时，庆阳坝人通过重塑集市空间和村落民俗文化，以达到振兴乡村的目的，实现更好的生活的目标。人们生活于这两个向度中，并用实践促使这两个向度在转型期的集市中并存。庆阳坝人在这两种迥异话语中的实践回答了"过去在人们的生活中发挥了什么作用"的问题。有关集市繁华过去的集体记忆是人们在城镇化和现代化转型中的依托，而以集市为中心的民俗生活当代构建则是人们推进乡村振兴的重要手段。过去、现在和将来因

① 《中共中央 国务院印发〈乡村振兴战略规划（2018—2022 年）〉》，《人民日报》2018 年 9 月 27 日第 1 版。

② 《中国共产党第二十次全国代表大会文件汇编》，人民出版社 2022 年版，第 25 页。

为对"发展"和"更好生活"的追求而相互勾连并叠加，形成转型期人们日常生活和民俗生活独有的特征。

二　博弈："多面人"的纷争与联合

根据陈泳超的界定，"民俗精英"专指"那些仅限于在特定民俗事象中具有明显的话语权和支配力，并且实际引导着该项民俗的整合与变异走向的个人及其组合"①。"民俗精英"的概念破除了过去仅以地域、文化水平、经济实力或政治决策力等标准对实践主体进行分类的单一性缺陷，比"乡村精英"或"社区精英"等界定更具可分析性和可操作性，给实践主体的划分融入了"身份—资本"的内涵。不同层级的"民俗精英"在纷争与联合中维持着一种动态平衡。②

庆阳坝民俗生活重构的实践者具有"多面人"的性质。这里的"多面人"不是一个贬义词，而是与谭同学所指出的乡村社会转型中民众呈现出的双重心理相关。但在庆阳坝这一个案中，由于庆阳坝作为市场共同体、村落共同体和文化共同体的多重身份，民众的心理不限于"双面"，而是"多面"的。作为基层市场，因集市交换产生的交往形成了共同的生活圈、文化圈和情感圈，不同圈层的重叠增强了彼此间的联系，他们共享地方历史背景和民俗知识，拥有相似的集体记忆；作为行政村落，行政区划和政治权力的差异在共同生活圈内划分了不同的类别，民众因其担负不同的责任和义务而展现出对同一事物不同的观点。另外，这种多面性也与个人和集体之间利益的博弈相关。对于参与者来说，他们希望村落发展，提高自身的经济水平、改善生活条件并提升文化自信心，在与其他村落的比较中获得认可；对于地方管理者来说，他们同样希望村落能够得到较好的发展，因为村落的发展直接影响他们个人的政绩和前程。而且，随着村落景观和社区布局的改变，庆阳坝人彼此之间的关系在承接过去以集市为中心的关系网络的基础上，生发了一些新的

①　陈泳超：《背过身去的大娘娘：地方民间传说生息的动力学研究》，北京大学出版社2015年版，第132页。

②　陈泳超：《对一个民间神明兴废史的田野知识考古——论民俗精英的动态联合》，《民俗研究》2014年第6期。

分支，重新定义了不同主体间的互动，新传统、新民俗的产生给与此相关的主体赋予了新的"身份—资本"。由于庆阳坝以集市为中心的村落历史和当代民俗生活建构体系，居住在凉亭古街上的庆阳坝人在参与民俗保护、复兴和创造等事件的过程中表现出了极高的积极性，而凉亭古街被列入文物保护单位以及他们所实践的民间文艺活动，在改变他们日常生活和民俗生活的同时，也为他们提供了将自身或家庭所蕴藏的文化资源转化为可被利用的资本的可能。灵关庙重建功德碑上铭刻着在乡村信仰空间重塑中贡献过物资和财产的人们，凉亭古街保护和修缮的测绘图上标注了每一户在此居住的家庭，仿古戏台上展示着文艺爱好者的曼妙舞姿和悠扬歌声。他们是民俗生活重构的实践者，是传统文化的传承人，更是在集市转型期连接庆阳坝的过去和将来的"摆渡人"。

庆阳坝民俗生活重构离不开各类民俗精英的相互协作。不同主体所具备的资源、身份、话语均有所差异，这不仅使他们的关注点不同，且对同一事件的态度及处理方式也存在差异。但是，对于民俗精英的每一个层级来说，无论其本身发挥了什么样的作用，大多表示十分珍惜庆阳坝集市过去繁华的景象，并希望庆阳坝能够通过现在的文化建设恢复到过去的状态。振兴家乡和改善自身生活的期盼促使人们能够在交错的社会关系中寻求到共同点和调停剂，不同实践主体以"国家在场"视域下的权力引导、地方互动中的群众参与和交流交融中"凝视"的原则，相互合作、完善分工，在有机结合中推动地方发展与和谐稳定。

因此，庆阳坝民俗生活重构中的"多面人"在追求自身生活条件改变的同时，也或多或少地已经将自己的命运和庆阳坝的历史紧密联系在一起，这或许就是谭同学所说的"对他们，国治、天下平，才有家齐和身修，最后方得心正。此可谓，只有绝大多数普通人能在日常生活中找到希望的时候，希望才真正赐予了我们"①。

---

① 谭同学：《双面人——转型乡村中的人生、欲望与社会心态》，社会科学文献出版社2016年版，第3页。

三　调适：连接过去与未来的"民俗旅游"

乡村振兴战略从宏观层面中和了"现代性想象"与"留住乡愁"两种话语之间的矛盾，"身份—资本"视角从微观层面解释了不同个人和群体之间冲突与和解的行动逻辑，"民俗旅游"则从中观层面搭建了话语与行动的调节桥梁，是中国传统村落转型的表现形式和发展目标。对于庆阳坝集市转型和人们的民俗生活当代构建来说，"民俗旅游"具有强大的解释力，它是庆阳坝人关于自身民俗生活的想象，是人们切切实实的行动，更是民俗生活构建中冲突与矛盾的调节器。

20 世纪 70 年代以来，伴随着人们经济水平的提高、生产效率的提升和空闲时间的增多，旅游行业经历了突飞猛进的增长，人们对旅游目的地的喜好也发生了变化。最初，人们热衷于去大城市观光游览，浪漫巴黎、优雅伦敦和繁华纽约是民众理想的度假场所；渐渐地，人们开始关注一些自然景观的旅游，徒步、野营在都市群体中掀起了流行的浪潮，这一浪潮还伴随着"体验式"旅游的兴起，相比走马观花的游览，更多人愿意使用"旅行"一词，以表明在此过程中自身的学习和体会；20 世纪 80 年代以来，随着城市的大量兴起，都市人把去异乡观赏独特的文化事象和体验"非现代化"的生活方式作为逃离快节奏都市生活的一种方式，乡村旅游也随之成为世界旅游业转型和人口流动的一大趋势。

在这一趋势下，人们对他乡的关注和对体验—实践的强调，促使民俗开始与旅游相结合。在中国学界，有关"民俗旅游"的讨论从 20 世纪 80 年代中期开始兴盛，学界基本认为"民俗旅游是民俗与旅游的结缘，是以民俗事象为主体内容的旅游活动"①。虽然学界对民俗旅游的解释多样，但基本是围绕西敬亭和叶涛的观点进行的进一步拓展与深化，并从旅游者出游目的、旅游的核心产品、民俗产品开发等多个角度进行界定。根据民俗事象的分类，民俗旅游也可分为以口头文学、歌舞、游戏、技艺为主的游艺民俗旅游，以节庆为核心的信仰民俗旅游，以生产为核心的经济民俗旅游以及以人生仪礼为核心的社会民俗旅游。

---

① 西敬亭、叶涛：《民俗旅游：一个尚待开拓的领域》，《民间文艺季刊》1990 年第 3 期。

关于民俗旅游的研究不仅在民俗学界有所讨论，在人类学、社会学、经济学中都引起了学者的关注。不同专业的学者针对民俗旅游的模式、特征、经济效益、对民众生活影响等方面进行了较为深入的探讨。日本学者森田真也和西村真志叶认为与人类学研究注重后殖民主义、异乡主义和政治性关系相比，民俗学领域更强调旅游和民族主义、怀旧情绪和地域性的联动关系；但两者都把旅游观光作为暴露近现代社会问题的场所之一。① 林继富和王丹则进一步指出，民俗旅游以增加地方经济为目的，民俗文化在这一过程中被纳入文化产业中进行再生产，并以可观赏性、可娱乐性和可参与性作为其基本运行原则。② 因此，"民俗旅游"自身内涵的丰富性和复杂性拓展了以其为对象和视角的研究，并使得它能够较为全面地概括当前集市转型中庆阳坝民俗生活的重构。

首先，对于庆阳坝人来说，民俗旅游不仅是他们认为可以用来促进当地经济增长的方式之一，也是延续集市传统和促进村落发展的手段之一。在访谈中，不止一个人把庆阳坝和周边其他村落进行比较，表示应该发展旅游业以改善人们的生活。根据宣恩县产业发展目录，庆阳坝与水田坝、老寨溪是椒园镇三大旅游路线之一。③ 与此同时，在国家乡村振兴的政策趋动中，庆阳坝确立了"茶旅结合"的发展模式，由此进一步明确了旅游对庆阳坝经济发展和民众生活条件改善的重要意义。

其次，以民俗旅游为核心的"民俗主义"现象是当地民俗构建的方式及目标，促成了转型期民俗事象的变迁和生产，对丰富民众生活和增强社区凝聚力有较为重要的作用。根据德国民俗学家汉斯·莫塞尔（Hans Moser）的定义，"民俗主义"是指"二手性的传承与演绎"④，即民俗文化在脱离原有的语境之后，因第三者对其的利用而以新的形式再

---

① ［日］森田真也：《民俗学主义与观光——民俗学中的观光研究》，西村真志叶译，《民间文化论坛》2007 年第 1 期。

② 林继富、王丹：《解释民俗学》，华中师范大学出版社 2006 年版，第 217 页。

③ 椒园镇规划的三大旅游路线分别为：由旅游集散中心沿 209 国道往恩施方向；旅游集散中心—水田坝—洗草坝—龙潭溪—锣圈岩—旅游集散地；水田坝—老寨溪—庆阳坝。

④ 於芳：《民俗主义的时代——民俗主义理论研究综述》，《河南教育学院学报（哲学社会科学版）》2007 年第 3 期。

现。之后，鲍辛格（Hermann Bausinger）强调民俗学语境中的"民俗主义"主要指涉由旅游业和大众传媒带来的对于民俗的表演及其形式的运用①。"过往即他乡"，民俗旅游中游客对目的地的想象是一种"帝国主义式怀旧"，他们渴望看到与自己熟悉的文化相迥异的生活，期望舒适地体验"落后的"生活方式。为了满足游客的需求和期待，东道主一方面努力还原并展示他们所想象的"过去"和"落后"，另一方面又努力完善基础设施，使人们不必完全回归到过去。② 在灵关庙被作为旅游景点打造之后，当地人在庙宇后面搭建了一个简易厕所。虽然这个厕所的使用率不高，但仍然分了男厕和女厕，颜老说："既然是要搞旅游点，那肯定要解决上厕所的问题，我就给搭了个厕所。"③ 旅游想象和主客之间地位的不平等使得庆阳坝人民俗生活的重构对于"他者"来说，具有碎片性大于整体性、展演性超过体验性的特征，但当这些实践嵌入民众生活时，它们又成为社区建设和地方感营造的一部分。

最后，鉴于民俗旅游对村落发展的推动作用，其作为一个标签，成为解决庆阳坝民俗生活重构中冲突的调和剂。处于矛盾与冲突中心的灵关庙重建事件，关乎过去与现在，更关乎未来。对未来的期许调和了不同主体和不同话语间的矛盾，而实现未来目标的方式就是发展旅游。当与民间信仰相关的庙宇重建和国家相关法律法规不相符合时，当地实践主体提出了"发展旅游业"的建议。旅游这一标签将民间信仰置于世俗生活中，与高丙中所提到的"双名制"④ 相似，是政治艺术的一部分，成为一个强有力的话语来面对上级的管理和村民的质疑，也成为连接过去与未来的工具，从而调和了乡村振兴中两个向度之间的矛盾。

从目前的情况来看，民俗旅游还不是庆阳坝经济增长的主要动力，

① 王霄冰：《中国民俗学：从民俗主义出发去往何方？》，《民俗研究》2016 年第 3 期。

② ［美］瓦伦·L. 史密斯：《东道主与游客——旅游人类学研究》，张晓萍、何昌邑等译，云南大学出版社 2002 年版，第 43—44 页。

③ 访谈对象：颜某林；访谈人：谭萌；访谈地点：福寿山顶；访谈时间：2018 年 7 月 15 日。

④ 高丙中：《一座博物馆—庙宇建筑的民族志——论成为政治艺术的双名制》，《社会学研究》2006 年第 1 期。

而它是否能在将来成为庆阳坝经济繁荣和村落振兴的可持续发展动力也还有待考察。但是，通过民俗旅游重塑庆阳坝中心地位的愿望嵌入当地人促进集市转型和重构民俗生活时的行动逻辑，"民俗旅游"这一词语中所包含的"发展"话语也使其成为社会转型期化解多元主体和不同意愿之间矛盾的调和剂。与其说是民俗旅游本身对地方文化和民众生活产生了效用，不如说是民俗旅游作为一个标签或愿景给庆阳坝人设定了目标，也为他们当前的民俗生活构建赋予了意义。庆阳坝人的民俗生活从以前的日常生活之浓缩，变成了对过去日常生活的重构和展示。

小　结

　　庆阳坝集市转型中的民俗生活在对外展演性和对内生活性的双重变奏中不断变迁与重构。从日常生活模式化的结果到自省式的民俗生产实践，当地民众通过保护集市空间、复兴民间文艺、重建信仰空间和创造节庆仪式等手段，改善生活环境、充实文化生活、调剂精神需求，并拉动地方经济建设、加强社区凝聚力、促进传统文化的当代转型。生活性是庆阳坝民俗复兴、重构和创新的核心特征，民俗生活的重构过程也是地方共同体纷争与联合的过程，以更好生活为目标的"发展"话语成为不同主体和向度之间矛盾的调和剂。

第 七 章

结　语

　　流动是人类社会亘古不变的主题，变迁则是民俗文化历久弥新的规律。工业革命既是一次生产技术变革，也是一场浩荡的社会结构革命，改变了人群、民族和国家之间的联结方式。现代化背景下，全球化和都市化进程不断加快，人群流动的频率日臻上升、范围逐步拓展、方向渐趋多元，民俗文化的变迁也呈现出复杂性和多样性的特征。如果说过去流动的动力由推拉等因素构成，那么未来流动将成为一种生活方式。[1] 因此，科学合理地认识流动在民众生活、社会结构和国家建设中的作用是时代的要求，也是把握现代社会发展规律、理解民众日常生活实践逻辑以及促进社会和谐稳定发展的基础。

　　庆阳坝集市是在古道驿站和商业贸易的流动中形成的社会有机体，是民俗生活发生、传承和发展的场域。它被认为处于国家权力结构的"边缘"，是多民族流动通道的节点，也是地方社会生活的中心，在边缘、节点与中心的张力中，形成了独特的民俗生活形态。而在社会转型期，民俗生活的变迁和集市功能的转型相辅相成，是生活驱动下民众实践的结果，构成再现和促进多民族交往的媒介。因此，对庆阳坝乡村集市转型与民俗生活变迁关系的探讨不仅彰显了中心与边缘、文化流动与地方知识生产、集市转型与民俗重构以及传统延续与现代转型的机制和规律，也揭开了中华民族多元一体格局中涌动的流动与变迁，为社会转型期的凝聚力建设提供了历史镜鉴。

---

[1] 李勇、刘国翰：《流动治理：概念、结构与范式》，社会科学文献出版社 2016 年版。

第一节　流动的结构：在集市与民俗之间

乡村集市不仅是物资交易场所，也因其与民俗生活的互嵌关系，在历史发展中扮演着"库拉圈、互惠场所、夸富宴的举行地、再分配的网结、社会的竞技场和文化展示的舞台"① 等角色，更在社会转型期成为记忆之场、乡愁的寄托和中国乡村社会变迁的缩影。对于庆阳坝这类集市来说，它们因处于廊道上的特殊区位特征，成为多民族文化互动及地方性知识形成的特定场域，其中的民俗谱系彰显出作为通道的民族走廊连接不同民族和文化板块的功能特性。

一　乡村集市与民俗生活的互嵌

作为经济范畴的乡村集市和作为文化范畴的民俗生活相互嵌入，在共时的互动和历时的变迁中呈现出"你中有我，我中有你"的紧密关系，民众的日常生活实践既受到集市的影响，也不断促进集市转型，调适现代社会所带来的变迁。

一方面，乡村集市是民俗生活的基础，为其提供内容、时空、人群和秩序，集市是庆阳坝民俗生活的核心。首先，集市交换模式是民众生计方式变迁的动力，因生计而产生的传统形塑了人们日常生活的时空框架，成为民俗生活的立身之本。其次，集市交易活动丰富了民俗生活的内容，包括吆喝、广告和讨价还价等在内的交易表演是集市民俗的重要组成部分，具有社会诗学的内涵。再次，在开放的环境中，不同文化的接触和碰撞更能够促成文化异质性的产生，从而塑造当地人生活世界的独特性。庆阳坝集市为文化的交流提供了一个开放的环境，其古道交通形成的线性流动和以集市为中心的辐射性流动促进了文化的传播，并在互动和涵化中形成了庆阳坝特有的民俗生活。最后，集市空间为民俗生活的实践和展演提供了场所，个人信用在此树立、社会关系在此形成且

---

① 王铭铭：《社会人类学与中国研究》，广西师范大学出版社 2005 年版，第 131 页。

群体间的合作与竞争在此体现，是民俗谱系的"联结扣"。

另一方面，民俗生活的稳定和变迁则为乡村集市的发展和转型助力，促进地方认同、民族认同和国家认同的形成。首先，中心的形成是推拉共同作用的结果，庆阳坝以茶为中心的内生民俗体系、以"流动"为内核的民俗关系和开放的民俗心态发挥着拉力的作用，吸引周边人群的聚集。其次，在市场转型中，民众"理性经济人"的维度促使他们向上级市场流动，而与民俗关系相关的人文情怀和与民众心理相关的生活方式则束缚着他们脱离基层市场的步伐，"赶场"所具备的文化惯性阻滞了庆阳坝集市在现代交通发展和城镇化建设进程中的消失。最后，伴随着国际社会对文化多样性的重视，以及全球范围内文化保护、文化建设和文化复兴等行动的开展，当前民俗文化正在逐渐从资源向资本转变。民众重构民俗生活的实践推动着乡村集市从经济枢纽向文化展演空间的转型，调适集市在现代社会的存在模式，使其在延续集体记忆、维护地方秩序和繁荣地方经济中持续发挥作用。

同时，乡村集市与民俗生活的互嵌关系决定了集市空间内涵和外延的多样性：它既是经济交易和民众生活的空间，也是民俗生产和情感交流的场域。从空间视角出发，庆阳坝以物资流通为核心的集市交易带动了人群的流动和文化的交流，成为武陵山区廊道文化和区域文化形成的动因之一；不同圈层之间的重叠或交错关系则是中心与边缘的对话，映射着中华民族多元一体格局的生成过程。

集市的经济交易圈以交易场所为中心，其边界由来往商客的行动轨迹决定，受到地形、交通和经济利润等因素的影响。庆阳坝集市的核心交易圈与周边集市的交易圈相互协调，其范围包括庆阳坝周边的黄坪村、椒园村、新茶园村、水田坝村、石马村、石家沟村和洗草坝村等；外围交易圈则以茶叶为依托，远销其他省份和国家。与施坚雅在成都平原上对集市空间的研究结果不同，庆阳坝因具有古道驿站和乡村集市的双重身份，其市场区域除了辐射型的环状区域，还有发散型的线状区域，连接西南民族地区和中原地区。随着庆阳坝集市经济功能的衰落，其核心交易圈的范畴有所缩减，但外围交易圈的范畴则因现代交通道路网和通信技术的发展有所拓展。

　　集市的文化交流圈受到经济交易圈的影响，经济的中心位置吸引周边文化融入地方知识中，经济的辐射功能则推动中心的民俗向外传播，文化交流圈的边界较为模糊。对于庆阳坝来说，它既是集市文化圈的中心，也处于周边文化圈的边缘，中心和边缘的双重属性丰富了庆阳坝的民俗文化体裁，保留了一些较为原始的民俗文化形式，人们的民俗生活游走于大小传统之间。与庆阳坝经济交易圈相比，其文化交流圈范围更广，不仅涵盖了核心交易圈的周边村落，还在与其他集市文化的交流互动中形成了特有的信仰圈、文艺圈和风俗圈。20 世纪 70 年代末以来的"生活革命"进一步拓展了其文化交流圈的范畴，城市和乡村的互动影响着民众的民俗生活。

　　集市的人际交往圈是社会结构和情感网络的综合体，以物资交换和人员流动为基础，受到婚姻观念和个人选择的左右，集中展现了空间的社会意义。一方面，以凉亭古街为核心的集市空间是庆阳坝内部人际关系网络的中心，相对位置赋予了居住在不同区域的民众的身份资本，古街上的人有较强的身份认同感，逐渐从移民变为"当地人"，并形成了"我们"与"乡下人"的区分；另一方面，庆阳坝作为婚姻的流入地，形成了包括土黄坪村、黄坪村和椒园村等地区在内的婚姻圈，婚姻圈进一步增强了庆阳坝及其周边地区民众的情感联系。以集市为中心的核心婚姻圈虽可能触及交易圈的边界，但范围一般较交易圈更小。在城镇化进程中，人群流动性的大幅提升，人际交往圈也得以拓展，但集市内部的关系结构则较为稳定。

　　因此，经济交易圈是基础，人际交往圈是纽带，文化交流圈则是其反映，三者共生互动，形塑了民众日常生活秩序和民俗生活关系，搭建了区域文化与外界互动的桥梁，是地方感、认同感和家园感得以确立的前提，也进一步凸显了乡村集市在推动地区经济发展、乡风文明建设和社会秩序稳定中的重要作用。

二　廊道上集市民俗谱系的特征

　　廊道上集市中的民俗是民族民间文化的组成部分，既享有俗文化的一般特征，如多样性与共享性、象征性与模式性、伦理性与日用性、稳定性与变异性①；又因文化空间的特殊性，具有与众不同却自成一体的民俗特征。将民族走廊上乡村集市的民俗置于中华民族多元一体的历史和现实格局中予以考察，其所形成的民俗谱系主要呈现出流动性与稳定性、多元性与整体性、地域性与民族性、中心性与边缘性以及象征性与功能性等多重二元关系兼容的特征。

1. 流动性与稳定性

流动是族群接触的前提和集市形成的基础，流动性则是廊道集市民俗谱系的根本特征。集市民俗谱系的流动性主要表现在两个方面：一是民俗在空间上的流传，二是民俗在时间上的流变。从空间的角度来看，集市中频繁的人员和物资流动使其边界较传统村落更为开放，不仅外来文化可以更便利地进入本地，本土文化也更易流传至其他区域，从而增强了集市中民俗谱系的包容度。从时间的角度来看，民俗在流动过程中会因民众需求的不同而产生变异。集市民俗谱系开放而包容的特质使其内部民俗内容和形态具备因时因地进行调适的能力，并因此满足不同民族生产生活的需求。

然而，廊道集市中民俗的流传性和流变性并不意味着民俗谱系失去了其应有的秩序与规律。相反，廊道集市的民俗谱系作为历史上各民族生活习惯和思想观念层累的结果，在共时传播和历时传承上都呈现出稳定性的特征。从共时传播来看，集市中民俗的流传与集市中物资和人群的流动规律相呼应，在交易圈的基础上形成了一个相对稳定的文化圈。从历时传承来看，廊道集市所依托的农耕生计方式以及民族关系使其民俗谱系的稳定成为可能。因此，流动性与稳定性伴随集市民俗传播与传承的始终，是民俗谱系延续至今的活力所在。

2. 多元性与共融性

作为多民族商贸交易和生产生活的场域，廊道集市中不同来源、不同类型的文化碰撞调和、交织重奏，形成了多元性与共融性兼备的民俗谱系。

乡村集市民俗谱系的多元性主要表现在民俗类型和民俗形态两个方

---

① 萧放：《再论中国民俗文化特征》，《民俗典籍文字研究》2013 年第 2 期。

面。就民俗类型而言,庆阳坝集市的民俗谱系以服饰、建筑、食品和仪式等为呈现方式,延伸出相应的人生仪礼、手工技艺、口头传说、商业民俗和游艺民俗等,涵盖物质生活和精神生活的方方面面。就民俗形态而言,庆阳坝集市的民俗谱系既有当地世居民族土家族的特征,又有中原汉族和西南其他少数民族如苗族和侗族等民族的文化因子;既包括当地传承下来的传统文化,还包括人们根据现实需求而创造的民俗。

民俗类型和形态在彼此协调中将民俗谱系的多元性提升至共融性的层面,表现为对内的整体性和对外的联结性。一方面,不同类型的民俗事象彼此嵌入、相互影响,共同服务于廊道集市中人们的日常生活。集市中的饮食民俗与岁时节庆相互融合,形成了节庆食俗;服饰民俗与人生仪礼相互融合,丰富了服饰的文化内涵;民间文艺与信仰仪式相互融合,增强了仪式活动的功能;建筑技艺与家庭伦理相互融合,形塑了家居空间的秩序。另一方面,多元形态是集市中同一客观实体的不同面向,在集市贸易活动的主导下,拓展了集市民俗谱系的覆盖面,并强化了其与生活的交互关系。庆阳坝多种建筑形态和风格在凉亭街上杂糅并存,使之不仅是集市交易和民众家居的场地,也扮演着公共空间的角色,为民众开展多种多样的社会活动提供场所,在构建社区关系和集市秩序中发挥了重要作用。同时,廊道集市的民俗谱系由于包含了不同民族及不同地域的文化基因,所以其生成和变迁并未脱离中华民族文化发展的历史和社会语境,具有较强的凝聚力和向心力。

3. 民族性与区域性

民俗不是无本之木、无源之水,民族走廊上乡村集市民俗谱系的流动性和多元性没有消解当地民俗与其他地方民俗的差异性,而是在保持民族性和区域性的同时,既维系了"十里不同风,百里不同俗"的文化多样性状态,又形成了"大""小"传统互动的文化秩序。

民族性是指廊道集市的民俗谱系依然保留当地主要世居民族的特征,区域性则指这些民俗通常与周边地区的民俗文化相融相通,但与自然环境和人文语境差异较大地区的民俗谱系则趋同性较弱。庆阳坝的节庆民俗较为明显地体现了这一特征。一方面,庆阳坝民众与中国大多数民族和地区的人们一样,在相关活动中使用以"二十四节气"为代表的时间标尺节令，保留了中国人原初的时间体验形式和时间直觉形式①。另一方面，庆阳坝的具体节日习俗却区别于其他民族或地区。例如，庆阳坝的端午节习俗与荆楚地区的习俗相似，但不同于江南市镇，具有较强的区域性；而有关"月半"节令与土家族英雄关系的传说则显示出当地节俗的民族性。同时，民族性和区域性交互作用，使廊道上各集市的民俗谱系在享有相似性的同时，又未被裁除"历史殊性"。以同样是集市民俗事象之一的"女儿会"为例，其广泛流传于恩施土家族聚居地，但却并非庆阳坝节日体系中的组成部分，当地人也较少讲述与女儿会相关的故事。这与庆阳坝既是乡村集市，又是古道驿站的地理特征相关，其更为开放的人文环境使得人们通过某一具体的节庆活动来达到交友约会目的的愿望并不强烈。

4. 中心性与边缘性

中心与边缘作为一对地缘政治学概念，是理解民族走廊上乡村集市空间结构和社会关联的切入口，也是观察集市中民俗聚合与辐散过程的重要视角。无论是从地理空间还是文化网络上来看，中心与边缘都是相对的，且可以互相转化。因此，廊道集市民俗谱系便在多重边缘位置的基础上塑造出中心性，在吸纳周边多民族文化的同时，也呈现出向四周扩散的趋势。

廊道集市民俗谱系的边缘性主要有两方面的内涵。一是从文化空间着眼，民族走廊较中原地区处于相对偏远的位置，其间所生成的民俗文化相对于以中原汉文化为主流的民俗处于边缘位置。二是从特定的民俗类型着眼，民族走廊的流通性使得其集市处于多个民族聚居地的交界处，与之相应的民俗谱系很少呈现出单独属于某一民族或地域的特点，也通常不是某种特定文化类型的发源处，而是多个文化圈边缘重叠的产物。

中心性和边缘性兼具的特征在庆阳坝集市的民间信仰体系中体现得较为明显。一方面，山高水深的自然环境阻碍了外来宗教文化成体系地

---

① 户晓辉：《中国传统节日与现代性的时间观》，《安徽大学学报（哲学社会科学版）》2010 年第 3 期。

进入，延伸的道路却带来了宗教文化因子"菩萨"和"道士"；另一方面，文化语境的开放性又致使土家族传统的梯玛信仰或图腾崇拜未能在当地生根。同时，有关庆阳坝集市上道士或庙宇"灵应"的传说流传至周边地区，并聚集周边民众前来开展信仰实践活动。庆阳坝集市上的灵关庙不仅是当地人举行信仰活动的场地，也由于"菩萨的灵应"吸引周边盛家坝、芭蕉、土黄坪、水田坝和老寨溪等村落的人前来奉拜，甚至还出现了其他地方的人把雕像取走并加以供奉的情况。每逢农历二月十九、六月十九和九月十九，前往灵关庙烧香拜佛的人比平日里更多。于是，处于民族走廊上的集市民俗便在中心与边缘的置换中向内聚集、向外传播，使其民俗谱系内部具备较强的方向性。

5. 象征性与功能性

民族走廊上乡村集市的民俗事象既承载各民族的身份表征、精神追求，也服务于多民族的共同生活，集象征性与功能性于一体。

就其象征性而言，廊道集市民俗谱系的内容及形态是各民族文化符号的集合，映射出各民族在集市交往互动中对自身文化的自知自觉。正如费孝通先生曾指出的，"生活在一个共同社区之内的人，如果不和外界接触不会自觉地认同"①。换言之，在乡村集市这样一个流动性较强的多民族互嵌社区中，不同族群的人在相互接触中必然认识到彼此的差异性，并将这种差异性融入符号中，以此表达情感、观念和诉求。就其功能性而言，各类象征符号的集合和生成与人们日常生产生活所需密切关联，具有反哺生活的意义。例如，庆阳坝集市中的家居结构虽然与传统意义上的土家族民居有较大差距，但仍保留了土家族、苗族和侗族等共有的房舍象征——火塘间；且在堂屋中供奉神像，在此商议要事、祭祖奉神，从而使家居空间文化意义和生产意义相互融合，符合集市民众的生活方式和民族地区的家庭伦理。而节庆仪式作为各类象征符号集中表现的公共时空，在多民族共居的集市中具有现实意义。其既是社区集体狂欢的一种方式，让人们的身体和精神在此得到放松；也巩固了社区关系、加强了地方凝聚力，从而促使廊道集市中民俗外在形态与内在价值有机

① 费孝通：《中华民族多元一体格局》，中央民族大学出版社1999年版，第9—10页。

衔接。

　　总的来说，庆阳坝集市中的民俗谱系在类型和形态上呈现出多元性与整体性兼具的特征，且保留了较强的区域性和民族性，并形成了聚合性与辐散性的传承和传播趋势。从中华民族文化整体观来看，民族走廊集市中的民俗谱系以流动性和稳定性的合唱复调为本质，以象征性和功能性并置为价值立场，构筑起中心性和边缘性共生互动的特色。其中，流动性与边缘性给予了廊道集市民俗谱系海纳百川、兼容并蓄的可能，而稳定性与中心性则为集市民俗的繁荣发展提供了支撑，也为形成和谐有序的文化系统奠定了基础。

第二节　流动的动力：在传承与焕新之间

　　作为经验与知识的结晶，民俗是社会的产物，其在民众的日常生活中被创造、保留和传承，是对社会的整体呈现，且变动不居。无论是集市，还是民俗，它们的生成都与人、物、文化的流动相关。二者的结合则是流动与变迁交织的过程，探索乡村集市中民俗谱系的生成逻辑，并非要追根溯源式地挖掘其各种文化因子的来源，而是考察其内部要素如何在特定的历史社会语境中形成并彼此发生关系。以此，我们可窥见乡村集市的现代转型、民俗生活的当代变迁及两者相互作用的现实进路。

一　集市民俗谱系的历史生成逻辑

　　乡村集市民俗谱系的生成以当地的自然生态和人文历史为背景，以民众基于经济交换形成的社会关系为基本结构，是各民族成员在交往交流交融中进行的文化选择。

（一）民族交往：廊道集市民俗谱系的生成条件

　　民族交往伴随民族发展始终，是族群流动和族际接触的必然过程。廊道集市民俗谱系的生成内嵌于民族交往的进程，其内容和关联的产生依托于民族交往所形成的生活形态、民族关系和历史文化语境，以多民族互动中的人群、物资和文化为主体和客体基础。

其一，族群迁徙与交往使单一集市与其他地区连接，促使特定场域内的民俗谱系突破地理空间的阻碍，与外界发生关联，吸纳更加多元的文化进入当地。作为"点"的乡村集市因族群流动和交往与作为"线"的廊道相连，且与作为"面"的更广泛区域发生关系，成为中华民族"板块与走廊"格局中的一部分。由于文化发展与文化生境的改变密切相关，所以当"线"或"面"上其他区域的文化汇聚于"点"时，必然在适应新的生存环境中发展出新的民俗形态。

其二，因族群迁徙与交往形成的区域性民族关系既影响民族走廊上乡村集市贸易的运行规则，也奠定了集市民俗流动及其谱系生成的历史前提。历史上鄂西南地区频繁的族群迁徙和包容性较强的文化系统推动了庆阳坝集市中的族际互动，形成了多民族和睦共处的族际关系。明清时期，在奉旨移民、求生移民和经商移民的推动下，湖广地区的民众以递进的方式向四川盆地迁移，在武陵地区形成了"无江西不成街"的景象。处于武陵山腹地的庆阳坝也参与到这一国家叙事中。递进式的人口迁移使大量湖南和江西等地的汉民族成为当地历史移民中的主要部分，并在之后的地方社会发展中起到了较为重要的作用。几乎同一时期，"改土归流"政策的推行进一步打开了西南民族地区的大门。过去"蛮不出峒，汉不入境"的禁令被打破，当地少数民族与汉族之间的交往逐渐增多，不同民族和地区之间的观念冲突和文化阻隔得以化解。

（二）民族交流：廊道集市民俗谱系的生成动力

民族交流将民族交往拓展至经济、文化、社会、心理和情感等多个层面，与之相伴的物资流通和文化流动在满足多民族生产生活需求的基础上日渐稳定，促进物资共享和文化互动，是廊道集市中民俗谱系生成的动力来源。同时，廊道集市民俗谱系的内容又是民族交流最为显著的表现形式，其交流过程多通过饮食、建筑、歌唱、仪礼和信仰等生活细节呈现出来。

经济交流作为民族交流最基本的形式，以物资的流通和交换为手段，是民众精神文化生活的基础。历史上，丝绸之路、茶马古道和盐花大道等跨越地域和民族的贸易通道为人群流动指明了方向，古道在为沿线集市带来丰富物资的同时，也推动沿线族群的交流和互动。而集市作为人群和货物的集散点，通常也是多元文化因子和生活习惯相遇、涵化与协商的场域，民俗的生成、传播与变迁成为这一流动过程的伴生物。

民俗谱系的形成通常基于一定的物质条件。集市上流通的商品在提升当地人获取特定生产生活资料便利性的同时，萌发了以其为核心的生活习惯和民俗类型。作为民族走廊上的节点，庆阳坝集市在历史发展过程中出现了以盐、茶、棉和竹编等为核心的集贸交易商品，这些商品因其功能性被融入当地的民俗谱系中。其中，食盐和棉花是从外地输入的商品，作为民众饮食和服饰的重要原料，形成了相应的饮食民俗和服饰民俗；茶叶和竹编是从庆阳坝输出的产品，作为地方经济增长的物质基础，推动人们在多民族交流中提升加工和制作技巧，既在当地形成了相应的传统技艺，也因对其产品的应用形成了特定的地方生活仪礼。

民俗谱系的生成还依赖于文化的接触与涵化，族群接触作为民族交流的重要形式，在廊道集市文化的涵化中发挥了关键作用。古道流通给庆阳坝带来了来自多地域、多民族的移民群体和商贸队伍，集市贸易则在庆阳坝与周边地区形成了以坐商、行商、顾客和居民为主体的互动群体。不同族群在庆阳坝集市相遇，其所裹挟的生活传统和文化惯习也在此交汇，并经人们的改造成为地方性知识的组成部分。这一过程是以文化自觉为基础的文化选择和调适，其结果是促进了多元民族文化的互嵌。

民族交流与日常生活的深度嵌入意味着流通的物质资料和外来的文化因子必须通过人们的生活实践才能成为地方性知识的组成部分。集市作为多民族开展经济交流的场域，其民俗必须满足民众最基本的生产生活需求。这不仅是文化涵化的逻辑所在，也是集市中民俗谱系各部分"美美与共"的保障，进而形成了以促进贸易为主导的民俗节奏、内容和观念。无论是庆阳坝凉亭古街上前铺后居的家居结构、上遮下通的街道形制，还是庆阳坝重要节庆仪式多分布在开市日上的时间规律，都反映出集市上民俗适应经济交流时空结构的特征。正是这种对民俗实用功能的强调，使得人们在当地的建筑修葺、服饰穿着、信仰实践和休闲娱乐等方面并未因各民族之间的差异产生分裂，而是使同一民俗客体具有多重呈现方式，在促进经济交流的基础上形成了多元共融的民俗谱系，又在混融的基础上呈现出民族性和区域性特征。

　　族群接触在廊道集市民俗谱系生成中的重要性还表现为族群接触时间的长短和程度的深浅影响着集市民俗的形态。虽然武陵民族走廊上有多个世居民族，但由于庆阳坝集市上的族群接触主要发生在土家族、侗族、苗族和汉族之间，因此庆阳坝集市的民俗谱系中多表现出这些民族所具有的文化特征。同时，历史上武陵民族地区与中原的频繁交往，使之较河西走廊或苗疆走廊上集市的民俗谱系呈现出更多的汉文化元素，进一步凸显了武陵民族走廊作为西南与中原文化接触前沿的功能特征，并使当地的民俗谱系可被更多民族和地区的民众广泛接纳。

　　（三）民族交融：廊道集市民俗谱系生成的社会结构

　　民族交融是民族交往交流中形成的共存共荣共赢趋势，其所形成的社会关系既搭建了廊道集市民俗谱系生成的现实结构，也划定了廊道集市民俗传播的方向与边界。廊道集市的民俗谱系既反映民族交融的状态，也反作用于民族交融。

　　结构交融作为民族交融的本质①，以民族互嵌式社区为空间基础，集市便是民族互嵌的空间基础之一。一方面，因集市形成的多民族互嵌社区不仅聚集了不同民族成员的共居，而且搭建了成员间唇齿相依的关系。集市交易是人们调适生产余缺的经济手段，将不同民族的成员融入同一经济体系中，形成了相应的物资交易空间范畴，即市场圈。以物资交易为基础，周边族群流动的边界被划定，不仅形成了相应的通婚圈，建立起超越村落的人际关系，也决定了当地人可接触到的民俗的核心传播区域。市场圈内部各民族互助互济的社区关系使得以此为依托的文化圈内的各种民俗也相互影响、相互采借，从而塑造了集市民俗谱系的包容品质和稳定特性。

　　另一方面，由于生产生活资料不可能在地理空间中均匀分布，所以集市作为多民族互嵌的中心，也构建了社区内文化互动的中心，形成了以集市为中心向四周辐散的民俗网络。虽然因族群接触导致的文化涵化

---

　　①　郝亚明：《中华民族共同体意识视角下的民族交往交流交融研究》，《西南民族大学学报（人文社会科学版）》2019 年第 3 期。

现象遍及廊道上民族互嵌社区的角落，但集市中的文化却因集市的中心地效应形成了向中心聚拢的汇集趋势，并因此建立起社区内的民俗秩序，使集市成为多元民俗交汇之处。同时，集市的中心地效应又具有向外的辐射扩散性，从而使得集市中生成的民俗能够流传至互嵌社区及更广的区域，与其他民族和地区的文化相互作用，生成新的文化圈层。

值得注意的是，交融不同于融合，强调未竟性和主体性，是各民族在文化自觉和自省基础上共性因素增多的过程①。武陵民族走廊上的集市与大多数廊道集市一样，其民俗因古道流通还具有线性流动的趋势。由于当地人的生活嵌入到西南地区和中原地区交流的过程中，所以集市中的民俗谱系呈现出中原文化与西南民族地区文化双向互动的特征，而非单方面的侵蚀或融合。廊道集市中民俗的辐射扩散方向和线性流动方式使其民俗谱系不是封闭的范畴，而是一个包容性较强的结构网络，能够形成各民族相互欣赏、相互守望的民俗秩序，并最终为多民族互嵌社区的形成提供文化和情感支撑。

民族交往、交流、交融作为族际关系的不同层次，在分别为廊道集市民俗谱系生成提供历史条件、动力来源和社会结构的同时，三者本身的递进关系又增强了廊道集市民俗谱系生成机制的层次性和整体性。就层次性而言，集市民俗谱系的生成以族群互动为根本，以物资交换为依托，以文化交流为渠道，植根于多民族生产生活的全过程，也是政治、经济、历史、社会和文化构筑起的立体动态系统。就整体性而言，跨越地缘、血缘和族际边界的交往交流交融实践将单个集市中的民众生活嵌入到多民族共享的生活场域中，集市中的民俗谱系也因此建立起与中华民族文化根脉相通的关联体系。廊道集市的民俗谱系是"礼失求诸野"的映射，也是"多元一体格局"的缩影。

与此同时，廊道集市民俗谱系的生成逻辑也进一步彰显出民族交往交流交融之于多民族生活实践的价值和意义。其中，民族交往属于生活实践的表层，随时随地都在发生；民族交流属于生活实践的中层，需要

---

① 王希恩：《民族的融合、交融及互嵌》，《学术界》2016 年第 4 期。

通过一定的文化载体呈现出来；民族交融则是生活实践的深层内涵，深藏于人们的价值取向、精神追求以及民族认同中。三者由表及里、由浅及深的关联既是从共同生活、互嵌社区向精神家园递进发展的历程，也是民俗谱系从语境、事象到关系逐次建构的过程。

二　集市民俗谱系的当代变迁机制

生活性是民俗的基本属性，人则是生活的实践主体。关注以人为中心的生活驱动，将地方社会转型和民俗生活重构的解释权交给当地人，有助于理解中国现阶段农村社会和传统文化变迁的根本原因和表现形式。本书从主体实践的角度书写了一个西南少数民族地区乡村集市的民俗志，关注当地人的话语阐释，认为乡村集市转型和民俗生活重构均是民众在以人为中心的生活驱动下的实践。同时，针对学术界有关传统与现代、传承与创新的经典命题，本书提供了"朝向当下"的民俗学研究视角，以民众实践为切入点，在乡村集市和民俗生活互嵌的基础上阐释了传统延续与现代转型的机制和规律，以此来理解民俗生活的当代存续和构建逻辑。

（一）乡村集市转型与民俗生活变迁的内核

城镇化是现代性因素渗透入乡村社会的过程，不仅推动了农村政治经济、科学技术和文化结构的转型，更因其嵌入民众的日常生活实践中，影响着人们生活的方方面面。新型城镇化的关键是"人的城镇化"。首先，现代化和城镇化进程是乡村社会和民众生活发展的一把双刃剑。一方面，科学技术的日新月异、道路交通的迅猛发展和市场体系的日渐完善，给民众生产生活带来了便利，促进了新民俗的生成；另一方面，乡土社会的逐渐解体也导致植根于农耕传统的生活习惯和地方民俗逐渐消失，民众的生活处于向前的"现代化想象"和向后的"留住乡愁"交织的混沌状态。就庆阳坝而言，随着高速公路网络的完善、现代通信技术的改变和民众购买方式的变化，庆阳坝集市原有的相对地理位置优势逐渐消失，基层市场原来所具有的经济功能、休闲娱乐功能和文化功能逐渐式微，建立在传统劳作模式上的生产和生活难以满足民众日益增长的物质和文化需求，集市交易在促进民众生活改善过程中的作用减弱，依托于集市的传统也渐趋消失。与此同时，周边地区的快速发展加强了当地人在共时和历时比较中形成的心理落差。因此，城镇化进程中，人们渴望改善自身生活和推动地方建设的愿望是迫切的。

其次，以人为中心的生活驱动包括满足物质生活的需求、精神生活的需求和情感生活的需求等三个方面。就物质生活的驱动而言，以衣食住行等方面的需求为主。庆阳坝民众推动以"茶"为中心的地方特色产业链的完善，强化其作为生产基地的角色；并加强地方旅游业的建设，将传统民俗资本化、形式化和仪式化，以此吸纳地方劳动力、拉动地方经济增长和改善民众生活条件。就精神生活的驱动而言，与信仰、娱乐和休闲等方面的需求相关，依托于适当的文化时空。庆阳坝民众通过修复凉亭古街建筑群、重建灵关庙、复兴民间文艺和创造节庆仪式等方式为其民俗实践提供载体，在找寻"乡根"中创造新的集体记忆，重构民俗生活。就情感生活的驱动而言，与精神寄托关系密切，依托于地方认同感和群体认同感的建立。随着现代社会中民众流动性的增强和人际关系的原子化，外出务工的青年人通过"赶场"的方式实现乡愁的延续，当地人通过集市中的交流加强乡亲邻里的关联，深化彼此间的感情。

最后，因民众生活驱动而实现的集市转型和民俗重构嵌入民众日常生活的框架中，"更好生活"的发展话语成为社会过渡期中和不同话语及不同主体间冲突的手段。物质生活驱动、精神生活驱动和情感生活驱动相互融合，以前者为基础，后两者为支撑，在维持地方秩序稳定及构建和谐社会中发挥重要作用。

（二）传统延续与现代转型的机制

无论是关于乡村集市转型的研究，还是对民俗生活变迁的探讨，都难以回避有关传统与现代关系的讨论。对此，一些学者从"传统—现代"两分法、社会发展内因论或现代化趋同论的角度进行分析；本书则为这一话题提供了"朝向当下"的民俗学研究视角，以民众实践为切入点，在乡村集市和民俗生活互嵌的基础上阐释了传统延续与现代转型的机制和规律，有助于理解民俗生活的当代存续和构建逻辑。

就乡村集市的转型而言，其在时间、空间和功能上都呈现出对过去规律继承和在当下语境中转变的双重特征。具体而言，庆阳坝集市的周期依旧保持一旬三集，交易空间依然以凉亭古街为核心，在逢二、五、八"赶场"基础上形成的日常生活节奏一定程度上得以延续；但是，由于现代交通的兴起、城镇化所带来的人口流动性增强以及民众日常生活方式的改变，庆阳坝集市的经济枢纽功能渐趋下降，开市时长有所缩短，集市核心交易圈范围减小，但交易圈的外延却有所增长。另外，虽然川盐、棉花和竹编已不再是庆阳坝物资流通的重心，但在历史上不断积累的茶树种植和茶叶加工技艺则为庆阳坝从中转站向生产基地的转型奠定了基础。

就民俗生活的变迁而言，其在内容、关系和形态上连续性与断裂性并存。庆阳坝民众的信仰观念、岁时节庆、人生仪礼、文艺戏曲和民间技艺等是在历史长河中不断形成的，受到政治、经济和社会等多种因素的影响。20 世纪 60 年代至 70 年代，庆阳坝的众多文化古迹被摧毁、民间文化实践者遭到打压，民俗事象的展演一度中止，由此造成的文化传承断代在之后很长一段时间里难以恢复。而 20 世纪 70 年代末以来，随着改革开放的逐步深化，新的文化样态出现在民众的生活中，网络通信在乡村社会的普及更是改变了民众接触、学习和认识民俗的方式。然而，在集市转型中庆阳坝民众对民俗生活的重构则将现代技术和观念引入到过去文化的传承和保护中，以修复集市空间为核心的乡愁延续、以重建灵关庙为中心的传统找寻、以复兴南剧为焦点的民俗展演和以路烛节为关键的传统发明均建立在传统延续的基础上，即使有时这种"传统"只是复古情绪中对过去的想象。

传统延续和现代转型的发生有赖于集体记忆、民间叙事和身体实践的合作，也因此需要社会多元主体的共同参与。其中，记忆既是这一过程发生的基础，也是结果。首先，记忆关乎过去，"是一种认识的工具，历史行动者通过它来解释现实"[1]，而且也关乎未来，特别是集体记忆"更是为了面向未来而凝聚共同体"[2]。其次，民间叙事是这一过程的中

---

① 景军：《神堂记忆：一个中国乡村的历史、权力与道德》，福建教育出版社 2013 年版，第 12 页。

② 刘晓春：《探究日常生活的"民俗性"——后传承时代民俗学"日常生活"转向的一种路径》，《民俗研究》2019 年第 3 期。

介，民众在讲述中把个人记忆转变为集体记忆，传播并传承记忆。最后，身体体验和实践则是事件发生的载体，民众在节庆仪式中通过实践创造新的记忆，从而引起民俗生活的嬗变。

因此，传统与现代之间并非泾渭分明，而是由记忆、叙事和身体相联结，传统延续和现代转型既是理解当前民俗构建逻辑的视角，也为民俗学理解"传统"提供了新的思路。这种将历时研究与共时研究并重的研究范式正好回应了鲍辛格对当代民俗学建设的要求，即民俗学"面对的根本问题是文化的连续性，是辨析表面上的和真正的连续性，是确立这两种状态是如何彼此纠结的，因此民俗学必然需要深厚的历史根基，同时民俗学也是一个本土性和时代性很强的学科，想获得一种普遍性的理论来方便地阐释民俗学的对象几乎是太差强人意了"①。社会转型中的庆阳坝民众用实践表明：人们的生活建立在传统之上，即使所谓"传统"在现代化进程中被淘汰，人们还是会创造出新的传统，并生活于这种传统中。所以，强调人的能动性，是文化的流动性所在，也是民俗的关系性所在，更是文明的延续性所在。

---

① ［德］赫尔曼·鲍辛格等：《日常生活的启蒙者》，吴秀杰译，广西师范大学出版社2014年版，第12页。

参考文献

一 中文文献

巴莫曲布嫫：《叙事语境与演述场域——以诺苏彝族的口头论辩和史诗传统为例》，《文学评论》2004 年第 1 期。

蔡磊：《劳作模式与村落共同体：一个华北荆编专业村的考察》，中国社会科学出版社 2015 年版。

曹端波、邢稞、张光红：《族群与边界的研究综述》，《山东农业工程学院学报》2016 年第 7 期。

曹海林：《乡村社会变迁中的村落公共空间——以苏北窑村为例考察村庄秩序重构的一项经验研究》，《中国农村观察》2005 年第 6 期。

镡鹤婧：《马克思恩格斯家庭思想的基本内涵研究》，《东北大学学报（社会科学版)》2015 年第 6 期。

陈勤建：《面向现实社会 关注经世济民——21 世纪中国民俗学的一个重要选择》，《韶关学院学报（社会科学版)》2006 年第 11 期。

陈文超：《实践亲属：乡村集市场域中的交换关系》，《中共福建省委党校学报》2010 年第 4 期。

陈文超：《行商与坐商：进城创业的组织经营形式》，《中共福建省委党校学报》2018 年第 3 期。

陈泳超：《背过身去的大娘娘：地方民间传说生息的动力学研究》，北京大学出版社 2015 年版。

陈泳超：《对一个民间神明兴废史的田野知识考古——论民俗精英的动态联合》，《民俗研究》2014 年第 6 期。

陈泳超：《规范传说——民俗精英的文艺理论与实践》，《文化遗产》2014年第 6 期。

重庆市文化遗产研究院、重庆文化遗产保护中心主编：《渝东盐业史志辑稿》，科学出版社 2019 年版。

道光《施南府志》卷 10，湖北人民出版社 2023 年影印版。

邓大才：《超越村庄的四种范式：方法论视角——以施坚雅、弗里德曼、黄宗智、杜赞奇为例》，《社会科学研究》2010 年第 2 期。

董丽娟：《乡村集市的"民俗文化空间性"》，《文化学刊》2014 年第 6 期。

费孝通：《江村经济——中国农民的生活》，商务印书馆 2001 年版。

费孝通：《武陵行（上）》，《瞭望》1992 年第 3 期。

费孝通：《武陵行（中）》，《瞭望》1992 年第 4 期。

费孝通：《武陵行（下）》，《瞭望》1992 年第 5 期。

费孝通：《乡土中国 生育制度》，北京大学出版社 1998 年版。

费孝通：《中华民族多元一体格局》，中央民族大学出版社 1999 年版。

高丙中：《民俗文化与民俗生活》，中国社会科学出版社 1994 年版。

高丙中：《民族国家的时间管理——中国节假日制度的问题及其解决之道》，《开放时代》2005 年第 1 期。

高丙中：《世界社会的民俗协商：民俗学理论与方法的新生命》，《民俗研究》2020 年第 3 期。

高丙中：《一座博物馆—庙宇建筑的民族志——论成为政治艺术的双名制》，《社会学研究》2006 年第 1 期。

高丙中：《中国民俗概论》，北京大学出版社 2009 年版。

高丙中：《中国民俗学的新时代：开创公民日常生活的文化科学》，《民俗研究》2015 年第 1 期。

龚关：《明清至民国时期华北集市的集期分析》，《中国社会经济史研究》2002 年第 3 期。

（清）顾祖禹：《读史方舆纪要》，中华书局 2005 年版。

郭文德、王艳霞主编：《冀东民歌》，苏州大学出版社 2019 年版。

郝亚明：《中华民族共同体意识视角下的民族交往交流交融研究》，《西南民族大学学报（人文社会科学版）》2019 年第 3 期。

（清）贺长龄等编：《清经世文编》卷 53《鼓铸议》，中华书局 1992 年版。

侯红霞：《转型期村庄权力秩序的冲突与调适》，《沧桑》2009 年第 2 期。

湖南省龙山县民族事务委员会编：《中国土家族习俗》，中国文史出版社
　　1991 年版。

《后汉书》卷 112《志二十二·郡国四》，中华书局 2000 年版。

户晓辉：《实践民俗学的日常生活研究理念》，《民间文化论坛》2019 年
　　第 6 期。

户晓辉：《中国传统节日与现代性的时间观》，《安徽大学学报（哲学社会
　　科学版）》2010 年第 3 期。

奂平清：《华北乡村集市变迁、社会转型与乡村建设——以定县（州）实
　　地研究为例》，《社会建设》2016 年第 5 期。

奂平清：《中国传统乡村集市转型迟滞的原因分析》，《西北师大学报（社
　　会科学版）》2006 年第 4 期。

黄柏权：《武陵民族走廊及其主要通道》，《三峡大学学报（人文社会科学
　　版）》2007 年第 6 期。

黄治国：《传统节日的现代性危机与日常生活批判》，《文化遗产》2018
　　年第 3 期。

景军：《神堂记忆：一个中国乡村的历史、权力与道德》，福建教育出版
　　社 2013 年版。

《旧唐书》卷 197，浙江书局同治十一年。

《旧唐书》卷 18，浙江书局同治十一年。

雷鸣：《乡村变革与社会主义实践的空间政治——论中国当代小说的"集
　　市"叙述》，《内蒙古社会科学（汉文版）》2019 年第 1 期。

李安民：《关于文化涵化的若干问题》，《中山大学学报（哲学社会科学
　　版）》1988 年第 4 期。

李福德：《艰苦奋斗五十载　川盐历史续新篇——建国后四川盐业 50 年
　　的光辉历程》，《中国井矿盐》1999 年第 5 期。

李海云：《空间、边界与地方民俗传统——潍北东永安村人地关系考察》，
　　《民族艺术》2019 年第 5 期。

李文钢：《族群性与族群生计方式转型：以宁边村四个族群为中心讨论》，《民族问题》2017 年第 10 期。

李向振：《当代民俗学学科危机的本质是什么？——兼谈实践民俗学的知识生产问题》，《民俗研究》2020 年第 6 期。

李勇、刘国翰：《流动治理：概念、结构与范式》，社会科学文献出版社 2016 年版。

李子娟：《国内外集市研究综述》，《科技和产业》2011 年第 12 期。

梁海艳：《中国流动人口通婚地域选择——理论与实践》，中国社会科学出版社 2016 年版。

梁丽霞、李伟峰：《民俗旅游语境中女性东道主与民俗传承》，《民俗研究》2015 年第 2 期。

廖德根、冉红芳编：《恩施民俗》，湖北人民出版社 2013 年版。

林继富、王丹：《解释民俗学》，华中师范大学出版社 2006 年版。

刘沛林：《古村落：和谐的人聚空间》，上海三联书店 1997 年版。

刘铁梁：《村落——民俗传承的生活空间》，《北京师范大学学报（社会科学版）》1996 年第 6 期。

刘铁梁等：《"礼俗传统与中国社会建构"笔谈》，《民俗研究》2020 年第 6 期。

刘晓春：《探究日常生活的"民俗性"——后传承时代民俗学"日常生活"转向的一种路径》，《民俗研究》2019 年第 3 期。

刘自兵、高芳：《简论古代武陵的地理范围》，《三峡大学学报（人文社会科学版）》2009 年第 1 期。

卢海晏：《南剧》，民族出版社 2003 年版。

鲁西奇：《散村与集村：传统中国的乡村聚落形态及其演变》，《华中师范大学学报（人文社会科学版）》2013 年第 4 期。

陆益龙：《从乡村集市变迁透视农村市场发展——以河北定州庙会为例》，《江海学刊》2012 年第 3 期。

吕微：《两种自由意志的实践民俗学——民俗学的知识谱系与概念间逻辑》，《民俗研究》2018 年第 6 期。

满黎、杨亭：《消失的背夫：对巴盐古道盐运主体的人类学考察》，《四川理工学院学报（社会科学版）》2014年第2期。

潘乃谷、王铭铭编：《重归"魁阁"》，社会科学文献出版社2005年版。

彭林绪：《土家族居住及饮食文化变迁》，《湖北民族学院学报（哲学社会科学版）》2000年第1期。

彭兆荣：《论乡土中国的城镇化》，《北方民族大学学报（哲学社会科学版）》2017年第1期。

强舸：《关系网络与地下经济——基于上海一个自行车黑市的研究》，《社会》2013年第2期。

瞿明安：《论象征的基本特征》，《民族研究》2007年第5期。

［日］森田真也：《民俗学主义与观光——民俗学中的观光研究》，西村真志叶译，《民间文化论坛》2007年第1期。

石忆邵：《中国集贸市场的历史发展与地理分布》，《地理研究》1999年第3期。

舒敏、覃莉：《川盐古道上传统商业建筑空间的"共居"与"共融"：以宣恩庆阳坝凉亭街为例》，《民族艺林》2018年第1期。

四川大学历史系编：《中国西南的古代交通与文化》，四川大学出版社1994年版。

宋靖野：《"公共空间"的社会诗学——茶馆与川南的乡村生活》，《社会学研究》2019年第3期。

孙立平：《社会转型：发展社会学的新议题》，《社会学研究》2005年第1期。

谭同学：《双面人——转型乡村中的人生、欲望与社会心态》，社会科学文献出版社2016年版。

谭志满：《民间信仰与武陵地区社会发展研究》，中国社会科学出版社2019年版。

汤晓青：《非物质文化遗产保护与传承中地方民俗精英的地位与作用》，《文化遗产研究》2014年第1期。

田世高：《鄂西土家族南剧起源研究》，《中央民族大学学报》2003年第2期。

同治《恩施县志》卷7，湖北人民出版社2021年影印本。

汪辉、陈燕谷编：《文化与公共性》，生活·读书·新知三联书店 1998 年版。

汪民安主编：《文化研究关键词》，江苏人民出版社 2020 年版。

王丹：《传统节日研究的三个维度——基于文化记忆理论的视角》，《中国人民大学学报》2020 年第 1 期。

王丹：《民俗学视野下的恩施南剧研究》，硕士学位论文，广西大学，2013 年。

王丹：《清江流域土家族人生仪礼歌唱传统研究》，北京大学出版社 2019 年版。

王笛：《跨出封闭的世界——长江上游区域社会研究（1644—1911）》，中华书局 2001 年版。

王铭铭：《社会人类学与中国研究》，广西师范大学出版社 2005 年版。

王汝澜等编译：《域外民俗学鉴要》，宁夏人民出版社 2005 年版。

王希恩：《民族的融合、交融及互嵌》，《学术界》2016 年第 4 期。

王霄冰：《中国民俗学：从民俗主义出发去往何方?》，《民俗研究》2016 年第 3 期。

乌丙安：《乌丙安民俗研究文集：中国民俗学》，长春出版社 2014 年版。

乌丙安：《走进民俗的象征世界——民俗符号论》，《江苏社会科学》2000 年第 3 期。

吴良镛、吴唯佳、武廷海：《论世界与中国城市化的大趋势和江苏省城市化道路》，《科技导报》2003 年第 9 期。

吴晓燕：《农民、市场与国家：基于集市功能变迁的考察》，《理论与改革》2011 年第 2 期。

西敬亭、叶涛：《民俗旅游：一个尚待开拓的领域》，《民间文艺季刊》1990 年第 3 期。

萧放：《再论中国民俗文化特征》，《民俗典籍文字研究》2013 年第 2 期。

徐赣丽：《从乡村到城市：中国民俗学的研究转向》，《民俗研究》2021 年第 4 期。

许檀：《明清时期华北的商业城镇与市场层级》，《中国社会科学》2016 年第 11 期。

宣恩县政协文史资料委员会编：《宣恩文史资料》第 11 辑，鄂恩内图字

2008 年第 001 号。

湖北省宣恩县地方史志编纂委员会编:《宣恩县志》,武汉工业大学出版
　　社 1995 年版。

杨懋春:《一个中国村庄:山东台头》,张雄、沈炜、秦美珠译,江苏人
　　民出版社 2001 年版。

姚磊:《文化传承视域下大理"三月街"千年发展的实践逻辑》,《广西
　　民族研究》2016 年第 6 期。

尹建东、吕付华:《传统延续与现代转型:当代中国边境集市结构功能变
　　迁研究——以云南为中心的考察》,《云南师范大学学报(哲学社会科
　　学版)》2018 年第 4 期。

於芳:《民俗主义的时代——民俗主义理论研究综述》,《河南教育学院学
　　报(哲学社会科学版)》2007 年第 3 期。

岳永逸:《器具与房舍:中国民具学探微》,《民族艺术》2019 年第 4 期。

张春:《基于"地方空间理论"的集市空间建构研究——以鲁中地区周村
　　大集为例》,《民俗研究》2021 年第 2 期。

张青仁:《如何理解中国社会:从模式争论到立场反思——对杨庆堃和施
　　坚雅集市研究的比较分析》,《云南民族大学学报(哲学社会科学版)》
　　2015 年第 5 期。

张士闪:《礼与俗:在田野中理解中国》,齐鲁书社 2019 年版。

张紫晨主编:《中外民俗学词典》,浙江人民出版社 1999 年版。

赵尔巽等:《清史稿》卷 123,中华书局 1977 年版。

赵逵:《川盐古道上的传统聚落与建筑研究》,博士学位论文,华中科技
　　大学,2007 年。

赵世瑜:《在空间中理解时间:从区域社会史到历史人类学》,北京大学
　　出版社 2017 年版。

赵心宪:《李绍明"武陵民族区"概念内涵与"黔中文化研究"基础理
　　论》,《民族学刊》2014 年第 6 期。

政协恩施州委员会、政协宣恩县委员会编著:《宣恩县传统村落》,华中
　　科技大学出版社 2021 年版。

钟敬文主编:《民俗学概论》,上海文艺出版社 1998 年版。

钟敬文：《新的驿程》，中国民间文艺出版社 1987 年版。

钟兴永：《中国古代市场资源配置发展的两个阶段》，《云梦学刊》2000
　　年第 3 期。

周大鸣、廖越：《聚落与交通："路学"视域下中国城乡社会结构变迁》，
　　《广东社会科学》2018 年第 1 期。

周大鸣：《道路研究的意义与途径》，《吉林师范大学学报（人文社会科学
　　版）》2019 年第 4 期。

周皓、李丁：《我国不同省份婚姻圈概况及其历史变化——将人口学引入
　　婚姻圈的研究》，《开放时代》2009 年第 7 期。

周星：《日本民具研究的理论方法》，商务印书馆 2006 年版。

周星：《"生活革命"与中国民俗学的方向》，《民俗研究》2017 年第
　　1 期。

周星：《物质文化研究的格局与民具学在中国的成长》，《民俗研究》2018
　　年第 4 期。

庄英章：《人类学与台湾区域发展史研究》，《广西民族学院学报（哲学社
　　会科学版）》1998 年第 2 期。

［比］马克·雅各布：《不能孤立存在的社区——作为联合国教科文组织
　　2003 年〈保护非物质文化遗产公约〉防冻剂的"CGIs"与"遗产社
　　区"》，唐璐璐译，《西北民族研究》2018 年第 2 期。

［德］赫尔曼·鲍辛格等：《日常生活的启蒙者》，吴秀杰译，广西师范大
　　学出版社 2014 年版。

［联邦德国］哈贝马斯：《交往与社会进化》，张博树译，重庆出版社
　　1989 年版。

［德］舒茨：《社会世界的现象学》，卢岚兰译，久大文化股份有限公司、
　　桂冠图书股份有限公司 1991 年版。

［德］沃尔特·克里斯塔勒：《德国南部中心地原理》，常正文、王兴中等
　　译，商务印书馆 2017 年版。

［法］埃米尔·涂尔干：《社会分工论》，渠东译，生活·读书·新知三联
　　书店 2000 年版。

［法］葛兰言：《古代中国的节庆与歌谣》，赵丙祥、张宏明译，广西师范

大学出版社 2005 年版。

［法］莫里斯·哈布瓦赫：《论集体记忆》，毕然、郭金华译，上海人民出版社 2002 年版。

［法］皮埃尔·布迪厄、华康德：《实践与反思——反思社会学导引》，李猛、李康译，中央编译出版社 1998 年版。

［加］西佛曼、［英］格里福编：《走进历史田野：历史人类学的爱尔兰史个案研究》，贾士蘅译，麦田出版股份有限公司 1999 年版。

［美］C. 恩伯、M. 恩伯：《文化的变异——现代文化人类学通论》，杜杉杉译，辽宁人民出版社 1988 年版。

［美］丹·本－阿莫斯：《科技世界中的民间文化·序言》，《西方民俗学译论集》，李扬译，中国海洋大学出版社 2003 年版。

［美］费正清：《美国与中国》，张理京译，世界知识出版社 1999 年版。

［美］黄宗智：《华北的小农经济与社会变迁》，中华书局 2000 年版。

［美］明恩溥：《中国乡村生活》，陈午晴、唐军译，中华书局 2006 年版。

［美］施坚雅：《中国农村的市场和社会结构》，史建云、徐秀丽译，中国社会科学出版社 1998 年版。

［美］瓦伦·L. 史密斯：《东道主与游客——旅游人类学研究》，张晓萍、何昌邑等译，云南大学出版社 2007 年版。

［美］西蒙·布朗纳：《迈向实践的民俗定义》，蔡磊译，《民俗研究》2021 年第 1 期。

［匈］阿格妮丝·赫勒：《日常生活》，衣俊卿译，重庆出版社 1990 年版。

［英］爱德华·汤普森：《共有的习惯》，沈汉、王加丰译，上海人民出版社 2002 年版。

［英］本·海默尔：《日常生活与文化理论导论》，王志宏译，商务印书馆 2008 年版。

［英］埃里克·霍布斯鲍姆、特伦斯·兰杰编：《传统的发明》，顾杭、庞冠群译，译林出版社 2022 年版。

［美］罗伯特·芮德菲尔德：《农民社会与文化——人类学对文明的一种诠释》，王莹译，中国社会科学出版社 2013 年版。

二 外文文献

Adam Yuet Chau, *Miraculous Response: Doing Popular Religion in Contemporary China*, Stanford: Stanford University Press, 2005.

Alan Dundes, *The Study of Folkore*, Columbis: Pearson College Division, 1965.

Amy Shuman, "Dismantling Local Culture", *Western Folklore*, Vol. 52, No. 2/4, 1993.

Carol Ann Smith, "The Militarization of Civil Society in Guatemala", *Latin American Perspective*, Vol. 17, No. 4, 1990.

Clifford Geertz, "The Bazaar Economy: Information and Search in Peasant Marketing", *American Economic Review*, Vol. 68, No. 2, 1978.

Dan Ben – Amos, "Toward a Definition of Folklore in Context", *The Journal of American Folklore*, Vol. 84, No. 331, 1971.

Edwin Sidney Hartland, "Folklore: What is It And What is the Good of It?", in Richard M. Dorson, ed., *Peasant Customs and Savage Myths: Selections from the British Folklorists*, Chicago: University of Chicago Press, 1968.

Emily Honig, *Sisters and Strangers*, *Women in the Shanghai Cotton Mills*, *1919 – 1949*, Stanford: Stanford University Press, 1986.

Henri Lefebvre, *Rhythmanalysis: Space, Time and Everyday Life*, trans Stuart Elden and Gerald Moore, London: Continuum, 2004.

Jan A. Fuhse, "How Can Theories Represent Social Phenomena?", *Sociological Theory*, Vol. 40, No. 2, 2022.

John Friedmann, *Regional Development Policcy: A Case Study of Venezul*, Massachusetts: MIT Press, 1966.

Lawrence W. Crissman, *Town and Country: Central – place Theory and Chinese Marketing System*, *with Particular Reference to Southwestern Changhua Hsien*, Taiwan, PhD Thesis, Cornell University, 1973.

Peter Jones, Daphne Comfort and David Hiller, "Local Markets and Sustainable Development", in R. Raj and J. Musgrave, eds., *Event Management and Sustainabililty*, Cambridge: CAB International, 2009.

Pierre Bourdieu, *Distinction: A Social Critique of the Judgment of Taste*, Abringdon: Routledge, 1984.

Ronald G. Knapp, "Marketing and Social Patterns in Rural Taiwan", *Annals of the Association of American Geographers*, Vol. 61, No. 1, 1971.

后　记

　　2024年正月，当我再次步入庆阳坝时，熟悉又新鲜的感觉扑面而来。门前的对联新旧交替，街上的人来了又去，日子在"逢场"与"冷场"中流转，不禁令人回想过去几年的时光。2020年的庆阳坝集市没有在庚子年正月十五如期开市，凉亭古街不允许外来人进入，原本经济交易、生活实践和文化展演的物理空间一时间被关闭。但幸运的是，与很多城镇里集贸市场的凋敝不同，庆阳坝集市挺过了特殊时期，于当年农历三月再次开市，凉亭古街的热闹也在逐步恢复中。

　　作为地方社会多种流动元素的集合体，集市的流动性特质在特殊时期受限；但其与民众生活的互嵌关系维持了基层市场的韧性，其在现代化背景下的转型则增强了当地民众抵御风险的能力。首先，庆阳坝集市的经济功能一定程度上得以延续，几户坐商通过"绿色通道"进货，供应当地人生产生活的基本物资；而在长期历史发展中形成的亦农亦商的生计传统保证了人们的日常温饱。其次，庆阳坝集市中生长的民俗文化成为人们调节情绪、消磨时间和寻找认同感的载体之一，很多返乡的农民工在此期间开始学习花锣鼓和南剧等民间文艺；而且，这一阶段，人们在朋友圈、抖音等社交平台上发布有关庆阳坝"赶场"的文章、图片和视频，集市和"赶场"所具有的文化象征意义和集体记忆功能塑造着"乡愁"，凝聚着当地人的内心。另外，随着庆阳坝经济模式从茶叶到"茶业"的转变，其在贸易网络中的地位逐渐从中转站向生产基地转变，在政府引导和支持下，庆阳坝的茶叶采摘和生产受到更大的关注，成为村民维持并增加家庭收入的重要方式。

　　自 2022 年底以来，远距离的流动逐渐恢复，庆阳坝也因宣恩县对文化旅游的大力支持再一次受到大众的关注。一方面，更多人慕名前往庆阳坝参观和游玩，庆阳坝成为研学活动的热门场所；另一方面，庆阳坝的文艺队伍和文化精英也在更多场合发挥作用，如颜老正在宣恩县城培养南剧人才。由此，庆阳坝集市因流动而产生的聚散特质在新的时代背景中焕发生机，其在历史上生成的传统成为如今集市中人们民俗生活韧性的重要依托。同时，历经风波后，庆阳坝集市的复苏促使我们进一步思考：在农村与城市、农业与商业以及传统与现代交界的混沌状态中，乡村集市的转型和当地民俗生活的变迁对于社会和国家来说到底有何意义？中国社会学学者贺雪峰在《新乡土中国》中曾指出，农村是中国现代化的稳定器和蓄水池，当农民有退路时，国家决策就有更广泛的自由空间。庆阳坝集市转型和民俗生活变迁的意义便在于此，两者相辅相成，均使人们"有乡可返"。如果说集市经济模式的转型是当地人脱离绝对贫困、实现农业农村现代化的前奏，那么民俗生活的变迁则是美丽乡村建设和乡村振兴的必经之路，这既是农村"美、强、富"的要求，也是转型期中国社会发展的坚强后盾，对推动中国经济的现代化进程和社会的和谐发展均有裨益。由此，如何更好地引导集市转型，并促进基层市场及传统文化作用的发挥成为学者们可以进一步思考的话题。

　　很庆幸我在戊戌年正月十五闯入了庆阳坝，并能展开对当地集市的研究。这段研究经历激发了我对市场、消费及其相关民俗的兴趣，也成为我之后学术研究的起点。感谢一路予以指导、支持和陪伴的老师、村民、朋友和赶场人，促使我继续开展对武陵民族走廊上的集市的田野调查，在比较的视野中阐释廊道文化的生成机制，加深对农村社会和民众生活的理解。

2024 年 6 月 26 日

于北京魏公村